ハビタ・ランドスケープ

滝澤恭平

写真＝渋谷健太郎

はじめに

木漏れ日が美しい社寺の森、何気なく流れているまちなかの水路。なぜこの場所はこれほど気持ち良いのだろうか。どうしてこのような風景がここに残っているのだろうか。日常の中にある風景の断片の中で、思いもよらぬ物語が潜んでいることに出会う瞬間がある。本書は、日本の37箇所の地域を歩き、様々な場所の声を感じながら紡ぎだした、人間が生息する風景についての物語である。

人間は風景のうちに棲み、風景をまたつくり上げる存在である。人間と環境の相互関係により生み出された風景のあり方に「ハビタ・ランドスケープ」という名前を与えてみた。それは、生物の生息環境である「ハビタット」(habitat)という生態学の用語と、風景や土地を示す「ランドスケープ」(landscape)という言葉を合わせた私の造語である。ハビタットはもともとラテン語のhabitāre(棲む)という言葉が語源となっている。ある特定の生物の「種《しゅ》」が生きるためのハビタットは種ごとに決まっていて、たとえば、ホトケドジョウは河川の支流など湧水のある砂地の環境を好み、ギバチは隠れ場として岸に石がある環境が必要である。生物は特定の環境に適応しながら上手く棲み分けて生きている。ハビタットには、一般用語として「人間の住まい」や「自然環境が厳しい場所で生存可能な居住空間」という意味も含まれる。では、人間という種は、どのようなランドスケープに棲み、どのようにランドスケープを棲みこなしているのだろうか。

「ハビタ・ランドスケープ」は、人間が棲むために土地に関わった結果、自然と人為の相互作用の中で生まれてきた風貌である。その意味で、それは単なる見え掛かりの風景を超えて、人間が生存する基層としてのランドスケープ、すなわち「風土」に通じる意味を持つ。風土は局所的な気象、地理を背景にしながら、その土地に棲み、活動する人間に共通の文化的な型を与える。哲学者の和辻哲郎は古典的名著『風土』の中で、「風土の型が人間の自己了解の型である」と記している。「ハビタ・ランドスケープ」を理解することは、我々の祖先がどのようにランドスケープを棲みこなしてきたのか、我々がそれをどう受け継いでいるのか、自身のルーツを知ることに通じているであろう。

人間の「ハビタ・ランドスケープ」を見分けるためには、四つの方法論がある。まず第一は、地域の地形を把握することだ。台地と谷や崖、山地と扇状地、氾濫原（洪水時に氾濫する低地）と微高地などである。これらは河川が地表を削る侵食作用、土砂を運搬する作用、堆積作用によって年月を経て生成されたものであるので、水の流れを追うことが基本となる。特に都市においては、河川は人間が付け替えたり、暗渠になったりとなかなか複雑なので、かつての原地形を知ることも必要となる。

第二にランドスケープの上に棲み着いている生物相を読み解くこと。ヨシの生える湿地、スダジイやクスに覆われた海岸の照葉樹林、いっせいに花開く早春開花野草（スプリング・エフェメラル）の植物たち、それぞれの地形と環境条件に適応した生物と、それらがつくり出すランドスケープがある。ヒヌマイトトンボやイチモンジタナゴなど、貴重種は地域環境の指標としての情報も持っている。ニゴロブナの鮒寿司など、地域の文化的風物を織りなす生き物も多い。第一の地形と、第二の生物相の情報は、人間のハビタットを読み解くための前提条件となる。

第三に土地に蓄積された歴史を読み解くこと。いま目の前にしている風景や地形もかつてからずっと在ったものではない。自然界の様々な出来事や、人間の関わりによって現在の風景が目の前に出現している。環境と人間の相互のやり取りを時間を遡って眺めてみると、今の立ち位置が自ずと理解できるようになる。なぜここに豊かな樹林が残っているのか、そこに神社が建っているのか、いわばランドスケープのミステリーを解読する作業だ。災害列島である日本においては、火山や地震、津波、洪水が、土地にどう刻印を与えてきたのかを知ることも手がかりとなる。

第四に、地域の人びとのアクティビティを知ること。農業や漁業などの生業、信仰や巡礼などの祭祀、河川整備や防潮堤建設などの公共事業、そして市民組織による自然再生やまちづくりの活動などがある。展開される活動を通して、地域の人びとがランドスケープの何を大切にしてきたのか、どのような意思決定をしてきたのかが見えてくる。

以上の四つの視点は別々のものではなく、互いに関連し、結びついている。これらをジグソーパズルのように重ね合わせると「ハビタ・ランドスケープ」のあり方を統合的に理解することが可能となるであろう。環境哲学者の桑子敏雄は、「空間の構造、空間の履歴、人びとの関心・懸念」を読み解くフィールドワークショップを「ふるさと見分け」と名付けた（『生命と風景の哲学』等）。本書もまたその視点を共有しつつ、ランドスケープが生成する現場により密着して物語を描くために、生き物の生態や、人びとのアクティビティの詳細にも重きを置いた。


本書はソーシャル&エコ・マガジン「ソトコト」での連載記事がベースとなっており、できるだけ予備知識なく物語に入れるように心がけた。それぞれのストーリーには、ランドスケープの写真と、標高データをイラスト化した地形マップを掲載した。各記事は独立しているので、興味がある地域から読んで頂ければいいし、地域を旅する際にランドスケープや歴史を読み解くガイドブックとしても役立つかもしれない。

かの芭蕉は言う。「月日は百代《はくたい》の過客《かかく》にして、行きかふ年もまた旅人なり。舟の上に生涯を浮かべ、馬の口とらへて老いを迎ふる者は、日々旅にして旅を栖《すみか》とす」（『奥の細道』）。旅の中に棲家があり、棲家の中に旅がある。人間が棲む「ハビタ・ランドスケープ」を見つめる者は、時空間を旅する視点を持つ。それは我々の生をもはるかに超えて存在し続けると同時に、決して固定されるものではなく、今まさに生成される瞬間に立ち会うこともできる。まだ見知らぬどこかで、あるいはあなたの棲む地域のどこかで、時空間を行き交う「旅人」の視線で「ハビタ・ランドスケープ」の物語を発見し、それを味わう楽しさを共有していただければ、著者としてこれ以上の幸いはない。

もくじ

3 地域に根ざす 115

4 水辺ランドスケープ 163

本流
支流

1

信仰と風景

神社、祭祀、民話などの信仰が息づく地域。
日本の国土において、
人とランドスケープは信仰を通して
ダイナミックな関係を結んでいた。

三角形のシルエットを見せる三輪山は全域が禁足地となっている。

大物主神と祭祀の始まり

山辺《やまのべ》の道

奈良

奈良盆地の南東の地に座す三輪山は、山そのものをご神体と仰ぐ古神道の姿を伝えている。山沿いに続く山辺《やまのべ》の道には、大和朝廷草創期の古墳が連なる。古代の人はいかに神を祀ったのか？

海を照らしてやってきた神

鈍色《にびいろ》の空の切れ目から、幾筋もの光が降り注いでいる。冬の田畝《でんぽ》が広がる平野は、ごく薄い翡翠《ひすい》色をした山々の重なりに溶け込む。近鉄桜井線の車窓から久しぶりに見る奈良盆地の印象は、昔と変わるところがない。古代からのまどろみの中にあるような風景の中を、ゆっくりとローカル線が進んでいく。

桜井駅で降り、北へ歩く。目の前には一筋の川が横切り、その奥にくっきりと三角の形を成した山が佇んでいる。深い庇のついた帽子を被ったようなその山は、頂付近は黒い森に覆われ、どことなく威厳を放っている。古代から山そのものがご神体である御諸山《みもろやま》であった三輪山だ。この山に祀られる神の名を大物《おおもの》主神《ぬしのかみ》という。

この神は海の彼方から「神《あや》しき光、海を照らして、依り来る」（『古事記』）というSF映画『未知との遭遇』のような光景で出現した。『古事記』、『日本書紀』（以下『記紀』）に伝わるところによると、大国主神《おおくにぬしのかみ》が国造りをしていた時、共同建設者の少彦名神《すくなひこなのかみ》が、完成しないうちに常世の国に帰ってしまう。大国主神が独り愁えているところに、海を照らしてやってきた大物主神が「よく我を祀れば、ともによく国造りを行おう」と述べた。大国主が「どのように祀ればいいのでしょう?」と尋ねると、「倭の青垣の東の山の上にいつき祀れ」と答えた。これが三輪山であった。飛来して三輪山に治まった大物主神とはどのような神なのかを考えながら、三輪山から盆地の山麓を春日山まで続く、古代の街道「山辺の道」を歩くことにしよう。

三輪山の麓を横切る川は大和川の源流だ。三輪山北東方面の山地に発し、奈良盆地を横切り、生駒山と葛城山のあいだを抜け、大阪湾に至る。ちょうど初瀬川が山地から盆地部に出る地点に、海石榴市《つばきいち》という日本最古の市がある。ここは古代には交通の要衝であり、難波津に上陸した海外からの使節団も大和川を船で遡り、ここまでやって来た。実在した可能性の高い最初の天皇、崇神《すじん》天皇の磯城瑞籬宮《しきのみずがきのみや》がすぐ近くにあり、国内外の様々な人間が入り交じる場所だった。祝祭性を帯びた「ハレの空間」は、見知らぬ男女が歌を詠み合う出会いの場所（歌垣）となった。古代の男女はどのように求愛したのか、海石榴市に伝わる歌を紹介しよう。
「たらちねの　母が呼ぶ名を　申さめど　道行く人を　誰れと知りてか」（万葉集）。こんな感じだ。「お姉さん、お名前は?」「お母さまが呼ぶ私の名前を教えてもいいけれども、通りすがりのあなたは誰か知らないので、教える訳にはいかないわ」。ストリート感の中に、追いたい心をくすぐる、実に上手い句だ。この歌から分かるのは、匿名性を持った人々が出会う都市空間が海石榴市の水辺に成立していたという状況だ。一瞬で、異性の心を射抜いた都市の言霊《ことだま》は、千数百年間日本人の記憶するところとなった。

禁足地と蛇

三輪山の山裾の曲線に沿って、町

湧き水から滲み出した小川が山辺の道と出くわす。

御来光の後、トグロを巻いた糸雲が現れた。

家が並ぶ街道が続いている。いくつかの町家の玄関には「米寿」（88歳）のお祝いのシャモジが掲げられていた。朽ちかけた土壁、石仏が祀られたお堂を脇目に静かな山道を歩いて行くと、突如、お正月の参拝者で賑わう大神神社の参道に出た。

大神神社は神道の最も古い姿を残しているといわれ、本殿がない。拝殿からご神体である三輪山そのものを拝むという形態だ。千年以上にわたって禁足地を保ってきた三輪山ではいっさいの草や石を取ることが禁じられ、山頂には、神を祀る巨石の磐座《いわくら》が存在する。磐座とは何だろうか。

大神神社元宮司の中山和敬氏によると「磐座はかならずしも、岩石・巨石、その集群を見つけて、これを直接に畏敬し、そのものを神とするものではない。日本人は古来、そこを神座と心得、神を招き奉ってはじめて祭祀を行い、崇拝をするのである。」（中山和敬著、『大神神社』）。また、三輪の恵比須神社の宮司・竹内久司氏は「岩というものは誰かが念をいれたものもあるので注意が必要です」と言う。磐座は、神道発生以前の、おそらく縄文まで遡れるほど古い、神を宿す神籬《ひもろぎ》としての空間と言うことができる。だが、それは神と対峙する宗教者たちが述べるように、いたずらに触れてはならないものである。我々一般人の姿勢としては、拝殿からそっと拝むのがいい距離感なのだろう。

　大神神社の拝殿の前に参拝者たちが卵を置いていく。卵とは蛇の好物だ。三輪山の大物主神は蛇の姿を現すことで知られている。『記紀』に

山辺の道の集落は干し柿の名産地だ。

公園として整備された黒塚古墳。

こんなエピソードがある。巫女であった倭迹迹日百襲姫命《やまとととひももそひめのみこと》（以下、モモソ姫）は大物主神の妻であった。大物主神が夜にのみ現れて昼間は来ないのを不満げに訴える。大物主神は「汝の櫛笥《くしげ》（櫛の箱）に入っているから驚くな」と応える。翌日櫛笥を開けると小さな蛇がいた。モモソ姫は驚いて叫ぶ。大物主神は「汝は吾に恥をかかせた。今度は吾が汝に恥をかかせよう」と言い、空を踏んで三輪山へ登っていった。モモソ姫は悔やんで陰《ほと》を箸で突き死んでしまう。箸墓《はしはか》古墳という名の古墳が大神神社から下った場所にあり、モモソ姫を葬った墓であるとされている。3世紀末に築造された日本最古のこの巨大前方後円墳は、卑弥呼の墓であるとも言われている。

天皇の神と古代の神

箸墓古墳一帯は纏向《まきむく》古墳群と呼ばれ、多くの古墳が集まっている。ここから北に向かって崇神天皇稜、景行天皇陵のある柳本古墳群、そして大和古墳群と、無数の古墳が点在する「古墳ヒルズ」が続いている。地形的には共通の特徴があり、まず「大和の青垣」と呼ばれる山地。次に湧水を集めた丘の上の溜め池と集落。そして溜め池からの用水が潤す扇状地の田圃。最後に斜面下に多くの古墳が並ぶという構成だ。

　山辺の道は、集落と古墳の間を縫うように進んでいく。集落は数十軒単位でまとまっており、ぽつりぽつりと現れる。その間には風にたなびく竹林、柿や梅の畑、湧いたばかりの小川といったのどかな田園風景が広がっている。宮内庁が認めた陵墓以外の古墳は私有地であり、古墳を梅畑として使っている場所も多く見受けられる。陵墓とされる古墳は、誰も立ち入ることができないため深い常緑樹に覆われ、ちょうど『風の谷のナウシカ』に登場する「王蟲《オーム》」の座した死骸のように斜面に横たわっている。

　集落の中に入ると、曲がりくねった路地が続き、軒下に干し柿や切り干し大根が吊るされている。たいてい、昔から存続する神社が集落脇にあり、隣接して、透き通った水が湛えられた溜め池が、鏡のように大和の青垣を映している。

　大和の「古墳ヒルズ」群は大和朝廷の発祥の地と言われている。それは天照大神を祀る大君（天皇）を頂点とする政権だ。では、それ以前から存在していた三輪山の大物主神との関係はどのようなものだったのだろうか？　以下は『記紀』より、それを示すエピソードだ。崇神天皇の頃、疫病が蔓延し、人民が尽きてしまうほど次々に死者が続出した。天照大神と地元の神である倭大国魂の神を大殿に祀るが、疫病はやまない。そんな中、天皇の夢に大物主神が現れ、大田田根子《おおたたねこ》をもって我を祀れば、必ず国が平安になると述べた。和泉・陶邑《すえむら》に大田田根子を見出し、彼女を祭主として大物主神を祀るとたちまち疫病は止んだ。これ以降、天照大神を大国魂と分けて祀ることとし、三輪山麓の桧原神社に祀ったのが元伊勢の始まりだ。陶邑とは現在の堺市泉北ニュータウンの近くにあり、陶荒田《すえあらた》神社が残っている。ここは渡来人による須恵器の一大生産拠点であった。須恵器とは祭祀に使う器であり、酒を入れて神に捧げる道具で、これは三輪山から数多く出土されている。実は大神神社は酒造りの神様でもあり、酒屋で飾られる杉玉の発祥の地でもある。

乙木集落の北端に鎮座する夜都伎神社。

豊葦原《とよあしはら》の瑞穂の国

疫病、須恵器、酒造り、どのような関連があるのだろうか。我々は一路南へ向かい、初瀬川を挟み三輪山の対岸にある鳥見山に座す等彌神社《とみじんじゃ》を訪れ、宮司の佐藤高静氏にお話を伺った。鳥見山は初代天皇である神武天皇が、日向を立ち東征して大和を平定し、橿原宮にて即位した後、皇祖の天津神を祀った場所だ。これが天皇が即位して最初に行う新嘗祭《にいなめさい》、即ち大嘗祭《だいじょうさい》の始まりであったと伝承されている。新嘗祭とはどのような祭祀なのだろう。

佐藤宮司は言う。「天照大御神が、孫のニニギノミコトに下した3つの神勅《しんちょく》がありまして、そのひとつに稲穂の神勅というのがあります。これは日本を豊葦原の瑞穂《みずほ》の国、即ち水が豊かで稲穂が実っている国にしなさいという、神意なのです。それで天皇が自ら米作りを行って、新穀を捧げ、神勅を実現しましたと天津神にお供えする祀りなのです」

初代天皇即位の大嘗祭は奈良盆地のお米を使ったのだろうか？

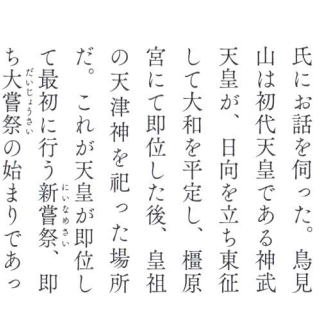

「奈良盆地はもともとは湿地帯でして、最初は通れるのは山辺の道しかなかった訳です。それを徐々に灌漑して瑞穂の国にしたのです」

宮司の話を聴いてだんだん見えてきたことがある。それは次のようなストーリーだ。もともと大和の国は三輪山の大物主神をはじめとする地

等彌神社の宮司・佐藤高静氏。

元の神（国津神）がおられて、風土を司り、人間にも恵みを与えていた。そこに外来の神である天津神を祀る天皇が入り、稲作を伝え、一気に人は繁栄するようになった。狩猟採集の縄文から稲作の弥生へのシフトと読み解くことができる。しかし、人口増大と稲の集約栽培が疫病を発生させた。ここで、忘れられかけていた地元神が呼び起こされ、その災害を治めるには、須恵器と酒造りを司る新技術の導入が必要とのメッセージが下る。酒造りとは稲穂に発生する病原菌でもある麹カビを、発酵させ活用する技術だ。稲穂の病原菌を上手くコントロールできるようになり、疫病は去り、その結果、天津神と国津神は棲み分けながら共存するバランスを取り戻すこととなった。

物部氏の氏神である石上神宮の鶏。

等彌神社の宮司は述べる。「東征といっても、征服ではなく、融合なのです。神武天皇は、大物主神の娘と結婚しました。最終的には天の香具山を天津神の祭祀の場所とし、三輪山は地元の神に差し上げるということになったのです」

　なぜ地元の神である大物主神は、海外の技術を導入したのか？　そもそも大物主神は海の向こうから光りやってきた飛来神であった。そして大国主神に「我は汝の、幸魂《さきみたま》、奇魂《くしみたま》だ」と述べた。それらは運と奇跡によって幸いをもたらす働きだ。大物主神もまた、とてつもなく古い時代にこの国に幸をもたらしに渡来した、外来神の先輩なのだ。もともとこの列島には多様な神と人間が時間を跨ぎながら流入し、混ざり合い、国土を発展させていったのではないだろうか。まさに酒が醸されるように。

翌日の早朝、まだ空が明けぬ時間に宿を出て、奈良盆地の真ん中の冬の田に立った。三輪山の背後の空が紫色に染まり、朱色に変化していく。そして一気に空は眩い金色に輝いた。三輪山の山稜からの御来光だ。

凍てついた冬の大地が煌めき、高い空に飛行機が悠々と飛んでいる。振り向くと生駒山と葛城山のあいだの二上山のあたりから、駒のような竜巻型の雲が立ち上ってくる。我々の頭上で、そのトグロから、一筋の蛇のような糸雲が生まれ、東の空へ流れ、三輪山の太陽の中に溶けていった。本年は巳年。すがすがしい新年の朝が大和の国を満たしていた。

山辺の道 MAP

対馬の浅茅湾には、河口が沈降した入江と群島の風景が広がっている。

ムスビの島

対馬

長崎

朝鮮半島と九州のあいだに浮かび、豊かな原生林を持つ対馬。古代からつづく神道や民俗が自然と共に残る、多様性あふれる島だった。

イソラの干潟・和多都美《わたつみ》神社

干潟に蠢《うごめ》くものたちの姿がある。カニたちは俊敏に動き、丁寧に積み上げられた石の護岸の隙間に隠れ、こちらの様子を窺っている。小さなニナ貝たちは石の表面を這い回っている。岸辺には砂地から高床式で持ち上がった社《やしろ》があり、長いあいだ潮風にもまれた板壁は色が褪せ、いい風情を醸している。拝殿の上では、赤い袴に白衣をまとった巫女《みこ》が、激しく鈴をかき鳴らし、舞っている。600年以上も前から継承されている「命婦《みょうぶ》の舞」だ。和太鼓の拍子が昂《たかぶ》った。巫女のひときわ高い声は、参拝者たちの頭蓋を震わせ、あたりの照葉樹の谷間に溶けていく。

対馬市にある和多都美神社では、年に一度の「古式大祭」が執り行われている。和多都美神社は南北に分かれた対馬の2島、上島と下島に挟まれた浅茅湾《あそうわん》の一角に位置する。リアス式海岸の細長い入江が深く陸に切り込んだ最奥部が神社の敷地になっている。陸上に道が付けられる以前は船で参拝が行われていた。神社の鳥居は潮が満ちると海上のランドマークとなり、潮が引くと干潟の上の構築物となる。海水は大潮の日にはひたひたと拝殿近くまで寄せてくるという。境内の干潟にはイソラと呼ばれる霊石が祀られている。

イソラとは磯良と書き、古代の海民である阿曇《あずみ》族の祖先の海神である。この神は住吉神の舞に応じて海底から現れ、神功皇后に旱珠《かんじゅ》・満珠《まんじゅ》を授け、そのお陰で神功皇后は対馬海峡を渡航し、朝鮮半島の三韓征伐を成功させた、と伝承にはある。旱珠・満珠とは、海の干満を操る宝珠のことである。浅茅湾でさかんに養殖されていた真珠も連想させる。

伝承では、イソラは顔にアワビやカキ等を付けてゴツゴツとしており、とても醜かったらしい。祀られたイソラ石もサンゴのようにでこぼこしており、有機物なのか無機物なのか判然としない不思議な形をしている。周囲の干潟には、カニが巣穴をつくるために吐き出した泥土が、カッパドキアの岩塚のように盛り上がり分布している。潮が満ちるぎりぎりの高さに、息抜き孔があり石で蓋をしている。潮の干満がある干潟という環境に完璧に適応したデザインだ。カニが生み出した構造物が広がる風景の中に、イソラ石も、神社の石積みや拝殿も、ヒトという生き物がつくったささやかな構築物とし

和多都美神社の干潟ランドスケープ。

て同居している。自然と人工物が、連続的というよりは、同列の原理で出来上がっているような佇まいが、和多都美神社の空間全体にあった。

浅茅湾を漕ぎだす舟

フナグロウと呼ばれる櫓船で競艘する神事が始まった。沖から2艘の

磯良（イソラ）の霊石。

和舟に乗った白装束の男たちが、全身全霊で鳥居を目指して漕いでくる。この競技は伝統的に、和多都美神社の氏子である卯麦《ウムギ》と廻《マワリ》というふたつの集落の舟くらべという体裁をもって営まれている。卯麦は浅茅湾の内奥にある集落で、入江に連なる低湿地を干拓して水田を営んできた農的な共同体である。一方、廻は、

和多都美神社・136代目宮司の平山静喜氏とご子息。

外洋に突き出した岬の先端に位置する集落で、近世に入ったのち島外からやってきた捕鯨専門の漁師たちがつくったコロニーである。彼らが漕ぐ和舟は、フナグロウというイルカ漁に使われていた美しい木造船だ。農業集落の卯麦といえども、地先の海での沿岸漁業を行っており、和舟を漕ぐのもなんのその。集落の

男たちは子どもの時から舟漕ぎを覚えて一人前になっていく。今年のフナグロウでは卯麦集落が、捕鯨の廻集落を制したようであった。

浅茅湾には溺れ谷の細長い入江がたくさん穿《うが》たれており、それらのいくつかは中世には海賊である倭寇の拠点であった。山地が多い対馬には平地が少なく、田畑だけで人口を養うのは困難があった。武装化した海民たちは外洋へ富を求め漕ぎだした。もともと対馬は、朝鮮半島と日本列島との交易の中継地点として栄えてきた。朝鮮半島南部、済州島、対馬、壱岐、九州北部は、海流に乗れば小舟でも10時間ほどで行き来できる範囲にあった。この海域に、古代には「倭人」と呼ばれる海民たちのネットワークによって緊密に繋がった海洋世界が存在していた。倭寇は、対馬に襲来した元寇がきっかけとなったと言われている。宗教人類学者の中沢新一は、モンゴル軍の恐るべきスピード、破壊力が海民の生存原理を目覚めさせたのではないかと述べている。すなわち、封建制度によって土地に縛られるのではなく、自由闊達に国境を越え、海を行き来する精神である。国境に阻まれない航行、狩猟、交易が、元寇の襲撃によって、海賊、略奪という行為に置き換わっていったのである。

私たちも実際に浅茅湾で舟を漕ぐことにした。パドルを回すたびに、軽快な速さでシーカヤックはなめらかに海面を進む。波はとても静かで湖面のようだ。水は透き通っていて、クラゲや緑色をした魚の群れたちと時折すれ違う。音をたてず、水面すれすれに岩壁に忍び寄り、海上からしか見られない地形や植生を間近に観察できるのは、陸上の移動手段では味わえない体験だ。カヤックのガイドは対岸の入江である竹敷の水産加工場で働いていたという。竹敷には日露戦争時にバルチック艦隊と海戦するために出航した日本帝国海軍の水雷艇のドックの遺構がある。

2時間ほど漕ぎ、沖合の無人島のひとつに上陸した。白い礫が打ち寄せた美しいプライベートビーチである。だが、反対側の浜辺に出ると、かなりのゴミが汀線に漂着しているのが目に付いた。養殖の浮き、材木、ペットボトル、ポリタンク、長靴など多種多様なゴミ。パッケージの多くにはハングル文字や、簡体字があった。浅茅湾の外洋に近いこの島には、海流に乗って韓国、中国から多くのゴミが流れ着く。後日巡っ

上県の天神多久頭魂神社から聖山・天道山を拝む。

浅藻湾の卒土（ソト）の浜。

た対馬の西海岸では、圧倒的な漂着ゴミの量に驚くばかりであった。ゴミばかりではない、黄砂や有毒物質といった環境汚染物質も大量に漂着しており、それが原因のひとつとなり藻場が凋れる「磯焼け」が対馬の沿岸で広がっている。元寇、倭寇になぞらえれば「ゴミ寇」は、現地の回収能力をはるかに超えた凄まじい大群で侵攻中である。

　対馬を通る海流である対馬暖流はゴミだけでなく、マグロなど回遊魚という恵みも届けてくれる。マグロは、湾の入り口に生息するイワシなどの小魚を狙って対馬に近づき、イワシは、入江の奥の河川流入によって発生する動物プランクトンを食して生息している。このマグロは、東シナ海でトラ網と呼ばれる引き網漁を行う中国漁船によって、一網打尽となり資源量が枯渇している。東シナ海に浮かぶ国境の島である対馬。国境を巡るコンフリクトは歴史や領土のみならず、廃棄物や水産資源に関しても深刻さを増している。

ソトの浜とムスビの島

　対馬最南端の海に開けた港町である対馬市厳原町《いづはらまち》豆酘《つつ》に来ている。中世までは、島の政治と祭祀を司る阿比留氏の拠点として、対馬の中心地であった場所だ。古代の赤米を神饌として栽培する神田がある地としても知られている。赤米の神田の近くの緩やかな丘陵地に、多久頭魂《たくづたま》神社がある。ここには高御魂《たかむすび》神社も祀られている。境内は深い樹林に覆われ薄暗い。無数の蚊が攻撃してくる。なにか「人は来てはいけない、ワレは原始の森として存在している」という雰囲気を感じた。社殿はあることはあるのだが、拝殿だけで本殿といったものはない。拝殿の裏手にそっと廻ってみると、途方もなく大きいクスの巨樹がどんっと立っていた。夕刻が迫る時間帯、それ以上奥にとても進む気は起こらず、深々とお辞儀をして引き返した。

多久頭魂神社の背後は、豆酘の町を包み込む豊かな山容を持った山が深々と森を湛えている。名を龍良山《たてら》という。龍良山は、対馬独自の天道信仰の聖山で、古代より長いあいだ禁足地であった。多久頭魂神社はふもとの遥拝所のひとつであり、それより奥は、地元の人びとは「おそろし所」といって決して立ち入らない空間であった。その結果、きわめて自然度の高い照葉樹林の原生林がまとまって残され、国の天然記念物となっている。龍良山は、龍体が延びるように南へ岬として突き出し、先端の神崎はまるで海へと突き進む龍の頭のような地形をしている。岬に囲われた入江の浅藻湾に向かった。

浅藻湾の最内奥の浜は、ソト＝卒土と呼ばれ、人びとが最も忌み恐れていた場所だ。浜の石に触れることも、落とし物を拾うことも禁止されていた。海上を通る船でも乗員は船底で伏せていたと言われる。ソトの浜に立った。最奥部の入江は、波はほとんどなく、風が水面をなぞらい、微細な波紋が静かに幾重にも幾重にも押し寄せてくる。黄昏の薄紫色に染まったソトの浜の風景に、蟲の音とさざ波のリズムが溶け合い、彼岸の世界にいるようだ。背後にはお墓が並んでいる。

対馬の古い集落では、両墓制といい、山際の参り墓と、海岸の埋め墓のふたつの墓地がある。参り墓は奥山の神の領域と集落との境界にあり、ご先祖様の集合体が、現世の人びとを見守ってくれている場所であろう。一方、埋め墓は、現世からあの世へと旅立つ御霊がしばし滞在する此岸と彼岸の境界的なゾーンであ

豆酘では神田にて古代赤米を育てている。

多久頭魂神社の巨大なクス。禁足地であった龍良山には、自然度の高い照葉樹林が残っている。

ることが、この風景の中にいるとそれとなく分かる。ソトの浜は、生者のルールは無効となり、犯罪者が罪を追及されることのないアジール＝無縁の地でもあった。

両墓制のような陰と陽の対称原理は、対馬ではいたるところに見出すことができる。青海という西海岸の集落では、ヒカゲとヒナタという2つに分かれて、共同体が運営されている。また、対馬の下県（島）の南端に、豆酘の多久頭魂神社と聖山・龍良山があるのに対して、上県（島）の北端の佐護には、もうひとつの多久頭魂である天神多久頭魂神社と聖山・天道山がセットで存在している。島全体のスケールで見れば、古代より禁足地であり原生林がいまなお残る森と、死者が旅立つと同時に豊かな海産物をもたらす海が対称の関係

長崎県対馬 MAP

であった。さらに、国土スケールでは朝鮮半島と日本列島の境界、海洋スケールでは、東シナ海と日本海の境界として対馬暖流に洗われている島が対馬であった。境界とは、異質な領域が対立する場所であるだけでなく、対峙する原理を包括する全体性が生まれてくる空間である。多久頭魂神社に隣接して祀られているタカムスビという神様はムスビ、すなわち生成の原理を表している。対馬は、歴史、文化、生物にわたり驚くべき豊饒な多様性に満ちている。多様性を生みだすムスビの島対馬は、きっとあなたを受け入れてくれるに違いない。

火口湖の御池から高千穂峰を望む。

霧島火山と神舞

祓川・高原町

宮崎

2011年に新燃岳が噴火した霧島連山。活火山の麓の村で、数百年にわたり神楽を継承してきた人びとの生き様を描く。

火山と神社の結界

真剣を素手で持って舞う神楽を数百年間継承し続けている集落が、九州南部の火山・霧島の麓にあると聞いた。

しかも舞い手全員が真剣を握り、輪となり踊るという。素手で真剣とは、手は切れないのかと聞くと、持ち方を間違えれば切れるので相当訓練が必要なのだと、宮崎県・都城の友人は答えた。

霧島連山は、2011年に新燃岳が爆発的噴火を起こし、広範囲にわたり火山灰による被害を与えたことが記憶に新しい。その集落は火山の裾野にあって、ゴルフボールなみの火山弾が降ったけれども、一人の死者も出さず避難したという。どんな集落と神楽なのだろうか、そして、そんな間近で活火山と暮らすのはどのような日常なのかとても気になった。その時から、わたしは、まとまった時間が取れれば東京から霧島を訪れるようになった。

お椀のふちのような細道の上を、車はそろりそろりと進んでゆく。両際は崖となっていて、一方はこんもりとしたシイやクスの照葉樹の森が広がり、もう一方には、水面が冬の太陽と静かに戯れている。道は弧を描いており、ナビを見ると円形となっている。約4000年前の強烈な爆発的噴火で盛り上がった火口のふちの道だ。

霧島連山は、約34万年前より活発な火山活動を続けており、有史時代では御鉢と新燃岳の10回を超える噴火が記録されている。

崖を滑るように車が下りきると、

霧島東神社の石段。

御池に滲み出す霧島連山からの湧水。

丸い火口湖「御池」が目の前に現れた。対岸には、ちょうど着物の襟を左右から合わせたように火口の稜線が交わり、胸襟からすっくと立ち上がる山容は、うなじも麗わしく中央に座している。山頂部にはトトロの耳を連想させるピークがふたつちょこんと載っている。20個もの火口を持つ霧島連山の南端に位置する「高千穂峰」だ。高千穂峰には天孫降臨の伝説があり、天津神のニニギノミコトが、日本の国土に降り立った舞台とされている。

御池の湖面は、高千穂峰から吹き下ろす風によって、黒い帯状の渦が刻々と姿を変えていく。水深百メートルを超えるこの湖には龍が潜んでいそうな雰囲気がある。霧島の修験道の基盤を築いた性空上人《しょうくうしょうにん》がここで護摩焚きの業を行うと、9頭の龍が現れ、上人に宝玉を渡したという伝承がある。高千穂峰の肩から下りてきた尾根がちょうど火口の稜線と交わる山の端に、建物の屋根が見える。性空上人が開いた霧島東神社だ。あそこまで上ってみることにした。

霧島東神社は深い杉の木立の中にある。先ほどまでいた御池が、はるか下で、空を映す円盤となり森の中で輝いている。神社の石段は、右へ左へとアプローチを曲げながら、斜面を徐々に上がっていく。最奥地に立つ本殿は、すっきりとして美しい。建築正面は尾根線軸に対して垂直に振られていて、高千穂峰と直接対面するのを避けているようだ。その代わりに、敷地山側の境に2本のツバキが植えられており、注連縄《しめなわ》で結ばれている。そこから先は奥深く森が広がり、1本の山道が延びている。森の奥からは涼やかな風が吹いてきて、注連縄

火山噴出物（スコリア）が散らばっている。

霧島東神社から御池を見下ろす。

火山山体の崩壊による土石流を防ぐ砂防ダム。

の垂《しで》をふわりと揺らす。高千穂峰へ通じるこの登山道は修験道の参拝道でもあるという。ここから先は神の領域というわけだ。同時に火山の領域でもある。２０１１年の新燃岳の噴火では神社上空も火山灰の通り道となり、木々の上にもすぐ届きそうな高さで、真っ黒い灰の雲がごーっとすさまじい音を立てて通りすぎていったという。いまでも森の中に入るとソフトボール大の火山弾がころがっている。

霧島東神社は霧島連山を取り巻く「霧島六社権現」と呼ばれる神社群の一部に数えられる。もともと山頂付近にあった霧島中央権現（霧島社）は、大きな噴火が起こる度に焼失し、山頂より社殿がセットバックしてきた。霧島連山の近隣市町村で配布されている霧島火山ハザードマップには、溶岩、火砕流や噴石などの被害範囲が描かれている。

ハザードマップに神社の位置をプロットしてみると、千年にわたる噴火による社殿の移動の結果、霧島六社権現は、災害被害領域のぎりぎり外側に立地するようになったことが分かる。

霧島東神社の主祭神イザナギ・イザナミには、「黄泉《よみ》＝地中の死の国」とこの世の国を分かつ「黄泉比良坂《よもつひらさか》」にて引き裂かれた神話がある。霧島東神社と霧島火山の境界に立つツバキの木の注連縄は、神社の災害経験が設定した、噴火リスク空間と人間生存空間の結界でもあると捉えることができるのではないだろうか。

湧水の集落

霧島東神社から山を下り、勾配がゆるやかな扇状地地形に変化したところに、滾々《こんこん》と湧く湧水地がある。水は甘くおいしい。水を汲みにきた女性が「ずっと涸れたことのない水です。ご飯がおいしく炊けるんですよ」と言う。この湧水を源にして下る流れは「祓川《はらいかわ》」と呼ばれ、イザナギが穢《けがれ》を濯《すす》いだ川と言われている。祓川は用水として家々を巡り、ひとつの集落を形成している。集落の名は流れと同じく祓川という。本稿冒頭の神楽、現地の言葉で言う「神舞《かんめ》」を伝承している集落だ。

集落の中心にはまっすぐ裏山から下りてくる道が軸線を通しており、かつては霧島東神社への参道と繋がっていたが、自動車道整備後、参道は使われなくなっている。道の両際には、石垣の上に四角く刈り込まれたツゲの生け垣、立派なマキの庭木が張り出し、ツバキが咲いている。薩摩の武家を思わせる屋敷の佇まいでありながら、自然に包まれたおおらかなのびやかさがある。

集落の発生がいつになるのか正確には分からないが、集落は街道が接する交通の要衝であり関所があった

演目・田の神。

若き世代に神舞が継承されていく。

と言われている。戦国時代に伊東氏と覇を競っていた薩摩藩から監視のために赴任してきた家があり「社家四家」と呼ばれる。もともと祓川集落の住民は平民であったが、侍扱いで刀を持たされた。氏子の家々には家宝として刀が残っており、神舞の真剣舞にはこの刀を用いる。

祓川神舞保存会会長の西川嘉宏さんに、神舞と集落についてお話を伺った。薩摩ことばに近いやわらかな西諸地方の方言でゆったりお話しされるのを伺っていると、だんだんこちらものびやかな心地になってくる。

祓川の神舞は400年以上前から行われており、社家四家により始められたと言われている。神舞の原型自体はこの地域にそれ以前からずっと伝わってきた。神舞を舞うのは霧島東神社の氏子だけであるが、神社の神楽ではなく、「集落の中で神様に五穀豊穣を奉納する集落独自のもの」であるという。

昔は神舞の前、2週間はずっと師匠の前で練習していたのだが、今はなかなかその時間が取れず神舞の型を正しく継承するのが難しいという事実もあるという。祓川には仕事がなく、若い人が外に出て行って帰ってこない。これから10年後、20年後を考えると、「地区外の方でも神舞に加わっていただくことを打診していかないといけない時期。反対も多いと思うが、そうしないと、限られた神舞しかできなくなっていく。そうすると、神舞自体がなくなっていく」と西川さんは危機感を募らせる。

祓川の集落を潤す湧水と小川は、集落の住民で清掃・管理され、いま

旧参道から集落へ下る浜入りの儀式。

でも使われているという。

「この水で、風呂を沸かし、洗濯を行い、飯炊きから生活のすべてに使っていました。この水を頼って集落が成立したのです」

　集落の裏はすぐ霧島の山だ。

「霧島お山様、我々はオタコ（御岳）さんと言います。霧島の山の神が我々を守ってくれてるという意識は昔からあるんです。霧島東御在所（霧島東神社）を自分たちの神様と思っています。高千穂峰の一番てっぺんにある逆鉾《さかほこ》も東御在所の社宝なので、オタコは東御在所と一体となったものだと自分たちは思っています。この霧島一体がお山様としての神社であるのです」

　恵みをもたらす神としての霧島の山だが、時には噴火という災害を人間の世界にもたらすことがある。2011年1月26日に始まった新燃岳の噴火は4月には小康状態を見せたが、梅雨の時期に入り、土石流が起こるかもしれないというリスクに集落は脅かされた。「その危険状態が長く続くと、この地域からどっか他に行かないかんのかなって考えました」

　後で集落の住民に聞くと、みなも同様の懸念を抱いていたのだという。そう考えつつも、「我々はこの火山と生きていかなあかん、というのもあります。火山噴火は昔からずっと続いてます。だが、よっぽどなことがないかぎりこの土地は捨てがたいですね」と西川さんは言い、山を見つめた。

神舞の夜空

　夕刻、村中に花火が響いた。12月の第2土曜日、神舞の当日である。

　神楽殿では、四方を鳥居が囲い、中空を覆う竹笹を差し掛け、先端にヤタンバンと言われる天蓋が吊るされている。まるで緊張とバランスをテーマとしたインスタレーションアートのようだが、すべて住民たちが竹を切り出し、自分たちで建てたものである。舞い手の方が、入念に最後の予行演習を行っている。

19時、すっかり夜の帳に包まれ、集落中央の道には灯籠がずらっと並び幻想的だ。集落と裏山の境界にある、かつて霧島東神社への参道であった登山口にて、白装束に身を固めた宮司が祝詞《のりと》を唱え大麻《おおぬさ》を振る。神降ろしの儀式が始まり、長い白布を参加者全員で持ちながら神楽殿へと移動する。薪の炎に装束姿と御笠の男たちが浮かび上がり、一気に時代が引き戻される。まずは、野菜や穀物を神に捧げる儀式から始まる。一番舞では「霧島の峰より奥の霧はれて　現れ出ずる其《そ》（襲）の峰の守《もり》（神）」と歌われる。襲《そ》とは熊襲《くまそ》のソから来ているように思う。横笛と太鼓が鳴らされ、真剣や長刀《なぎなた》など武器を使ったリズミカルな舞が多いが、

祓川の神舞は深夜、十二人劔のピークを迎える。

「田の神」、「杵舞」など農事にちなんだ演目も舞われる。

　やがて、午前2時、深夜の極みに達した頃、「十二人劔」が始まった。最初のうちはゆっくりとした動作で真剣を使った舞が行われるのだが、だんだんスピードが高まっていく。12人が互いの真剣を掴み輪になって回ったかと思うと、6人ずつ2つの

明け方、運ばれてきた直会《なおらい》。

組に分かれ、真剣を掲げながら勢いよくすれ違う。

　一瞬でも気を抜けば大事故に繋がる。近くで見守る観客もびくりとも動かない。これはもう個人を超えた神業といっていいかもしれない。霧島東神社前宮司の黒田さんが教えてくれたことがある。

「十二人劔は、天神七代、地神五代

東霧島神社の鬼像。

の十二神たち――霧島六社権現の祭神――になりきる神事なんじゃよ」

　祓川の舞い手たちは、人間離れした剣舞を行うことで、一年に一度霧島火山の神の身体になりきる。その行為を通して数百年に亘《わた》り個人の利害を超えた集落の絆を継承してきた。

　そして2013年から新たに始まったことがある。ひとつは、数百

霧島連山の周辺地域に残る「田の神さあ」。

祓川／高原町 MAP

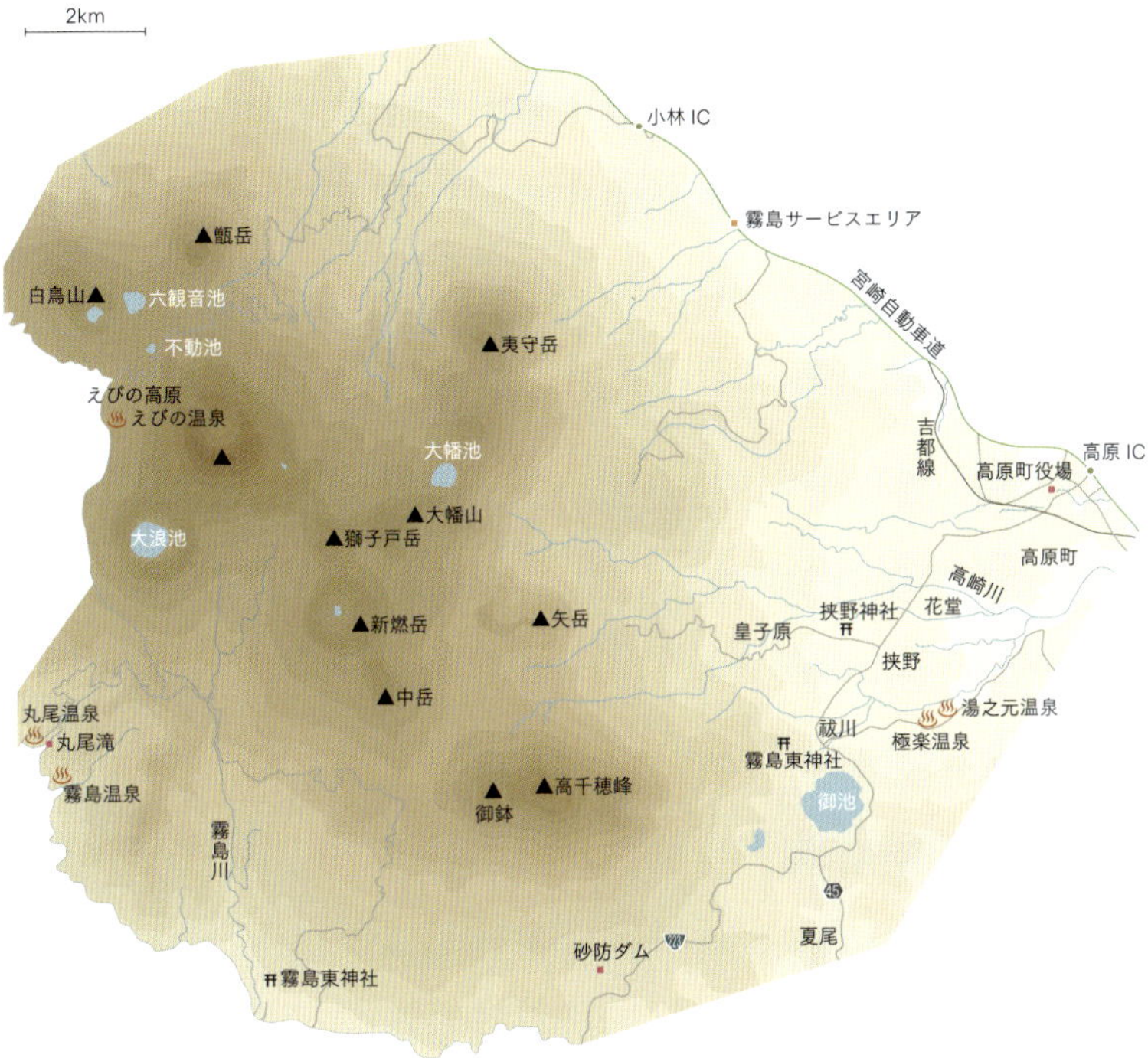

年の伝統を破り、初めて神舞運営に集落外部の支援者を受け入れたこと。もうひとつは、数十年間使われていなかった、集落から霧島東神社への参道を住民自ら整備し直すことになったことだ。

神舞は夜通し続いている。夜空には、かつての住民も見上げたであろう北斗七星が高く上がっていた。星空の下、次の世代に向けて火山と共に生きるすべの継承が確かに行われていた。

奥多摩の里に、枝垂れ桜が咲いている。

オオカミが棲む森と里の風景

青梅・奥多摩

東京

都心から1時間の青梅は、山奥から下る多摩川が武蔵野台地に出る扇状地にある。集落で見かけたオオカミの御札の起源を求め、武蔵御嶽神社を訪ね、奥多摩の森と人間社会の伝統的エコシステムを考える。

青梅・1週間遅れの春

春のスイッチを入れるのは誰だろうか。

2013年、東京の桜はいつもより2週間早く咲いた。ひとたび春が始まれば、正確なステップで春は進んでいく。ツツジ、ボタン、フジ……、春雨前線が通り過ぎる度に、ニューカマーたちと遭遇する。

前日の嵐で都心の桜がほぼ散った、快晴の4月初め、青梅を訪れた。青梅は新宿から中央・青梅線で1時間。奥多摩の山谷から下る多摩川が武蔵野台地に出る扇状地に位置する。青梅駅から坂を下り市の中心を流れる多摩川の河川敷を目指す。緩くうねる路地を軽快な足取りで下りていく。黄色いレンギョウの花に止まるルリシジミ。庭先の紅梅とピンクのボケの花。電柱を覆い尽くす赤い椿。春は一気に押し寄せている。

多摩川の河原に着いた時、息をのんだ。真白の桜が目の前に広がっている。1週間、時間が巻き戻されたようだった。電車で1時間の距離だが、「サクラ時計」では都心から1週間の距離に青梅はあるのだ。

川幅は大きく広がり、S字に屈曲している。薄いターコイズブルーの水面に白瀬が煌めく。上流から勢いよく流れてきた水は、屈曲部ではね返り、中央部の浅瀬を乗り越える。浅瀬の砂利が櫛の目の役目を果たし、水は幾筋にも分かれて押し出される。水流は光り輝く髪の毛のようになびき、対岸を舐めていく。岸からは、綿飴のように軟らかそうな桜が水面へと枝を伸ばす。奥多摩山地から流れてきた水と、武蔵野台地の扇状地の桜が出合う瞬間だ。

川に近い位置に江戸時代以前からある旧街道があり、甲州へと繋がっている。近世の青梅街道は、青梅線に沿った小高い場所を通る。青梅街道は、江戸城にこの地で採掘される石灰を運ぶために開かれた。漆喰に使われる石灰のほかに、山地で生産される木炭、蚕から紡いだ生糸が、武蔵野台地の野菜、米と交換される市として青梅は栄えた。現在でも青梅街道には、古い商家が軒を並べている。「ピース」のたばこ、「サクラカラー」、「塩」と記された看板が、赤いトタン屋根に掲げられ、狭山茶が木櫃で量り売りされている。

なつかしき昭和調の街道をぶらり歩いていると、ある商店の玄関で不思議な御札に出くわした。ヒイラギの小枝を、イワシの頭に突き刺したものが、ガムテープで柱に貼ってある。その横には御札が貼られており、墨塗りで動物の立像が描かれている。立像は滑らかな線でデザインされてあり、キャラクターとして格好いい。すくっと首が伸びた姿は一見、犬のようだが、鋭い牙があり、尖った爪がある。全体にほっそりして、筋肉質だ。舌が炎のように伸びている。犬ではない、これはオオカミではないか。絵の上には、楷書でこう書かれている。「大口眞神 武蔵国御嶽山」。御嶽山、それは青梅駅から奥多摩方面へさらに分け入った山の上にある修験道の聖地だ。幸い、青梅線で御嶽駅までは7駅で移動できる。御札に描かれたオオカミのような「大口眞神」とは何者なのか？我々はその答えを求めて、御嶽山へ向かうことに決めた。

青梅で見かけたルリシジミ。

奥多摩の渓流。御嶽～沢井付近では遊歩道を歩ける。

御嶽駅からバスでケーブルカー乗り場まで移動する。途中、水力発電施設に咲く桜が車窓を掠めていく。ここから25度の急勾配をケーブルカーは6分で上りきり、標高831メートルの御嶽山駅に到着する。紫色のミツバツツジが少し咲き始めている。谷を挟んだ山の頂に集落の屋根が見える。宿坊群と社殿だ。天空都市、という言葉が頭に浮かぶ。

坂が急だ。やっと上り切ったと思ったら次の坂が現れる。膝が堪える。藁葺き屋根に苔が蒸した民家が現れる。日本昔話の里に迷い込んだような雰囲気を醸している。ひなびた食堂、おみやげ屋の通りを抜けると、ようやく鳥居と石段の元にたどり着く。階段の脇には石碑がずらっと並ぶ。川崎市や調布市の町内会らしき名前がある。関東各地から地域の代表者がお参りした際にコミュニティの住民の名を刻んだ「講」の寄進物だ。振り返ると、埼玉、東京の都市の眺望が広がる。狭山丘陵にある西武ドーム、遠方には靄がかかったスカイツリーも見える。

真っ赤な本殿の両脇に、青銅の獣が並んでいる。どっしりと象のように太く長い前足に鋭い爪、隆々と張った胸にボクサーのようにスリムな腹、そして大きく開き咆哮する口。通常の狛犬ではない。どこにも見たことがない力強い造形。どうやら御札の「大口眞神」と同じ生きもののようだ。社務所にて取材に訪れた旨を告げると、にこやかに我々の前に現れた、祭事部長・須崎直洋さんが対応してくださった。須崎宮司は、18代目の御師《おし》だ。御師とは民衆に信仰を広め、信者を参詣へ導く聖職者

大口眞神の御札。

青梅郷土資料館に展示されるオオカミ頭蓋骨。

であり、武蔵御嶽神社の御師は、江戸時代に入って関東一円に『大口眞神』の御札を配り、民衆は集落単位で巡礼の「講」を結んだ。

「もともと、御師は神社の神主（社家）である金井家より格下の存在でしたが、力をつけ、山の上にも住めるようになりました。私の家系も含め、32軒の御師が350年ほど、山上にずっと住んでいます」と須崎さんは述べる。

武蔵御嶽神社は、奈良の吉野から蔵王権現を勧請し祀ったのが起源とされており、行基がいた奈良朝時代と伝わる。その後、関東の修験道の蔵王信仰の中心として栄えた。武将の信仰が篤く、関東武士の棟梁と言われる秩父の畠山重忠は兜を奉納している。権現とは、仏の姿が山岳に仮象となり現れるという宗教思想で

武蔵御嶽神社の一隅に座すオオカミ石像。

本殿の壁画に描かれた日本武尊を導いたオオカミ。

ある。

　大口眞神とオオカミはどのような関係なのであろうか。

「日本武尊《やまとたけるのみこと》が関東平定をなされたとき、山中で邪神に騙されたのをオオカミに救われたという話が日本書紀にあります。伝説では、白と黒の2匹のオオカミが日本武尊を導いたと聞き及びます。もともと埼玉、山梨、群馬の森林にはオオカミが生息していました。人々はオオカミを神として捉えてきて、猟師も撃てなかったのです。オオカミは本来ご眷属《けんぞく》、神様のお使いという扱いでしたが、御嶽山神社では『大口眞神』として神様の存在となり、災いから人びとを守る神として御札にも描かれたのです」

　社殿を出て、須崎宮司と山上の境内を歩く。

「御祭神の大麻止乃豆乃天《おおまとのつのあま》は、珍しい神様で、占事を司る神様です。奈良朝で行われていた太占《ふとまに》という、雄の鹿の肩甲骨を炙り、農作物の富凶を知る占いがありますが、現在も行っている神社はここと群馬県の貫前神社《ぬきさきじんじゃ》しかありません」

　須崎さんが太占を行う場所を指差してくださった。平場にぽつんと石台が置かれている。その背後は深い樹林だ。「社域の森は昔から不抜の地として、木を切りません。この森は自然の遷移が進んで、最終段階である極相林となっています。私が子どもの時は、大杉の上でブッポウソウが鳴いているのをよく聞きました。御嶽山は富士山のような単独峰でなく、奥の院、大岳山、御前山も含めて一帯を御嶽と呼んでいました。『嶽』とはごつごつと険しい山が連なっているという形象です。そこを修験者が駆け巡っていました」

ブッポウソウとはフクロウのコノハズクのことである。フクロウが棲むような深い森に、かつてはオオカミも駆け巡っていたのだろう。社域の森に入ってみた。芽吹いたばかりの広葉樹中心の明るい森に、ツガ、モミなどの針葉樹が垂直のアクセントをつくる。林床にはカタクリ、スミレなど薄紫系の花が所々咲いている。遠く甲州の山々が奥に連なっている。もう少し深く、御嶽山の森の奥へ分け入りたくなり、山道を全力で走ってみた。空気が新鮮なせいだろうか、不思議に息が切れない。全身が爽快な気分に包まれる。動物のように森を駆け抜け、徐々に森と一体化していく。トレイルランナーも、修験者も体感感覚は似ているのでないかと感じた。関東山地から列島の中央山岳へ連なる山塊と、関東平野のちょうど境界点に御嶽山は存在する。オオカミが生息する野生領域と都市領域のゲートウェイなのだ。

奥多摩・鷹の森

青梅線の終点、奥多摩駅からさらに多摩川源流へ遡ると鷹ノ巣山という山がある。かつて、このあたり一帯は「御巣鷹山」として、鷹狩りを行う将軍に対して雛鷹を差し出すために保護された原生林だった。鷹は自然植生が高く、切り立った岩場もある山岳でないと営巣しない。地元の集落・日原の農民たちは、御鷹見衆として、森林の盗伐を防ぎ、鷹巣を探しだす使役を申し付けられた。献上された雛鷹は江戸の鷹匠が育てた。将軍が鷹狩りを行う鷹場として選ばれたのは武蔵野台地である。雑木林と畑地が混在する武蔵野台地には、農作物を荒らすイノシシ、シカ、野鳥が多く、絶好の鷹場であった。鷹場は禁猟区となり、カカシを掲げることさえ禁じられたムラもあった。農民にとってはたまったものではない。鳥獣の被害にずっと悩まさ

青梅の沢井集落から、御嶽山を望む。

れ続けた。オオカミの図案が練りこまれた御札は、いかにも野生動物たちを追い払ってくれそうである。農民たちは縋《すが》るような気持ちで作物被害が除かれることを祈ったに違いない。御嶽山の御師が江戸時代に着実に農民の中に入り込んでいったのは、このような背景があったのでないだろうか。御師は、オオカミが棲まう奥山という神話性を守るため、積極的に森林の保護を行ったようである。鷹と将軍、鳥獣と農民、狼と御師。奥多摩から武蔵野台地にかけて、複雑に絡りあいながら成立していた野生生物と人間社会の複合的なエコシステムであった。結果として、奥多摩に残された貴重な原生林は、現在、東京都の水源地として水道局に受け継がれ、われわれの喉を潤すライフラインとなっている。

　夕刻、御嶽駅から多摩川の渓流沿いの遊歩道を下った。河原の岩には自生のユキヤナギが枝垂《しだ》れている。丘に上がり、沢井という集落を歩く。シモクレンやモモが咲き乱れる桃源郷のような里の風景であるが、不思議なことに民家より大きな巨岩が所々に散在している。農作業を終えたばかりのお爺さんに岩の由来を尋ねてみた。

「天明2年の地震の時に山が崩れて、岩が散らばったと聞いておる。じゃが、わしは小学校を出てないから文字が読めず詳しいことは分からない。あの時は貧しくて学校も行けんかった……」

　文字が読めたらなあ、とつぶやきながらお爺さんは去っていった。衝撃を受けた。青梅は都市と山地の接点にあり、商業も盛んで豊かな場所だったと思い込んでいた。そうではなかった。土石流がたびたび襲う谷沿いの限られた畑地を必死に耕し、一部の資本家が牛耳る林業に従事し、急斜面で危険な作業をこなしながらなんとか食いつなぐ。小学校に通う余裕もない。戦後すぐまではそうした生活があったことが見えてきた。

　お爺さんの民家が目の前にあった。壁には金尺やのこぎり、木片、

青梅〜奥多摩 MAP

1km

鍬などをぶら下げてある。地元の資源を素材に日曜大工で身の回りのことは何でもこなす、そういった大らかな生活の風情があった。納屋にはオオカミの御札が貼られてあった。

隣には土石流で転じた巨岩があり、流木で組んだはしごが立てかけられてある。岩の上には小さな祠が備えられ、夕暮れの御嶽山の方角を向いていた。

絶滅したオオカミが、青梅の里に息づいているのを、私たちは見た。

『遠野物語』に獅子踊りが登場する菅原神社の杉参道。

民話が生きる風土

遠野

岩手

民俗学者の創始者・柳田國男が『遠野物語』を書いた遠野では、今なお語り部がたくさんの民話を語り紡いでいる。座敷童子や河童などの地域の民話は、どのようなランドスケープに出現したのか。土地と物語が織りなす風景を旅する。

いまなお生きる民話

幾重にもひだのように折り重なった山々を背に、4、5軒ほどの民家が棟を寄せ合っている。屋敷の前面には、1反ごとに標高を少しずつ下げながら、水田が広がる。杉木立が屏風のように、屋敷の後に控えている。こぢんまりとしたこの民家群は、集落の最小単位である。水田1枚程度の距離を保ちながら、くりかえし、くりかえし風景に現れる。

　この風景を柳田國男も見たであろうか。遠野は、民俗学の創始者である柳田國男が、地元の語り部・佐々木喜善《きぜん》からの聞き取りをまとめ『遠野物語』を出版した舞台だ。明治43年（1910年）に出版された『遠野物語』は、様々な昔話や伝承が詰まった、民話のジュークボックスのようなテキストだが、興味深いことに、語られる場所が今でも特定できる。遠野市博物館でお会いした学芸員さんのことばを借りるなら、「遠野の民話は、昔々あるところに、ではなく、場所が分かるからリアリティがあるのです」。

　そして、語り部も、いまなお健在だ。遠野市では語り部1000人プロジェクトを進めており、子どもから高齢者まで、様々な語り部が、たくさんの物語を紡いでいる。今回の旅では、70代の語り部・細越澤史子《ほそごえざわふみこ》さんに道案内を請い、民話のふるさとの地を廻ることにした。

『遠野物語』に登場し、全国的に有名になった民話のひとつに「座敷わらし」がある。こんな話である。ある時、村の爺が、橋の向こうから見たこともない女児2人が歩いてくるのを見た。どこから来たと声をかけると「山口孫左衛門の家からきて、某《なにがし》の家に行く」と答える。爺が「裕福な孫左衛門も世も末だ」と思っていたところ、孫左衛門の家では若い衆が、敷地に見つけたたくさんの蛇を面白半分に殺してしまった。その後、庭に生えたキノコを食べた孫左衛門家は、一族郎党みな死んでしまった。佐々木喜善の生家の隣にある、山口孫左衛門の家跡という場所に案内してもらった。その地は、畑地となっており、一族の苔むした石墓が倒れながら建っている。更地となっているが、井戸だけは埋められずにいまなお使用できるようになっていた。

　孫左衛門家跡地の近くに茅葺きの古い水車小屋があった。落差をつけた小川の流れが勢いよく水車を回す。中を覗いてみると、黒いグリースが塗られた歯車がぎしりぎしりと現役で動いていた。水車小屋を出た途端、ガツンと鋭い痛みが頭部を刺した。軒先に巣を作っていたアシナガバチの攻撃だった。蜂刺されで怖いのはアレルギーによるアナフィラキシーショックだ。免疫反応により、血圧低下、呼吸困難に陥り、最悪の場合死んでしまうこともあるらしい。その症状は数分以内に現れる。幸いなことに、ズキズキする痛み以外にはショック症状は認められなかった。キノコひとつで一家全滅したという民話が、他人ごとではなく、遠野ではそういうことも起こってしまうのかと、身をもって感じられた。「人間どうなるかわかんね、生きてるだけで儲けもんだヨ」と語り部の細越澤さんは笑い飛ばしてしまった。つられて、そうね、生きてるね、と私も笑った。

にこにことした可愛らしい老婆が、手押し車に座り、こちらを見ていた。90歳になるという日田トヨさんの子どもの時は、鉄道も車もなく、自給自足の生活を送っていたという。食べ物を粗末にしちゃいけねと、トヨさんは言う。遠野の山口集落では60歳を超えた人間は、生産人口と見なされず、集落を出てデンデラ野という高台で暮らすという習慣があった。一般的には、口減らしのために高齢者が荒野に捨てられるという物語で捉えられている。細越澤さんとともに、デンデラ野に立った。藁葺きのティピーテントのような小屋があり、「あがりの家」と書かれていた。かつて、60歳を超えた集落の人びとは、ここで自給自足の共同

山腹に出現する巨岩の続石・涙石。

家内神のオシラサマ。

生活を送っていたようだ。農繁期には、田畑に出て作業を手伝い、自分たちで食い扶持を稼いだ。「家族に迷惑がかからないように、自発的に家を出てここで暮らしたのだと思います。現代の高齢者グループ保養所のような場所だったのです」と70代の細越澤さんは静かに語る。デンデラ野の丘からは里の風景が見下ろせた。静かに余生を送る場所。限られた土地生産性の中で、人間としての尊厳を考えぬいた風習が存在したように思えた。

河童《かっぱ》の棲む水辺

遠野には様々な河童の伝承が分布している。馬を川に引きずり込む河童を捕まえ、悪戯《いたずら》をせぬという契約を交わし逃した話。小川で水仕事をする女の尻を覗きにくる河童の話。川近くの女の家に河童が通い、水かきの付いた河童の子を産ませた話。河童の振る舞いにはやんちゃな話が多い。しかし、遠野でも全国的に有名な「カッパ淵」に棲む河童は一味違っている。この河童は小川の裏にある常堅寺の火事の際、水をかけて消火したという伝承があり、寺では河童の狛犬が祀られている。カッパ淵にいる河童は女だ。地元では「乳《ちち》神《がみ》さま」と呼ばれており、淵沿いに乳神さまを祀る祠には、お乳のように先っぽが突起した布製の赤球が置かれている。もともとは赤布に干し飯と薬草を包んだ玉であり、食料が少ない飢饉時に、母乳が出なくなった女性が非常食として取りに来て、そのお礼に玉を1つ取れば、2つ戻したという。

鮭に乗って川を遡った部族が上陸した卯子酉様。

天女が紡いだ光明寺の綾織。

語り部・細越澤史子さんと。

山口集落で出会った90歳のお婆さん。

　カッパ淵の水は、とろとろと少し粘性を感じさせる波紋を立てながら、静かに流れている。白い花崗岩質の砂が川底に堆積しており、流れは乳を連想させる。現在かなり水深が浅いのは、かつてのように川底の砂さらいを定期的に行わなくなったからであるという。地図で確認すると、この小川は盆地の中心を流下する猿ヶ石川から引き込んだ水路であることが分かる。低地を流れる小川の流路の中で、カッパ淵の周囲は微高地となっており、平安時代に奥州を支配した安倍貞任《あべのさだとう》の末裔の屋敷があった。カッパ淵周辺は、洪水時にも安全で、非常食をキープする一次避難所のような位置付けであったと言える。人びとにとって安心をもたらす水辺は、いつしか、乳神さまという特別な河童の棲む場所となっていったのであろう。

　遠野の中で河童伝承が残る他の水辺や、また河童ではないが、鮭に乗ってある一族の先祖が辿り着いたという水辺の位置を見てみると、ある共通点がある。それは、猿ヶ石川のかつての流路に点在しているということだ。遠野の盆地は、大昔、一円の湖であったという言い伝えがある。柳田國男も遠野の「トオ」はアイヌ語で湖という意味であると述べている。水が引いた後に残った猿ヶ石川という本流は、経路をたびたび変える暴れ川であった。しかし、低地の水田化や、長年の治水事業によって、だんだん流路は固定化していき、旧・流路の一部は沼や水路として取り残された。そのような人間の土木的営為により、人間界に取り込まれた水辺に、河童の伝承が残っている。河

古くから農家で造られた「どぶろく」の酒蔵も多い。

遠野馬の里の調教師。

童は、人と非常に密接な関わりをもつ水辺のシンボルなのであった。

神隠しの山

遠野は馬で知られた地でもある。かつては「曲がり屋」という馬屋と一体化した伝統的住居の中で、ひとびとは馬と一緒に暮らしていた。馬は農耕や荷馬と様々な労働に使われ、まさに人馬一体の生活が続いていた。「オシラサマ」という家々に祀られる神様には、馬に恋した若い娘が結ばれず死を遂げた悲話がある。遠野では現在でも日本で最も大きな馬のセリ市場が開かれている。

朝霧の中で馬のシルエットを撮りたい。写真家の渋谷さんの希望に従って、馬を放牧していると聞く荒川高原へと向かった。夜更けに降ってすこし上がっていた雨がまた降りだした。水田と里が続く風景を抜け、車は山に入り、ぐねぐねとうねる山道を登っていく。ナビに従って運転していると砂利の側道へ入り、いつしか林道となっていた。雨脚はさらに強まり路面状況は悪化する。林道は狭く、片側は山、そしてもう一方は、崖となっており、ごうごうと流れる谷沢が、広葉樹林の下から不気味な音を立てている。恐る恐る運転する。突如、目の前に大きな倒木が現れた。車を降りて持ち上げようとしたが、びくともしない。進むに進めず、戻るに戻れない状況に陥った。

前日、細越澤さんが山の中で語ってくれた話が頭の中でよみがえった。キノコ採りに山に入った知人が帰ってこなくなり、7年経ってやっと今年にお葬式をしたという話。ま

山口集落の水車小屋。

た、昔は、山に分け入った女性が、異貌の山男と出会って、さらわれて戻らなくなったことがよくあったという話。遠野では昔から現代に至るまで、山に入って戻ってこない話が続出する。熊に襲われたのか、事故が起こったのか、神隠しにあったのか誰にも分からない。ただ、戻らない空白を埋める様々な物語が充溢するばかりだ。

　横殴りの雨の中、車の窓から顔を突き出し、私は谷側との間隔を見つめ、渋谷さんは山側を確認しながら、ゆっくりと車をバックさせる。慎重に、神経をぴんと張って。なんとかUターンできる場所に戻り、ようやく魔の林道を抜けることができた。山道を下り、山里へ出た。人間の存在を感じるとほっとする。まるで、狐に化かされたかのようであった。遠野の山の奥深さを実感した。『遠野物語』には、何千もの狼が群れとなり、山奥を走り抜ける話が収録されている。かつて、東北の奥山とは、原自然と直接対峙する場所であったであろう。

　荒川高原の代わりに、「遠野馬の里」を訪れた。ここでは、競走馬、乗用馬の育成調教のほか、乗馬や厩

遠野市博物館の河童。

遠野の山並みと水田。

遠野 MAP

舎の見学をすることができる。馬が大好きで、調教師になったという若い女性が笑顔で迎えてくれた。乗馬用の馬はほっそりしているが、思った以上に大きい。労働用に飼われていた馬はもっと大きいのだという。顎を撫でると、手を舐めてくる。機械がない時代、馬は力強く信頼できるパートナーであったであろう。

山に八雲が煙り立ち、馬が広々とした走路を駆け巡っている。民話は本の中だけの世界ではない。遠野では、風土に根ざしたリアルワールドとして民話は存在しつづけている。柳田國男は『遠野物語』の序文に、「願わくは、これを語りて平地人を戦慄せしめよ」と記している。民話が語り継がれる風土の生命力を、遠野で身をもって体感した。

雪がない富士山は赤く、火山の佇まいを感じさせる。忍野村から。

火山と信仰の原点

富士山

静岡・山梨

世界文化遺産に登録された富士山。噴火活動が盛んな平安時代に浅間神社の本宮が鎮座し、宝永噴火があった江戸時代には「富士講」で賑わった。火山活動とともにある信仰の起源をたどる。

宝永火口と六根清浄《ろっこんしょうじょう》

午前9時、快晴。富士6合目手前から山頂までくっきり見通せる。たった30分ほどの登山であるのだが、脚はずっしり重い。富士宮口5合目から歩き始めて標高2500メートル付近、酸素は薄く感じる。山頂からの吹き下ろしに耐え、這うように地面にへばりつくカラマツも姿を消し始める。このあたりは亜高山帯から高山帯に切り替わる森林限界で、樹木が生育できる境目だ。これより先は、火山が噴き上げたガレ地の上に、オンタデやイタドリなど荒れ地に適応できる草木しか生息できない。人の背丈よりも大きいチョコチップのような岩が、登山道の周囲に散らばっている。平安時代に起こった裂け目噴火で飛び散った、溶岩の飛沫だ。

馬の背のような尾根を越えると、目の前に、巨大な穴がぽっかりと口を開けた。江戸時代の1707年に噴火した宝永火口だ。とてつもないエネルギーで山の中腹を吹き飛ばし、すっかり地形を変えてしまった出来事を、想像以上に大きな火口から感じる。下手から霧が上がってきて、見る見るうちに火口は白い霧の中に姿を消した。9月の富士山は太平洋から水蒸気が上り、南斜面の天候は午前中のうちに悪化しやすい。火口の縁を少し下ると、霧の切れ目から第二火口が見えた。擂《す》り鉢状の黒い砂底一面に、黄金に色づいた草本がパッチ状の群落をつくり、ドット模様を描いている。火山灰が数少ないノイズを吸収するせいか、音はまったくしない。無声映画のワンシーンのような光景は、抽象化された曼荼羅図のように見えた。江戸時代に流行した「富士講」の人びとは、白装束で富士山に登り、仏の世界の現れとしての火山の様々な地形を巡った。富士講の参拝者が、宝永火口を見た時、この世のものとは思えない、異次元の力の現れを垣間見たにちがいない。

シラビソ、ダケカンバなどが色づき始めた樹林帯を抜け、5合目までの帰路へ向かう。途中、「六根清浄」とプリントされたTシャツを着た男の子とすれちがった。この言葉は、富士講の登山者が唱えたフレーズで、眼・耳・鼻・舌・身の五根が起こす様々な欲望を断ち切って、清らかな心（意）を得たいという意味である。限りなく澄んだ空気、森林が醸すフィトンチッドの中、いつも

溶岩が通った際に樹木が焼けてできた胎内樹形。

宝永火口。

と異世界の火山風景の中を歩いていると、感覚器官が研ぎ澄まされ、頭がとてもクリアな状態になる。富士講の中興の祖である食行身禄《じきぎょうみろく》は、1733年、富士山7合目の烏帽子岩窟で断食入定《だんじきにゅうじょう》して即身仏となった。溶岩が通った後にできた「胎内樹型」と呼ばれる洞窟が、いくつか富士山には残されている。参拝者たちは、子宮のようなそんな穴に入り、一度死んで新たに蘇る（黄泉《よみ》帰る）という儀式を行った。富士山は、この俗世からいったん離脱し、新たな生に生まれ直すイニシエーションを行う壮大な舞台だったのである。

信仰の原型

　富士講の登山口のひとつだった須走口に富士浅間神社がある。宮司さんにお話を伺うと、もともとは「砂が走る」と書いたようで、宝永噴火の際は、神社周辺に4メートルもの火山灰が降り積もったのだという。江戸の町にも数センチの火山灰が飛来した。江戸には富士見坂という地名がたくさんあり、富士山を眺めることが江戸っ子の楽しみとなっていたが、その聖なる山からの火山灰の襲来は、衝撃的な出来事だったであろう。富士講が爆発的な流行を見せるのは、食行身禄の死後だが、宝永噴火はひとつのきっかけとなったかもしれない。

　須走口から5合目の登山道古御岳までは車で上ることができる。ここから森の中を20分ほど歩くと「小富士」と呼ばれる場所に出る。鬱蒼とした樹林の中に、突如、無数の石が吹きさらしになった丘が現れる。その背後に、至近距離で富士山の頂を見ることができる。「古富士」とも呼ばれていたこの丘は、現在の富士山の地下に眠っているもうひとつの火山体・古富士が噴火していた時代にできた側火山であるといわれる。実は富士山の下には3つの火山体が隠されている。20万年前に活動した先小御岳火山、20万年前〜8万年前の小御岳火山、そして1万年前までの古富士の上にレイヤードされるかたちで、現在の富士山が形成されている。富士山はとても若い火山であるのだ。その成り立ちはちょうど縄文時代以降の歴史的時間と重なる。

小富士は、古代から聖地であったようだ。いつの時代に始まったことか分からないが、丘の上に石が積まれている。石積みは、背後の富士山の頂のかたちを綺麗に写し取った造

須走口の富士浅間神社資料館にて。

形をしている。そこに美しい頂が見えた。ここに石があった。石を積んであの頂を再現しよう。そんな造形の原初のかたちを石積みに感じることができる。手が生み出す、言葉にはならない、原初的欲求。ギリシャ哲学では芸術の原点は「ミメーシス」であるという。「ミメーシス」とは「ミミック」、つまり模倣するということだ。模倣の対象は崇高なものである。プラトンはイデア（真理）を模倣すると考え、アリストテレスは自然の本性を模倣すると考えた。小富士の石積みを見ていると、富士山という崇高な山のかたちを取り出して、なんとか人の手によって人為的に再現したいという欲求をひしひしと感じる。この営みがいつから始まったのかは誰にも分からない。ただ、動的平衡のように、崩れてはま

小富士近くの樹林に鎮座する巨大な溶岩。

た石を積む人間が現れ、この完璧なかたちが数千年にわたって維持されてきたと想像すると、とても楽しい。私もひとつ石を持ち上げ、脈々と続く人間のミメーシスの営みに一石を据えた。

5合目からドリフト跡が残るS字カーブをどんどんダウンヒルしていく。富士スカイラインを西へ向かい、さらに下り、ちょうど山を抜け、里がある扇状地に出たかというあたりに、山宮浅間神社がある。山宮浅間神社には本殿がない。ただ、富士山を拝むための、溶岩の石塁で取り囲んだ遥拝所だけがある。この遥拝所は、鳥居をくぐった後、小高い丘の石段を上った場所にある。遥拝所が位置する丘こそ、実は「青沢溶岩」と呼ばれる約2000年前に富士山頂から下った溶岩流の先端であるの

富士浅間神社の宮司。

白糸の滝。

山宮浅間神社の氏子総代の赤池健次氏（左）と世界遺産ガイドさん。

富士山本宮浅間大社の湧玉池。

だ。溶岩が止まったその場所に、大昔の人びとは、富士山を拝む空間を造った。まるでその襲来の記憶を未来永劫に伝えるように。山宮浅間神社が歴史の中に登場するのはとても古い。日本武尊《ヤマトタケルノミコト》が東国の蝦夷《えみし》を征伐の折、火で攻めたてられ、富士大神に祈って窮地を脱したので、感謝のためここに祀ったという伝承がある。その後、坂上田村麻呂が東征した際、現在の富士山本宮浅間大社に浅間大神として遷座したという。山宮浅間神社は、全国の浅間神社の総本宮である富士山本宮浅間大社の始まりの地であるのだ。

明治6年（1873年）に途絶えてしまった「御神幸《ごしんこう》」という神事が、かつて春秋の浅間大社大祭の前日にあった。本宮から神を鉾に移し、「木の行事」と呼ばれる役職が鉾をずっと担いで山宮までやって来るのだ。途中に、休んで鉾を置くための「鉾立石」が、現在も本宮と山宮に残っている。2006年の本宮浅間大社1200年祭以降、本宮の神職が車で参拝するかたちで、この神事のエッセンスは再現されている。山宮には普段、宮司はいない。代わりに、地域の氏子がずっと神社を守ってきた。氏子総代の赤池健次氏によると、祭祀のための籠屋という建物や、石段、鳥居、玉垣などは、地元の氏子が寄付を募って自前で建て替え、修繕を行ってきた。富士山と浅間神社群が世界遺産に登録される前は、地元の氏神様という感覚で、他所からの参拝者はほんのわずかだったという。現在は、年間1万人が訪れる神社となり、地域の小学校でもその由緒が学習されるようになっている。

コノハナノサクヤヒメと湧水

山宮浅間神社から坂道を下ること6キロほどで本宮浅間大社に着く。正確な位置は分からなくなってしまったが、かつての御神幸道には、この間に50個の鉾立石があったという。本宮浅間大社の御祭神はコノハナノサクヤヒメだ。浅間神社の多くもコノハナノサクヤヒメを御祭神としている。一方、コノハナノサクヤヒメは浅間大神の別名と言われている。富士大神が浅間大神に変わり、コノハナノサクヤヒメと同一化されていくようになったのはどのような履歴があるのだろうか。日本の正史の中に富士山の噴火の記述が初めて表れるのは、『続日本紀《しょくにほんぎ》』の天応元年（781年）だ。正史には、国家が「災害」として認知した大きなイベントだけが記述されることからして、それ以前は『万葉集』などに噴煙の和歌が登場するものの、火山活動としては比較的静穏であったことが分かる。坂上田村麻呂が、山宮から本宮に遷宮したのは大同元年（806年）だ。この時に富士大神は浅間大神と名前を改めた。浅間大神は、火山の神の名で、国家が火山を鎮魂するために与えた名前だ。また、東征の記録と共に登場することは、この時代に、富士山を含む関東周辺が、国家のテリトリーに組み込まれていったことを示唆している。すなわち、国家が関東を掌握しつつあった8世紀末から9世紀頭にかけて、富士山の火山活動も活発化し、国家は浅間大神として富士山に官位を与え、鎮魂を行うようになった。この当時、鎮魂は国家事業であった。そして、貞観6年（864年）の貞観噴火を迎える。この噴火は、青木ヶ原溶岩が流れ下り、当時あった「剗《せ》の海《うみ》」を埋め立て、富士五湖のうち精進湖と西湖を分けた大規模なものであった。長い時間をかけてこの溶岩の上に、青木ヶ原樹海が生まれた。

かつての側火山の噴火口であった小富士。

　古事記ではコノハナノサクヤヒメは、火の中で出産を行う神として描かれており、激しい火山の神としても納得できる。一方で、コノハナノサクヤヒメはニニギノミコトが醜い姉のイワナガヒメを選ばず、妹のコノハナノサクヤヒメを選んだように、美を象徴する女神である。荒々しい噴火の神と、美の象徴が同居していることはどういう訳だろう。その謎解きのヒントをわれわれは本宮浅間大社の裏手にある湧玉池に見出すことができる。

湧玉池はとても透き通った水をたたえる美しい池であり、毎秒2・1立方メートルの湧水が滾々と湧き、市中を潤している。富士講の人びとはここで沐浴し、垢を落とし、富士山を目指した。実は、この湧水は、約1万年前に流れ出た溶岩の先端に位置し、富士山に降った雪や雨が溶岩の隙間を長い時間をかけて移動してきたものであることが分かっている。そのメカニズムは、現・富士山の下層にある古富士が生み出した泥流の浸透性が悪いことにより、その上を覆った浸透性のよい新富士層の溶岩を通って、地下水が流下していることにある。有名な白糸の滝も、同じメカニズムで、泥流と溶岩流の地層の間から水が湧き出しているのが確認できる。ほかにも、富士山麓には柿田川や忍野八海《おしのはっかい》などたくさんの湧水地が分布するが、これらはすべて新富士の旧期溶岩流の先端に位置する。富士山周辺では年間約20億トンもの湧水が見積もられている。粘性が軟らかい新富士の溶岩は、裾野まで広がり、美しい成層火山のフォルムをつくった。同時に、溶岩は富士山に降った雨を山麓に導くバイパスでもあったのだ。

湧玉池の近くの本宮浅間大社の解説板に、「水（陰）をもって火（陽）を制す」とあり、コノハナノサクヤヒメは水の神であることが記されてあった。噴火の最前線で鎮魂を行った神官たちは、周辺で豊富に湧く水で中心の火山を制す陰陽の思想を見出すようになった。浅間大神は、コノハナノサクヤヒメとして、火と水の両義性を身にまとうようになったのである。その背後の古層には、どろどろになった古富士が、あたかも姉のイワナガヒメのように支えていることも見逃してはならない。父のオオヤマツミノカミが言ったように、美のコノハナノサクヤヒメだけでなく、永遠の生命を保障するイワナガヒメの両者が共に存在することが、重要なのである。

貞観や宝永などの大きな噴火の前には、大きな地震があった。宝永噴火以降、富士山は約３００年のあいだ沈黙を守っている。火山学者によると富士山がいつ噴火するかを予測するのは大変難しいことであるが、いつ噴火してもおかしくない状況にあるという。富士山は太平洋プレートの沈み込みによって常に圧力を受け続けている。崩壊と成形を繰り返しながらも、現在では美しい姿を保っている富士山。その両義性に満

富士山 MAP

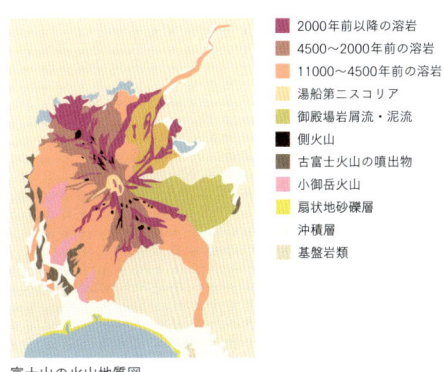

富士山の火山地質図

ちたダイナミックな美こそが、人間にインスピレーションと生命力を与える源泉ではないだろうか。

2

江戸・東京の履歴

江戸に形成されたランドスケープは
どのように継承され、
現在の東京の都市風景を成立させるに至ったか。
エコロジカルな都市としての
江戸の思想をも紐解く。

浅草・言問橋付近から、堤防越しに隅田川とスカイツリーを眺める。

江戸のハビタット

隅田川

東京

江戸時代から水辺の名所であった隅田川。川沿いの社寺の史跡や地形から見えてきた、江戸の生態系保護思想とは。河口都市のルーツに迫る。

川から上がった観音像

旧安田庭園の池で、亀がひょっこり水面に頭を出して、水中から上がってきた。両国にあるこの庭園の池は、汐入《しおいり》と呼ばれ、かつては隅田川の水を引き込み、潮位によって上下する水面によって、水中へ続く石段が隠れたり現れたりする様を楽しむことができた。現在では、隅田川との水路は閉ざされ、人工的に水位変動を生じさせている。しかし、亀はあたかも潮と共に隅田川から入り込んで、庭園に上陸したかのような錯覚を覚えた。

両国から乗った水上バスが鉄橋の下をくぐり抜けると、青空と両岸に満開の桜が広がった。思いのほか川をさかのぼるスピードが速く、街はどんどん視界の後ろに流れ、風が服をはためかせる。ブルーの駒形橋に続いて、真っ赤な吾妻橋を越えると、スカイツリーが目前で天を突いていた。船着場にゆっくり着岸した船から桟橋に降りると、そこは浅草だ。

4月初旬の浅草は、花見客と浅草寺への参拝客でごった返している。人力車に乗ったカップルがスカイツリーをバックに撮影するのが、当世風浮世絵アングルの新しい定番であるようだ。浅草寺の敷地の隣に浅草神社がある。この神社は大変珍しいことに、御祭神が漁師となっている。伝承によると、飛鳥時代に、漁師の浜成・竹成兄弟が隅田川に掛けた網を引いたところ、小さな人型の像がかかった。兄弟が、この地の知識人である土師真中知《はじのまつち》に相談すると、土師は「これは観世音菩薩である」と判じ、祀ったのが浅草寺の起源だ。兄弟と土師真中知の死後に、発見者である三者を神として祀り、浅草神社となった。

観音像が引き上げられたという場所が、川を少し南に歩いた駒形橋のたもとにある。駒形堂という名のお堂の横には「浅草観音戒殺碑」と刻まれた古い石碑が立っている。石碑には、観音さまが現れた場所だから、ここから上流の待乳山《まっちやま》までの川筋十町で魚介の殺生を禁じる、ということが記されてある。江戸時代、元禄6年（1693年）に浅草寺第四世宣存が建立したものだ。現在でいう禁漁区であり、生態系保護区といえるのだが、この設定には、当時の五代将軍・綱吉の「生類憐みの令」との深い因縁がある。

貞享2年（1685年）、将軍・綱吉が隅田川にお出ましになるというので、浅草寺の事務方トップが、万一、野犬が将軍に噛み付いたら大変だと考え、浅草付近の野犬を捕らえて殺し、俵に入れて隅田川に沈めて処分してしまった。綱吉はこの事件に大いに驚き、将軍の行列の前に犬猫が出てきても構わないというおふれを出した。それ以前から無類の犬好きであったこの将軍は、自分のせいで犬が殺されてしまったことに大変衝撃を受けた。以降、生物保護に関するお達しが出されるが、内容はどんどん過激化していく。貞享4年（1687年）には、食料として生きた魚、小鳥、鶏、亀、貝を売買することを禁止、燕を殺した家臣を斬首。元禄6年（1693年）には釣り船の禁止が出ている。綱吉の罪の意識が留めようもなく高まっていったようだ。浅草寺は綱吉のお達しに、率先して従うふりをして見せる必要があったというわけだ。

　綱吉死後、人間より生き物を優先するラディカルな法制度・生類憐みの令はすぐに廃止されたが、浅草寺付近の禁漁区はそのまま維持されたようだ。それは、宝暦9年（1759年）の火災焼失後の駒形堂の再建の際に、浅草観音戒殺碑も再び立てられたという事実からも分かる。なぜ、綱吉死後も、浅草寺付近のこのゾーンに、禁漁区が続いたのだろうか？　そんなことを考えながら、禁漁区の北の端である待乳山へ向かった。

江戸の生態系保護区

　待乳山は小高い丘で、頂上にある待乳山聖天の本堂まで、かなりの段数の階段を上ることとなる。低地と思っていた浅草にこのような「山」があることに驚いた。待乳山は「真土山」とも書き、「真の土」つまり、隅田川が堆積させた沖積低地の泥土でなく、洪積台地の硬い土がある山ということだ。浅草の岸一帯は、隅田川の浸食により削り残された、武蔵野台地の東の端の地形の断片であった。安藤広重の「隅田川八景」には、待乳山付近の今戸で瓦が焼かれている風景が描かれているが、「真土」は貴重な瓦や建築の用土として、江戸時代に掘削され、唯一残った微高地が待乳山だ。小高く水没することがない浅草の岸は、古代より湊として利用され、渡来人たちの上陸地点でもあった。浅草寺の歴史が江戸よりはるかに古いのは、そんな背景がある。

　この待乳山のすぐ北側に、内陸へ

墨堤越しに見える鳥居を広重も描いた三囲神社。

墨田公園の一角にある牛島神社。

浅草寺にて。

埋め立てられた山谷堀は親水公園となった。

引きこまれる水路、山谷堀がある。江戸時代初期に、隅田川の洪水から江戸の町を守るために、山谷堀と並走する堤防の日本堤が、大名たちのお手伝い普請により造られた。計画者は、非常にうまく地形を読み、浅草の微高地から、内陸の武蔵台地の端まで、堤防で低地を仕切っている。この堤より北側は洪水時、水が溢れてもよい遊水地で、普段は水田として使われていた。明暦3年（1657年）に吉原遊郭が現在地に移って来てからは、江戸の遊び人たちは、山谷堀を小舟で吉原へ通いつつ、途中に広がる水田の風景を楽しんだという。江戸の低地は人口密度の高い人工都市であったし、洪積台地上では畑地が中心で、江戸において水田自体が非常に珍しいものだった。安政6年（1859年）の安政江戸図を広げてみても、水田が広がるのは、隅田川両岸ともに、ちょうど山谷堀ラインから北のエリアだけだ。

　水田は稲の生産地であると同時に、ドジョウやコイ、フナなどが産卵にやってくる、魚類たちのゆりかごのハビタットでもあった。江戸期のあいだ、遊水地としてウェットな水田であったこの付近には、山谷堀を通して、魚たちが隅田川と行き来していたに違いない。浅草寺の禁漁区は、水路の入り口から、隅田川下流への数百メートルをゾーニングしている。ここを禁漁区とすることのエコロジー的な意味は、ひとつは山谷堀への魚道を確保すること。もうひとつは、江戸の都市区域と、農村区域の移行地帯を保護区域に設定することで、１００万人都市江戸からの漁業圧が無秩序に拡大して、水産資源を採り尽くすことを抑止することではないだろうか。河口域は江戸前の魚が産卵し、稚魚が生育する大切な場所だ。浅草の観音さまをシンボルとしたサンクチュアリ型のコモンズ（共有地）を設定することにより、都市の無制限の成長を限定するバッファーゾーン導入というエコロジカルな知恵を見い出すことができるのである。

海亀に乗って上陸した水神

　戦後、暗渠として埋め立てられた山谷堀は、地上は緑道公園として整備された。隅田川への出口には水門があり、集中豪雨時に隅田川へ放流するようになっている。水門の近くには、X型の形状をした歩行者専用の桜橋がふわりと隅田川に浮かび、

旧安田庭園の汐入の池に亀と鯉が泳ぐ。

江戸時代で最も古い石橋も架かる浅草寺の池。

対岸へと歩いて渡る。

墨田区側の堤の上は、花見の真っ最中で、屋台も立ち並び、華やいだ雰囲気だ。この堤にもともと桜を植えたのは八代将軍・吉宗と言われており、江戸中から花見客が来ることによって、堤を踏み固めてもらうという、市民参加をうまく取り入れた堤防メンテナンスを導入した。旧堤防は、向島5丁目付近で、墨堤通りとして内陸へ折れてゆく。西岸の日本堤と対になって、上流に向かってV字となって開いているのは、増水時に、水流をVの根元から逆流させるかたちで溢れさせ、広い面積で洪水の勢いを減衰させる「霞堤《かすみてい》」という伝統的土木工法だ。

江戸の人びとの楽しみのひとつは、日本橋から船に乗り込み隅田川をさかのぼり、岸辺の風景をゆったりと眺めながら向島まで行くことにあった。隅田川の東側が開発されたのは、13万人の死者を出した明暦3年（1657年）の明暦の大火の後だ。それまで防衛上、千住大橋しかなかった隅田川に、両国橋や永代橋など3つの架橋が行われた。リバーズ・エッジの向こう側の新興住宅地である東岸には、葛飾北斎や滝沢馬琴などアバンギャルドなアーティストたちも住み着き、深川あたりにはカブキ者と呼ばれる尖ったファッションピープルたちが集まった。それでも向島付近は水田が広がるうら寂しい場所であったが、一人の男によってディズニーランドのような集客装置が開発された。現在の向島百花園を開いた佐原鞠塢《さはらきくう》である。

鞠塢は仙台出身で、骨董屋として成功を収め、40歳で向島に3000

隅田川神社の亀の石像。

夕方の隅田川には、多くの屋形船が行き交う。

坪の土地を買い、花を植え育てはじめた。百花園と名付けた江戸園芸の植物園に、友人であった詩人や画家など、多彩な文化人たちを集め、園内に花を詠った句をうまく配置し、文物としてのガーデンを造り上げた。隅田川焼きという焼き物を名物として開発し、流通させたのもさすが目利きである。人気が人気を呼び、将軍までもが来園した。江戸随一の名所は文化人プロデューサーに開発されたのであるが、選ばれた場所が川向こうの近郊農村であったのは、都市民の自然と触れ合う機会がニーズとして存在していた訳であり、現在の東京と通底する。

向島百花園から隅田川のほうへ戻ると、巨大なマンションが10棟、連続して堤防のように立つ都営白鬚団地がある。隅田川東側の木造家屋と工場が密集する江東デルタ地帯において、震災時の大火災から住民を守るために開発された「白鬚東地区防災拠点」だ。この地域において、20世紀に入って関東大震災、東京大空襲の二度の火災によりそれぞれ約10万人の人たちが亡くなったことを忘れることはできない。隅田川に並行した10棟の団地はすべて横が繋がっており、災害時には防火壁を形成し、延焼を防ぐ。

白髭団地から隅田川沿いまでの防災公園もまた桜が美しい。公園の川沿いの一角に隅田川神社がある。当社はもともとは「浮島の宮」と呼ばれており、現在より広大だった古隅田川と荒川の合流地点にあり、洪水でも流されない中洲の上にあった。やがて、水神社とも呼ばれるようになり、隅田川の船運業者の守り神として現在まで篤い崇拝を集めている。御祭神は速秋津比古神《はやあきつひこのかみ》・速秋津比売神《はやあきつひめのかみ》で、二神は「水戸神」という河口の湊の神様である。

もう一神祀られているのは、鳥之《とりの》石楠船神《いわくすふねのかみ》という船の神様だ。神社の鳥居は公園側と、もうひとつ、古い鳥居が隅田川側にある。とはいえ現在では、鳥居の向こうに堤防の擁壁

隅田川沿いの丘に立つ、待乳山聖天。

が立ちはだかり、さらに上には首都高速の橋梁がそびえている。かつては隅田川から直接船で乗り付け鳥居をくぐり、参拝できたと窺われる。鳥居の下に小さな祠がある。その中をそっと覗くと、とてつもなく長い時の経過を感じさせる亀の石像が置いてある。頭をのそっと突き上げたウミガメのようだ。本殿の前にも2体の亀像があった。背中の甲羅がうにょうにょと溶け出して波のようになった造形。海から上がってきたような姿だ。隅田川神社には、水神が亀に乗って上陸した伝承がある。

古代において、隅田川のこのあたりまでは入江となり、海となっていたことから、江の戸、すなわち江戸の語源が生まれたという。現在でも白鬚までは潮の影響を受ける汽水域である。江の戸には湊があった。海亀に乗った水神とは、海の彼方から船に乗ってやってきた海洋系の渡来人であったかもしれない。

冒頭の旧安田庭園の亀を思い出した。現在の隅田川は、神田川より上流は堤防と水門によって内陸の水系とは断絶されている。かつての隅田川では、水の潮位変動と共に、生き物たちは内陸の湿地に自由に出入りしていた。汐入庭園は、水や生き物の往来に、太古から伝承される水神たちの上陸イメージをも重ねあわせた、江戸の重層的な文化景観インスタレーションでもあったと捉えると、河口都市の物語として想像が広がる。

隅田川 MAP

白金台の八芳園は、擂り鉢地形を活かした大名庭園の風情を受け継いでいる。

水と崖の原風景

目黒
東京

目黒川をはさんだ白金台と目黒の台地には、大名庭園であった緑地や寺社が多い。東京都心にいまなお残る水と緑の原風景をたどる。

白金台の大名屋敷の現在

2015年3月31日午前9時。テラスに立つ人びとは、いま目の前に展開される情景に居合わせた者だけに与えられた幸運を分かち合うように、外を眺めている。完璧な咲きぶりに神々しさを感じるほどの桜が、広い庭園に輝いている。擂り鉢状になった地形の上に、桜の大樹と形よく仕立てられた松が立ち並び、ツツジやササに覆われた下り斜面にイロハモミジ、カエデの新緑が芽吹き、一番底には玉露色の池が佇んでいる。ブラックスーツ姿の若い従業員たちが、所々で黙々と箒で掃いているのは、寺社のような感覚さえ覚える。ここは、白金台のマンション群に囲まれた八芳園だ。江戸時代には、薩摩藩・島津侯の下屋敷があり、白金台の丘から下る谷戸地形を活かして造られた大名庭園があった。庭園の池はかつて谷戸を流れていた小川を堰き止めて造ったものだ。

白金台エリアは緑と坂、そして研究・教育施設が多い街だ。研究・教育施設には大名屋敷の広大な敷地が転用されている。尾根道の目黒通りを挟んで、江戸時代からの墓地を持つ閑静な寺院群と、もともと伝染病研究所であった東京大学医科学研究所附属病院が豊かな樹木を保ちながら、東京メトロ・白金台駅で向かい合っているのは、どこか死の雰囲気が漂う。白金台で最も広大な緑地を維持し続けているのは、約6万坪の国立科学博物館附属自然教育園だ。敷地は、もともと高松藩主・松平侯の下屋敷であり、明治以降は、陸海軍の火薬庫、宮内省白金御料地を経て、昭和24年(1949年)に天然記念物及び史跡として一般公開された。

名誉研究員の矢野亮さんと一緒に園内を歩く。小さな白い蝶が目の前を横切る。「ツマキチョウです。一年で春に一度だけ現れます」と矢野さんは言う。園路周辺の林床は、スプリング・エフェメラル(Spring ephemeral)─早春開花野草──がいっせいに花開いている。カタクリ、ニリンソウ、イチリンソウ、ウラシマソウ、シュンランと春の息吹に目を休めることができない。

自然教育園には3つの沢があって水が滲み出している。渋谷川の源流のひとつである。水源を見るために、そのひとつを特別に案内してもらった。雑木林の中をしばらく歩いてやや下ったところに、小川がちょろ

大名庭園時代から生きる「物語の松」。

渋谷川の源流のひとつの沢にあるひょうたん池。

シュンラン(すべて自然教育園にて)。

ウラシマソウ。

ちょろと流れている。川底は、粘土質の泥で、水辺にはニリンソウが群落をなして咲いている。まさに「春の小川」である。湧く、というのでなく、台地に佇えられた水が粘土層に少しずつ滲み出ている。この水辺にだけ清流を好むオニヤンマのヤゴが生息しているという。いまは下水道として暗渠化されてしまった東京の無数の小川の原点の姿を、都心で確かに見ることができた。

「自然教育園の財産は、過去60年分のデータの蓄積があることです」と矢野さんが歩きながら話す。最近は、昔はたくさんいたヒキガエル、そしてアオオサムシなどの地表性昆虫といった普通種がいなくなってしまったという。これは夜間に人がいない自然教育園の森をねぐらとするカラスに捕食されたためではないかと矢野さんは推測する。都心の生きものの継続的な記録をアーカイブしている自然教育園だが、常勤研究者も少なくなり、データを取ることが徐々に難しくなってきている。

「どうも。今日は何かいましたか?」と矢野さんは、次々に来園者に声をかける。毎日ここに来るアマチュアのナチュラリストたちがたくさんいる。皆それぞれ好きな生きものを見に来る。「いろんな人が教えてくれるから、いま、どこにどんな生きものがいるか分かる」と矢野さんは話す。

自然教育園の生きものの動向は、東京の生態系のセンサーのようなもの。アーバン・ナチュラルコミュニティといえる、自然を愛する都心の文化施設をこれからも大切に継承したい。

目黒の「崖の美」

目黒駅から目黒川へかけて表通りの権之助坂と裏通りの行人坂というふたつの坂がある。お昼過ぎ、かなり急斜面の行人坂であるが、目黒川の花見へ下るたくさんの人たちで賑わっていた。江戸時代では、行人坂には茶屋が立ち並び、目黒不動へ至る人気の参拝のルートであった。幕末の浮世絵師・歌川広重は、目黒の坂について多くの絵を描いている。そのひとつは『目黒爺々が茶屋』で、画面手前左の崖上に大きな松、右に小ぶりの茶屋、そして画面中央を下る坂は、鄙びた水田地帯へと移り変わり、画面奥に、でんと富士山が控えているという構図だ。この「風景の抜け」が、江戸の人たちの心を捉えていた。19世紀前半の文政期に、煎茶道具を携えて江戸内外の名所を訪ね歩いた十方庵敬順《じっぽうあんけいじゅん》は、目黒区・千代が崎からの風景を「目黒の耕地は一園眼前に見え、新寺祐天寺の森をはじめ、金毘羅、目黒不動かすめる隙より遠近の山々を詠め、なお目の下には苗代の青みたる、農夫の馬に引かれて田を耕き、或いは耕地の中路を人の往来するまで、只一望の中にありて風景言語に絶す」と『遊歴雑記』に描写している。当時、江戸の町人地はひどく人口過密であった。江戸の人たちは白金台を越えて目黒の崖の上に立った時、初めて目の前を遮るもののない開放感を感じることができた。都市には存在しない珍しい農村風景、そして、聖なる富士山と対峙することができた。さらに、富士山に登った気になるために、崖の上に富士塚まで建てた。目

羅漢寺川暗渠に流入する湧水。

目黒川をクルーザーから花見。

黒の富士塚は広重の「名所江戸百景」に新旧2つ描かれている。

さらに興味深いことに、広重は、坂の上からの展望だけではなく、坂の下から台地の見上げも描いている。それは『目黒千代か池』という非常に美しい絵だ。幾重にも折り重なった滝が、画面下半分に広がる池へ流れ下っている。池の周りに咲き並んだ桜が水面に映し出され、和服姿の女性が滝を背に点景を添える。「千代が池」という名の由来である、新田義興の死を知った侍女の千代が、池に身を投じたという伝承は、さらに池に陰影を与えているようだ。台地と目黒川のあいだの島原藩・松平主殿頭《とのものかみ》の抱え屋敷に、この千代が池と滝はあった。台地端部を通る三田用水からの流入もあったかもしれないが、相当な水量の湧水が

歌川広重
「名所江戸百景、目黒千代か池」
出典：国立国会図書館デジタルコレクション

目黒の崖線にあったことが分かる。崖から見下ろしても、崖を振り返ってみても風景となる「崖の美」が目黒に存在した。標高差20メートルほどの目黒台地の崖は、江戸の名所となっていたのである。

目黒川支流の暗渠をたどる

行人坂を下り、目黒川に架かる石積みアーチ橋の太鼓橋を渡ると、青い水田が広がり、江戸の人びとは随

目黒不動の台地崖線は深い森に覆われている。

瀧泉寺という名を偲ばせる目黒不動の手水。

分遠くの農村地帯まで出かけて来た気分になった。さらにお目当ての目黒不動が近づくにつれ、屋台や茶屋などもたくさん道端に並び、行楽気分は否応なく高まった。目黒不動は、天台宗瀧泉寺であり、寛永7年（1630年）、将軍家の菩提寺・寛永寺の末寺となってから将軍・家光の帰依を受け、山岳寺院の伽監が完成し、歴代将軍や江戸庶民の不動信仰を集め、参詣行楽地として大いに賑わった。門前には、着飾った女性が歩き、目黒名物の筍飯や、目黒飴が人気であった。また、江戸で三寺しか許可されていなかった宝くじや、御開帳などたいへんエンターテインメント色豊かな客寄せも行われていた。郊外立地型テーマパークの先駆けである。

目黒不動の森の崖下には、独鈷《とっこ》の滝と呼ばれる湧水が、いまなお豊かに噴き出している。独鈷の滝は、中世から滝行場を形成しながら、用水として地域の水田にも利用されてきた。滝の湧水が流れこむ目黒川支流の羅漢寺川は、ちょうど目黒不動の敷地前を横切り、林試の森公園方向の谷戸の沢筋へと遡上していた。現在では、羅漢寺川は暗渠として地下に閉じこめられているが、上部は歩道となっており、実際に流れを追うことができる。目黒川の支流はどこに通じているのか、たどることにした。

住宅地の間を幅1メートルほどの路地が、うねっている。この曲線の経路そのまま、かつて小川が流れていたことが想像できる。宅地塀のコンクリートブロック積みの足元は、古い石積みになっていて、地面の下から延びているようであった。小川の護岸であろう。庭を支える擁壁から排水管が苔むした路面に差し込まれているのは、川への水抜きだ。暗渠では、川そのものは決して見えないが、川が存在することの痕跡をあちこちに発見することができる。それが、暗渠を歩く楽しさだ。

暗渠は車道に出て分岐し、そのひとつは、水色のタイルブロックが張られた遊歩道となって坂を上っていく。なだらかな坂をしばらく辿ると、赤いお稲荷さまの祠《ほこら》が現れ、その名も清水稲荷神社であった。暗渠は、稲荷の裏で、目黒通りのホテル『CLASKA』の前あたりに出て終わった。このあたりが支流の水源のひとつであるようだった。

目黒不動と、林試の森公園の2つの台地のあいだの狭い低地に戻っ

目黒の住宅地には「崖路地」が入り組んでいる。

目黒 MAP

た。ここに、明治時代には、目黒花壇・苔香園という庭園名所があり、羅漢寺川を引き込んだ3つの池があった。崖下の暗渠を歩いていると、かすかなせせらぎが聞こえた。擁壁直下の石積みが壊れており、耳を近づけると奥にはっきりと水が流れる音がした。地形的にはハケ、つまり崖下の湧水ポイントである。あたりを見渡してみると、崖下に突き出した塩ビ管から水が湧き出していた。近所の方が置いたらしい鉢になみなみと水が注がれている。地形が呼吸し、汗をかくがごとく、生きた水脈は誰も止めることができない。目黒の小川は、いまなお、街のコンクリートの下を流れていた。

紀伊国坂から赤坂見附方面を望む。水面は外堀、左側の樹林はニューオータニ庭園。

異界との接点都市

港区
東京

外国人と放送局が多い港区は、台地に大名屋敷、神社が並ぶ庭園都市だった。開発に覆われた都市を海へと歩き、ランドスケープの履歴を読み解く。

ニューオータニの庭園と赤坂見附の魚たち

朝9時、四谷の土手を歩いている。土手下の上智大の脇道では、たくさんの無言のスーツ姿の人たちが職場へと急いでいる。土手上の桜の木立の中には、アーチェリーを持った女の子グループが笑い声をあげるほかは、私たちしかいない。外堀を埋め立てたテニスコート、ラクビー場などのグラウンドが眼下に連なり、ボールを弾くラケットの音がする。一人のOLが土手へ上がってきて、パンプスで土の道を颯爽と歩き始めた。土手からは、斜面に生える松を額縁に、素晴らしい眺望が新宿方面へ開けている。トンネルに吸い込まれていく中央線と丸ノ内線がクロスする四ツ谷駅、セピアブルーの屋根の迎賓館、そして赤坂御所の深い森。今回は、江戸城の外堀堤として最も高い場所にあるここを起点に、海へ向けて港区を縦断してみよう。

土手を下り、ホテルニューオータニの庭園に入る。首都高で紀伊国坂を下るとき、外堀越しに見える鬱蒼とした樹林がそれだ。東京の中心とは思えないこのあたりの風景は、江戸時代はさらに野生的だったようで、「むじな」という狸に化かされるのっぺらぼう怪談が伝わる場所でもある。

ニューオータニ敷地はもともとは井伊家の大名屋敷だった。その後、伏見宮邸宅となり第二次大戦後、外国人に売り渡そうとしていたのを、ニューオータニ創業者の大谷米太郎氏が買い取り、東京オリンピック開催の1964年に開業した。ちなみに大谷米太郎氏は力士出身の鉄鋼王というユニークな経歴のご仁だ。庭園は、江戸時代から生えるイヌマキをはじめ、巨大なクスやスダジイなどベースとした植栽が素晴らしい。庭園の見所は地形の高低差を利用した滝だ。この滝には、地龍が住んでいるという都市伝説がある。地龍は東京の地震と密に関係しており、秘めやかに鎮魂の儀式が行われたとも聞く。昭和の薫りが漂うニューオータニ敷地が外国人の手に渡らず、庭園として管理されているのは幸運なことなのだろう。

ニューオータニを出て弁慶橋を渡る。首都高が隣接する外堀は釣り堀として開業されており、ボート乗り場がある。飯田橋のキャナルカフェなどと比べて、こちらはおしゃれさはないが、他に替え難いひなびた味

愛宕山付近の路上にて。ビルの谷間に植栽が伸びる。

を出している。弁慶橋を越えると、赤坂見附の交差点が広がる。擂り鉢状の地形の中に、国道246号線（青山通り）と外堀通りという大幹線が弧を描きクロスし、上空では首都高が立体交差している。ここに立つと不思議な高揚感を覚える。自動車やロードサイクルが三次元的にラウンドした道を、実に気持ちよさそうにカーブを切っていく。乗り物たちの動きは、川を泳ぐ魚たちの群れに思えてくる。実は赤坂見附から溜池山王まで、江戸時代には、谷地形である低湿地を活用した上水池があった。溜池という地名にも由来を留めているが、今の外堀通りは埋め立てられたものだ。水と魚は消えたが、幹線と車というトラフィックに姿を変えた。

　赤坂見附の乗り物たちは、輸送という機能を離れて最も純粋に走ることの喜びを露わにさせているように見えるのは、トポス（場所性）の痕跡がインフラのデザインを、いまなお規定し続けているからだろうか。

山の王と水の女神

溜池山王の丘に日枝神社がある。男坂と呼ばれる急な石段が表参道になっており、上り切ると高台に登った実感がある。御祭神は山王さまと称される大山咋神《おおやまくいのかみ》だ。山を司り、大地を支配する神で、スサノオノミコトの孫にあたる。もともとは天台宗の総本山である比叡山（日枝山）に祀られていた神仏習合の神だ。

　江戸は天台宗の僧であった天海がプランニングした風水都市であることはよく知られており、まず上野の寛永寺が北東の鬼門封じとして設置された。江戸城を挟み反対側、南西の裏鬼門にあたるのが日枝神社だ。江戸の風水都市構造は現代にも引き継がれているようで、日枝神社の隣には首相官邸がそびえ立ち、永田町の裏鬼門から政治の中心地へ、山の王と共に睨みを利かせている。

　日枝神社境内には白砂利が敷き詰

められ、ロの字型に囲まれたフラットな社殿と併せてとてもモダンで清らかな印象だ。背後にそびえる東急キャピトルタワーなどの高層ビル群ともマッチしている。

山王という一見マッチョな神様を祀っているにもかかわらず、女性の参拝者がかなり多い。これはどういう訳かと思いつつ歩いていると、本殿の裏へと抜ける細い廊下に出くわした。進んでみると、末社を祀る小さな建築物があり、奥には三体の祠が並んでいた。若い巫女《みこ》さんが箒でお清めされている。声を掛けてみると、彼女は四国の神社の娘さんなのだそうだ。「この祠は山王稲荷神社で、もともとここにあったものです。もう二つは八坂神社と猿田彦神社です」と教えてくださった。祠の裏の崖のふちにこんもりと円い土塁状の高まりを見つけた。これは地形的にほぼ古墳に違いないだろう。山王社が当地に来たのは明暦の大火以後だ。それ以前の時間を遡ると、台地のふちにあったこの場所は、古代から聖地として存在し、古墳が築かれ、稲荷さまが置かれていた。稲荷に祀られる神様は倉稲魂《うかのみたま》という穀物を守る女神だ。溜池の水源に在《ましま》す女神を、女性たちは無意識に感じ、惹き付けられているのでないだろうか。目立たない場所に、赤い鳥居が続く小路があり、崖を下ることができる。日枝神社は男性性と女性性、権力とローカリティ、古代・江戸・現代が混じり合った重層的な場所なのだ。

六本木の狸

ウェットな溜池に面する赤坂一ツ木通りの繁華街を抜けると、TBS、赤坂サカスがある。人類学者・中沢新一は『アースダイバー』で、日枝神社と谷を挟んで反対側の台地の先っぽのこの場所にも、対をなす縄文の聖地があったに違いないと述べている。確かに江戸の古地図を見ると、寺院が密集するエリアとなっている。六本木通りを越え、六本木

赤坂の台地上に座す氷川神社の狛犬。

一丁目の泉ガーデンタワーの斜面エスカレーターに乗り、谷間から台地の上へと上がる。スウェーデン大使館、ホテルオークラが並ぶ台地の通りは、緑が多く気持ちがよい。東京タワーへとまっすぐに続く外苑東通りに出ると、尾根道の気配が高まる。

昔、六本木のクラブに遊びに来た時、深夜、外苑東通りから一本下った場所で突如墓地と出くわし、ぎょっとした覚えがある。ちょうどドン・キホーテの裏あたりだ。六本木のナイトフィーバーのピークから、一歩足を踏み外すと、死の薫りが漂う谷底へと突き落とされる。

外苑東通り両脇はそんな急峻な坂が連続するわけだが、ロシア大使館の脇に狸穴《まみあな》坂がある。いい感じのカーブを描き下っていくこの坂には、狸にまつわる伝説がある。家康

愛宕のはまぐり蕎麦。

台場砲台から東京のビル群を眺める。

泉岳寺近くの坂道に建つお宅の軒先園芸。

が江戸に入城した頃、鬱蒼とした樹林に覆われたこの坂の穴には数千の狸がいて、田畑を荒らし農民を苦しめていた。奄原助左右衛門という侍が、狸を鉄砲で成敗した。一匹だけ生き残った子狸が猫に育てられ近所の人に害をなし、その狸が退治されると猫が仇をなし、猫が退治されるとネズミが害をなしたという話だ。

ここから読み取れるのは、江戸の都市化に伴う、野生動物の排除の歴史だ。紀伊国坂に「むじな」という狸の怪談が伝わっていると先に書いた。なぜ、狸が人間に「のっぺらぼう」という姿を見せ脅かすのか、理解し難かったのだが、迫害された野生動物による人間への復讐劇なのだと腑に落ちた。現在の狸穴坂脇では大規模な土地造成工事が行われており、まさにランドスケープが土地の履歴を引き剥がされ、「のっぺらぼう」な不動産として顕在している。「むじな」は土地の精霊が鏡として人間に見せた、つるつるな都市化への警告なのかもしれない。なお、港区の近年の記録では、アライグマ、タヌキの目撃が増えている。まとまった緑地が維持され続け、「のっぺらぼう」が暗闇に現れないことを祈るばかりである。

21世紀の聖地

愛宕山から東海道に沿って南下し、品川の泉岳寺までやってきた。江戸時代には、品川駅の鉄道ヤードから先はもう海で、縄文時代には急峻な崖に波が打ち付けていた。かつての海岸線の崖地に水が湧く寺があると聞き訪れたのだが、寺は改修され、つるつるな現代建築に変わってしまっていて、湧水は消えた。この寺も「むじな」に注意すべきかもしれない。ひとつ救いがあったのは、近くの亀塚公園という貝塚が発見された公園に、深井戸があり、防火用水としていまなお現役で使われていたことだ。

　魚籃坂というまっすぐな坂があり、白金高輪の古川橋まで下っている。坂下では、江戸前の漁師が魚を持って丘を越え、内陸の農民の野菜と交換に来ていたという。その名残で、魚籃坂下には、今でも旨い魚料理を出す店が並ぶ。港区は区名に顕されているように、海と密接な関係にある。大使館が多い理由も、かつて外国公使は品川沖に軍艦を停泊させ、いざという時はすぐ飛び乗れる距離感が、ちょうどよいのがこのあたりだったからだという。

　幕府が黒船を迎え撃つために急遽建造したお台場へ向かった。芝浦ふ頭から「ゆりかもめ」に乗る。レインボーブリッジの手前で回転しながらぐんぐん上っていく加速感が心地よい。湖のように波がないお台場の海は、夕焼けの色に染まり、砲台跡がたたずんでいる。近づいてみると予想以上に巨大な建造物であることが分かる。海面から7メートルほどの高さまで大きな石がびっしり積まれている。台場の内側は野球場ぐらいの広さの平たい窪地になっており、周囲から身を隠せる。人力で1年3か月で人工島を6基もつくったのは驚きだ。よっぽど黒船の衝撃が大きかったのだろう。

　対岸の東京のビル群に明かりが灯り、輝き始めた。首都においてこんな内湾の至近距離まで海外勢力が来たらもう終わりだ。結局、日本は異国を受け入れ、明治維新という新しいエネルギーが生まれることになった。

東京タワーは増上寺境内に立つ。

　オレンジ色に煌めく東京タワーが美しい。桜の満開の夜、タワーを訪れた。塔の麓の小高い丘はびっしりと会社員たちで覆われ、宴会のカオ

港区 MAP

スに包まれていた。桜の宴が繰り広げられている丘は、芝丸山古墳である。海に突き出した岬であった縄文時代からの聖地は、電波塔へと用途を変えたが、その役目も２０１３年で終えた。今後はどのような役割が残るのか考えながら東京タワーを上った。眼下の広大な東京の輝きを見ているうちに、岬の先っぽから東京を見るという体験自体に価値があるのではないかと思った。江戸から東京へ、ラジオからテレビへ、価値観を変えるような出来事は海との接点からやってきた。これから岬の先の塔から発せられるのは、一人ひとりの個人の視線だ。地上を離れ、東京という巨大都市をどう見るのか。異世界から都市を眺める場所、それこそが21世紀の聖地のあり方にふさわしいのではないだろうか。

並木橋から少し歩いた渋谷東方面の渋谷川。夾竹桃が咲く。

渋谷の地下水脈をゆく

渋谷

東京

若者の街・渋谷は、3つの丘と谷が織りなす複雑な地形を持つ。暗渠化された渋谷川の源流を追うショート・トリップに出た。

ヒカリエとやみくろ

渋谷に川があることをご存じだろうか?

こう問いかけると、多くの人はそんなのあったっけ? と怪訝な顔をする。無理もない反応だ。人びとが華麗に行き交うスクランブル交差点の下に、川が流れているのだから。川は、一日に約290万人が利用する渋谷駅の地下を南へと流れる。国道246号線を渡ると、東横線の高架の横に、ぽっかりと口を開いた川を見ることができる。それが、地下から地上に顔を出した渋谷川だ。

渋谷の町は近年、急激な変化を見せている。2008年、埼玉方面と結ぶ副都心線がやってきて、建築家・安藤忠雄氏が巨大な卵型の駅舎建築を地下に埋め込んだ。2012年には高層複合施設・渋谷ヒカリエが竣工。さらに2013年の3月には東横線が地下深くに潜り副都心線と接続、東横線渋谷駅はターミナル駅としての使命を終えた。これは、まだ序章に過ぎない。東急百貨店東横店を中心とするJR渋谷駅上には高さ230メートルの超高層ビルが2020年にお目見えし、ほかにも道玄坂下、東横線高架跡地に高層ビルが建つ計画だ。もともと渋谷の地形は、道玄坂、宮益坂などに囲まれた擂り鉢状の谷になっている。表参道で地下を走っていた銀座線が、渋谷駅ではビルの3階に到着することからも、周辺に比べて地盤が極端に低くなっていることがよく分かる。よって、渋谷の谷には、周辺から幾筋もの沢筋が流れ込み、まとまった川となっている。その谷底に高層ビルがにょきにょきと立ち並ぼうとしている。だが、人知れず流れている地下に自然地形があり続ける限り、川は存在し続ける。今回は、渋谷の地下水脈の姿を追いかけるショート・トリップに出てみよう。

渋谷が都市として人が集まる以前のはるかかなたの時代、ざっと1000年ほど前の渋谷の姿を想像するのによい場所が、渋谷駅からすぐ近くにある。明治通りを恵比寿方面に進み、埼京線渋谷駅の新南口から出る道との交差点に、青山方面へ延びる坂がある。この坂を上り切った小高い丘に金王八幡宮が鎮座する。ここには平安時代から続く豪族・渋谷氏の居城があり、北を現在の国道246号線である尾根沿いの大山街道、東を八幡通り、そして南を湾曲した渋谷川に囲まれた天然の要害

金王八幡宮の御手水。

であった。防御を固めた中世の城主になった気持ちで、金王八幡宮に立ってみよう。内陸からやって来た敵が陣を構えるのは、ひとつは渋谷川を挟んだ桜丘の丘だろう。もうひとつはパルコからNHKに続く代々木の丘だ。大きく渋谷の空間を俯瞰してみると、3つの台地が対峙しているのが分かる。台地に囲まれた谷間は川が通る位置だ。川は、センター街から富ヶ谷に通じる宇田川と、おおよそ明治通りに重なる渋谷川に分かれる。

かつては谷間を流れていたこれらの川たちが暗渠化されたのは、1964年の東京オリンピック以降のこと。川は、生活排水の捨て場として汚れ、とうとう下水流路として使われることとなった。渋谷川とは正確には、JR渋谷駅ガード下の宮益橋以南を指し、それより上流は下水として扱われていたのだが、さらに2009年には東京都が都市計画変更を実施し、東急百貨店東横店下の渋谷川も河川から下水に変更された。この変更により、今後の渋谷駅再開発では、河川法の制約を受けずスムーズに建築申請が進むことが可能となる。

村上春樹の『世界の終りとハードボイルド・ワンダーランド』という小説に、「やみくろ」というキャラクターが登場する。やみくろは、地下に生き、汚水を飲む生物で、東京の地下の巨大な巣に生息している。彼らについて多くは謎に包まれているが、地上の光と対抗する独自の知性や宗教を持ち、地下鉄の伸展と共に勢力を広げている。ヒカリエの勢力が河川を下水に変え地上はるかにそびえる高層ビルを建てようとしている時、地下のやみくろたちは何を考えているのだろうか。ふとそんなファンタジーを想像してしまった。

渋谷川を源流へとさかのぼる

宮益坂の下、JRガード脇にあるのんべい横丁から、渋谷川を辿る旅は始まる。個性豊かな飲み屋が集まる横丁の脇に細長い自転車置き場があるのだが、ここが渋谷川だ。工事の仮囲いの壁にかつての川の写真がプリントされていた。緑量豊かな宮益橋を背景に、満々と水を湛えた渋谷川が広がり、石垣の上で子どもたちが水面を眺めている。1901年の渋谷の写真だ。現在の宮下公園は人工地盤の上に建設され、上では若者がスケボー、ダンスに興じ、下にはホームレスのテントが広がる。渋谷川はクライミング場前の交差点で明治通りを越え、キャットストリートに入る。〝裏原〟の代名詞であるキャットストリートは、暗渠となった渋谷川の上にファッションカルチャーが花開いたユニークな場所だ。ストリートがゆるやかにうねるのは、確かに川らしい曲線だ。こ

キャットストリート沿いのカフェ

キャットストリートの渋谷川擁壁跡。

キャットストリートにあったグラフィティ。

のあたりはかつては「穏田《おんでん》」と言い、水田が広がる風景であった。川がクランクする場所には、水流を溜めて動かした水車が戦前まではあった。パタゴニアの前あたりで、道は少し角度を変える。何かピンとくるものがあり、青山側の住宅地へ細い脇道を入っていく。予想どおりというべきか、舌下状の地形の上に、神社があり、青々としたケヤキの社林がエアスポット的に残っていた。ここは穏田神社という。川に突き出した岬の先っぽであったこのような場所は、大抵昔から聖地となってきたケースが多い。

　もうひとつ、面白い川の「痕跡」をわれわれは発見した。道の脇に立つ鉄柵を越えて、キャットストリートの地盤レベルから胸の高さほど下がったところに幅員1・5メートルほどの小路が続いている。これは当時の川の擁壁をそのまま使った道路改修で、かつての生活道だった。一段下がったところから、ファッショナブルな人びとの足元を眺めて歩く。キャットストリートの楽しさは、こうした猫の視線も味わえる微地形の妙にもある。表参道に突き当たる場所にオランダの建築家集団・MVRDVが設計した「GYRE」というダルマ落としのような商業施設があり、MoMA Design Storeが入っているのだが、ここの隅に「さんだうはし」と彫られた石柱が残っている。表参道を渡る参道橋の痕跡を見つけて、何か幻の遺跡を発見したように嬉しくなった。

　そんな塩梅で、今なお残る川や橋の痕跡を見つけながら、キャットストリートをぶらぶら歩き続けることができるのだが、キラー通り（外苑西通り）に出ると、途端に、暗渠リサーチツアーは難しくなってしまう。都市計画のスケールが大きすぎて、微細な痕跡は跡形もなく吹っ飛んでしまうのだ。ここから先は猫の目ではなく、鳥の目で、スマフォアプリの「東京時層地図」を片手に、かつての古地図を現在の風景の上にプロジェクションしながら、時空間をトリップすることになる。空間の目印となるのは、神社、寺、そしてお墓だ。これらの位置は時代を経ても変わることがない。鳥瞰モードで歩いていると、興味深い場所を見つけた。外苑西通りのビクタースタジオ前の交差点から、サーフブランド「ロン・ハーマン」方面へ抜けるトンネルの上にお墓が広がっているのだ。仙寿院という徳川家が代々重ん

新宿御苑脇のかつての渋谷川痕跡。

渋谷川の水源の一つである、明治神宮の菖蒲苑。

じてきたこのお寺は、千駄ヶ谷から延びる台地の先にある。都市計画道路を通す時、お墓を崩すことができず、やむを得ず下にトンネルを通したという雰囲気だ。トンネルの上には、大きなイチョウと古い墓石が並び、風が吹き抜けていく。別天地のような光景だった。

渋谷川は、これより先は中央線の下をくぐり、新宿御苑に入っていく。一筋は御苑の池を水源とし、もう一筋は新宿一丁目で玉川上水の堰に繋がり、かつてはそこから取水していた。御苑と、脇に立つマンションのあいだに、一面ドクダミに覆われた細長い空き地が続いている。下りると、コンクリートで塗り固められているが、アーチ状の橋の痕跡を見ることができた。

渋谷川の水源のもうひとつ大きな

場所として、明治神宮が存在する。こちらの支流は参宮橋あたりから西に折れ、ラフォーレの脇を抜け、フォンテーヌ通りと名付けられた竹下通りの裏通りを通り、明治神宮に入る。水源となっているのは菖蒲苑だ。ここは、明治天皇が昭憲皇太后のために造られた場所で、谷戸地形を上手く利用したしっとりとした菖蒲田となっている。菖蒲苑北口から入苑し、イヌシデなどで鬱蒼とした雑木林を抜けると、一気に視界が開け、なだらかな芝生が広がる。見晴らしが最も良いところに日本家屋があり、一生に一度はここでお茶を飲んでみたいと思わせる雅《みやび》なランドスケープが展開する。6月頭の時期、まだ少し満開には早かったようだが、薄紫の可憐な菖蒲が咲いていた。水源は加藤清正公が発見したとされる清正井である。一時期、スピリチュアル系の女性がパワーストーン浄化に集まりすぎたせいか、いまでは警備員がいて、井戸の番をしているのが、都会で聖地を維持することの難しさを物語っているようだった。

松濤、神泉、夜の円山町

代々木公園の丘を山手通り方面へ下り、井ノ頭通りを渡ると、レトロな蕎麦屋などの商店が並ぶ神山町の通りに出る。一本脇の谷筋の遊歩道には、センター街にかけて宇田川が暗渠として流れている。谷間から急な坂を上っていくと、雑然としていた街が、急に敷地の大きなお屋敷街に変わる。日本でも有数の高級住宅街・松濤だ。台地の上にきっちりグリッドが引かれた街区は、松や混ぜ垣のウォールなど、緑量豊かな庭園がきっちり刈り揃えられてあり、実に気持ちいい。このあたり一帯は江戸時代には紀州徳川家の下屋敷があり、明治に入ってから旧・佐賀藩主の鍋島氏に譲渡された。鍋島氏はここに狭山茶を導入し、一大茶園を開いた。茶園の一角には、湧水地があり、脇の茶室にて清冽な水で茶を点《た》

鳩森八幡神社には富士講の「富士塚」がそびえる。

てていた。現在は鍋島松濤公園となり、緑豊かな近辺住民の憩いの場所となっている。鍋島松濤公園は谷戸地形の頭に位置し、池からも宇田川の支流がかつては流れ出していた。公園から東急百貨店Bunkamuraのほうへゆるやかな道が下っており、歩くと川があったのだという風情がいまでも感じとれる。宇田川支流には、もう一本細い流れが南から合流しており、そちらは神泉を源流としている。

井の頭線神泉駅はトンネルになっており、渋谷に向かう電車は一瞬陽の光を浴びまたトンネルへ入っていく。地上に出るのはこの場所が谷間になっているからであり、神泉駅前には「弘法大師・右神泉湯之道」と書かれた石碑が立っている。ここには、仙人が杖で泉を掘り当てた不老不死の薬とされる湧水の伝説がある。明治に入ってからは、弘法大師が開いたというストーリーの浴場・弘法湯として大いに栄えたが、1976年に浴場は閉店している。

神泉駅近くのおでん屋に入ると、店主は江戸時代にはこの谷は火葬場だったと話した。一杯やってから外に出ると、あたりはもう夜の帳に包まれている。しっとりと霧が漂いだした神泉の谷で、ふと道のマンホールに耳を澄ますと、ざああっと水が流れる音が反響する。結構な水量が想像でき、今なお水は途絶えていないようだった。

246（大山街道）を見下ろす高台に立つ氷川神社。

神泉の谷は静かで暗く、崖に張り付くようにマンションが建っている。梯子のような急な階段で、崖を上り切ると、派手なネオンが輝く円山町のラブホテル街の真ん中に出た。渋谷駅から道玄坂を上ったピー

渋谷 MAP

200m

クにあるこの場所には、江戸時代に爆発的に広がった「富士講」という富士山を信仰する新興宗教の中心地があり、講元の吉田家は「御水さん」と呼ばれていた。かつて、道玄坂の上からは富士山を眺めることができた。男女がハイになる渋谷の山の頂上に、かつては富士山と身体を一体化させる宗教が流行っていたのは、とても興味深い。地形が人間に与える土地のキャラクターは、時代が変わり、建造物が変化しても、基本的に変わることがない。

「御水さん」はいまなお渋谷の地下を流れ、ヒカリエの下で「やみくろは」増殖しつづけている。渋谷の街の熱いパッションは、きっと、目に見えない地下水脈によって保たれているのだろう。

神田上水の守護神であった水神社のイチョウは、生命力を感じさせる。

台地と低地のジオポリティクス

神田川

東京

江戸の街に上水を供給していた神田川に沿って、町工場が並ぶ低地の下町と、大名庭園だった台地の山の手がミクロな地形によって棲み分けられている。神田川を軸に、権力者と職人たちの空間の履歴を読み解く。

落合のビバリーヒルズ

神田川は都心を蛇のようにくねっている。吉祥寺の井の頭池が頭で、隅田川に出る浅草橋付近が尻尾だ。下高井戸でぐるっと北にターンした神田川は善福寺川を受け入れ、目白台にぶつかりもう一回東にターンする。ここは妙正寺川と落ち合うポイントで、その地名も落合だ。11月の晩秋の朝、西武新宿線の下落合駅を訪ねた。駅を出てすぐ、神田川だ。なだらかなカーブをコンクリート護岸が描いている。両岸の桜の枯葉が、はらはらと舞い、ごく薄く流れる水面を下っていく。水は思いのほか綺麗で、鴨の親子が泳いでいる。

下落合は目白台の下の低地にあり、合流地点付近は、たびたび洪水に襲われてきた。現在の妙正寺川は下落合から暗渠の放水路を流下し、やや下流の高戸橋付近で神田川に合流している。下落合には落合水再生センターがあり、下水を高度処理した再生水を神田川に流している。暗闇から滔々と流れる放水口を覗きこむと、むわっと生暖かく、かすかな下水の匂いが鼻の奥を刺激する。かつて、神田川は江戸の街に神田上水として導水され、水道までアユが入ってきたと言われたが、高度成長期に生活排水が流入するようになり、1970年代には全国でワースト2となるまで水質が悪化した。しかし、高度処理が開始され、下水道整備率が100%になってからは水質が改善され、現在は高戸橋付近にアユが戻るようになってきている。

落合付近には染物屋が多い。明治に入って、上水が廃止されてから、清浄な水を求めて、江戸友禅染などの染色業者が下町から移転してきた。神田川での染物の水洗いもアユと同様、滅びかけたが、今では試験的に復活するようになっている。

神田川から20メートルほどの崖を上がった目白台は洪積台地上にある。神田川低地から目白台へ牡丹で有名な薬王院の脇の階段坂を上る。下界を見下ろす踊り場が設けられており、楽しい坂だ。台地の上の中落合は、戦前「目白文化村」と呼ばれた高級住宅地だった。西武の創始者である堤康次郎がビバリーヒルズをモデルに開発した山の手住宅地だ。作家、画家、学者などの文化人、官吏やホワイトカラーたちが関東大震災以後移り住み、牧歌的な農村が広がっていたこの地に、クラブハウス、スポーツ施設も立ち並ぶ「落合ヒルズ」が出現した。しかし、このモダンな住宅地の大半は空襲でほとんどが焼失してしまった。神田川沿いに並んでいた染色工場一帯が、米軍に軍需工場と分析され、焼夷弾が落とされ、目白文化村も余波を受けた。今は目白文化村の面影として、パリの風景を描いた画家・佐伯祐三のアトリエ、林芙美子の住居など、いくつかの建物が残っている。

目白台地の縁に「おとめ山公園」という緑地がある。かつて将軍家の狩猟場として立ち入り禁止の「御留山」と呼ばれ、大正期に入り近衛家が邸宅を構えていた場所だ。鬱蒼とコナラ、スダジイなどが繁る緑地の崖下には湧水があり、江戸時代は蛍の名所だった落合にちなみ、ヘイケボタルが育成されている。公園を下った低地に駐車場があり、古い擁

落合、薬王院脇の階段上にある流線型の壁。

豪雨の翌日、神田川は茶色に濁る。

壁を見つけた。コンクリートの壁が一部崩れ、土がむき出し、水が滴っている。かつて下落合の崖下の至るところに湧きだしていた湧水。崩れ落ちたコンクリートの滴る水に、いまなお残る地下水の脈動を感じた。

神田川と印刷工場

高田馬場駅のガード下を越えて、神田川に沿って歩く。明治通りと交差する高戸橋で、学習院方面の坂の上から路面電車がトコトコ下りてくる。都電荒川線だ。道路の交通ルールに従って赤信号で止まる。カメラを向けると、乗車しているおばさんが笑顔で手を振ってくれる。

「面影橋」という橋がある。歌人の在原業平が水面に姿を映し、また付近に住む美しい娘が身を投じたとい

う謂《いわれ》がある橋だ。このあたりの神田川は深いコンクリート護岸になっており、水深の目盛りが9メートルまで刻まれている。この日の水深は30センチほどだが、増水時にはぎりぎりまで上がってくることを思うとぞっとした。川底もコンクリートかと思っていたのだが、ふと見ると水面には苔が蒸した大きな一枚岩が顔を覗かせている。この付近は神田川の勾配が最も急で、地盤が深く削られ、川底は、関東ローム層、東京礫層を切り、最も古い上総《かずさ》層にまで達している。それは約200万年前に蓄積した硬い岩盤で、超高層ビルの支持層となっているものだ。東京の基層といえる、そんなとてつもなく古い地層を直に見ることができるのは東京でもこのあたりの神田川を除いてはない。都心の真ん中で、剥き

おとめ山公園、崖下の擁壁を突き破る湧水。

面影橋下流に露出する上総層群の岩盤。

出しになった「ジオ」を見せつけられた我々はいたく興奮した。

しばらく神田川を歩くと、川の左岸に古い石段があり、2本の巨大なイチョウが鳥居のように立つ水神社が見えてくる。神社の下流に江戸初期に関口大洗堰が築かれ、神田上水が取水された。この神社は神田上水の守護神として江戸の篤い信仰を集めた。イチョウは街路樹のような円錐形でなく、都内では珍しい自然樹形の球形をしている。ふっさりと大きな球に育ったイチョウは、とどまることのない水の勢いを連想させる。水神社の傍らには「芭蕉庵」がある。意外と知られていない事実だが、芭蕉は伊賀出身の土木技術者でもあり、神田上水の河川改修の工事監理を行っていたという。「奥の細道」が東北の辺境地理を巡ったイン

テリジェンス（諜報）活動だったという説もあながち荒唐無稽とは言えないかもしれない。

早稲田付近の神田川低地の下町に足を踏み入れると、たくさんの印刷所、製本所などの町工場が軒を連ね、道路脇にはフォークリフトと梱包された紙が積まれている。印刷工場も染色工場と同様、神田川の清流を活かした製紙業がかつて栄えた名残である。しかし、このあたりは洪水多発地域でもあり、紙にとって水は大敵だ。

以前、出版社に勤めていた私は、出版パーティの後に、当時の社長であった角川歴彦氏とこのあたりのラーメン屋にご一緒したことがある。その時に聞いた話が印象的だった。彼が若き編集者だった頃、台風が東京を襲った。洪水警報が鳴り、神田川近くの印刷所に入れた作家のゲラが濡れてしまわないよう、深夜、暴風が近づく中、印刷所まで必死の思いでゲラを取り戻しに向かったのだという。電子メールとDTPが進んだ現在でも、出版の最終工程はゲラという校正用紙を繰り返すことによって行われている。ゆえに編集者にとってゲラを守ることは何よりも重要であり、リアリティのある訓話として駆け出しの私はそれを伺ったのだった。

そんな会話を思い出しながら、早稲田・榎町にある『佐々木活字店』を訪ねた。東京でも数少ない活版印刷屋さんだ。鉛でつくった活字を一字一字拾いながら、レイアウトを整えた活版をつくり印刷する。非常に手間がかかり、一人前の職人さんが1頁15分ぐらいで拾えるものも、新人がやると一日はかかる。マシンガ

佐々木活字店にて活字を拾う職人。

ンのような形をした、活字を鋳造する機械は「もう製造されていないから、壊れたら他の機械をバラして部品を取り出し修理する」と佐々木さんは言う。薄暗い部屋の中に木棚が所狭しと並び、整然と金属の活字が光っている。白髪の活字工が次々に活字を拾っていく。木枠の活版はそれ自体芸術品と思えるほど美しい。幸い若い後継ぎが会社を継いでくれたという。もはや伝統芸能といえるこの文化が滅びないでほしいと、出版に関わる人間としては思う。

最もミニマムなジオポリティクス

神田川低地の印刷工場地帯は下町の風情が漂う区域であるが、目白台の麓の坂をほんの少し上るだけで、一転して風景は変わる。音大のテニスコート、細川家下屋敷の広大な庭園だった肥後細川庭園公園、そして椿山荘といった施設が、お屋敷街の中に佇む。椿山荘は明治の元老・山縣有朋が自ら造園した庭園で、いまはグローバル展開のフォーシーズンズホテルがそびえる。古来、権力者は崖の上を好むというが、狭いエリアの中での、わずかな標高差が、階級の差として歴然と顕在化する所に、最もミニマムなジオポリティクス——地形の権力機構を感じる。

椿山荘に続く坂を上りきると東京カテドラル聖マリア大聖堂の曲線が鈍く光を放つ。これを越え、急な坂を下ると音羽通りだ。U字のフィヨルドのように深く刻まれた谷は護国寺の参道で、講談社、光文社などの出版社が並ぶ。向かい側の丘には鳩山会館が居を構える。言わずと知れた鳩山由紀夫氏の祖父・自民党初代総裁の鳩山一郎が建てた洋館だ。敷地の中にS字を描く急カーブを這い上がると小日向《こひなた》の住宅地に抜ける。

こひなた、とはなんと心地のよい響きなのだろう。台地の上にはいつも気持ちのよい風が吹き抜け、いかにも文京区らしいこぢんまりときちんとした佇まいの住宅が並んでいる。小日向の丘の端からは東京タワーが見える。最も眺めのよい台地上の一等地の広々とした敷地に、アパートがゆったり3軒建っている。財務省の宿舎ということだった。

小日向から切支丹坂を下ると突如、地下鉄の車両基地が姿を現した。赤いラインの丸ノ内線だ。隣には谷底を掘ってホームとした茗荷谷《みょうがだに》駅があり、ここから小石川の台地に潜り

茗荷谷の東京メトロ丸ノ内線車両基地。

池袋まで延線している。丸ノ内線は地下鉄でありながら地上に露出する区間が多い。四ツ谷駅、後楽園駅、また御茶ノ水付近では神田川を橋で越えていく。いずれも台地と河川低地の境界線上に位置する。東京の凸凹地形をなんとか処理しようとした設計者の苦労が偲ばれるのだが、茗荷谷では、台地のあいだの谷底を嵩上げして車両基地を造った。頭上に地下鉄が並ぶのはなんとも不思議な光景だ。茗荷谷から庚申坂の階段を上がると、尾根線上をまっすぐ延びる春日通りに出る。東京に桜の名所は多いが、そのうち5本の指に入ると言ってもいい播磨坂が、尾根の反対側に下る。ここは都市計画家の石川栄耀が戦災復興で計画した環状3号線のうちで実現した一部だ。坂を下ると社会主義国家の建物を連想させる共同印刷本社があり、その裏側には本郷台の崖線を利用した小石川植物園が控えている。

本郷台崖線下には、神田川に注ぐ千川がかつて流れており、この千川低地にも印刷関係の町工場が多い。仕事の後に染み付いたインクを洗い流す銭湯や、防災立ち寄り所があり、印刷ギルドと呼んでもよいような地元コミュニティが息づいている。

本郷台に子宮のように食い込んだ谷戸の頭には階段があり、これを上がると白山神社がある。境内には仕事帰りの近所の人々と猫たちが思い思いの時間を過ごしている。台地の上には権力者が睨みを利かせるのでなく、神社がふんわり佇むのがこれもまた相応しいのでないかと感じた。

神田川低地には印刷工場が広く分布していることを見てきた。江戸時代には約200万点の書籍が発行され、日本は世界にも例のない識字率を誇る出版大国であった。その多くはたわいもないゴシップ本や浮世絵

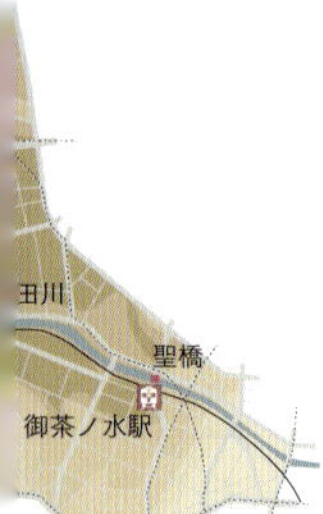

（グラビア本）であったりした。それは何も高尚なものではなく民衆から生まれる表現のマグマのようなものではなかっただろうか。出版というのは浮世にそうした情報メディアを流すことだ。そう考えると、神田川という川の流れに沿って出版インフラが集まったのは、泡沫のように生まれる出版物にとって相応しいように思う。もちろん船運という流通上の実利もあっただろう。時代が移り、現代ではインターネットが出現し、それは川から電子の海に代わった。だが、海の水の一部は蒸発し、また川に戻るサイクルが存在する。出版とネットも川と海のように連続している。古き良き印刷出版コミュニティは神田川低地でこれからも生き延び続けるだろう。

神田川 MAP

3

地域に根ざす

地域に暮らす人びとは、
自然資源とどのように向き合い
生業を営んでいるのか。
農業、漁業、そして東日本大震災の復興現場で、
持続可能な地域づくりへ動き出す
人びとの姿を描く。

小泉では、地震と津波により海岸線が200メートルほど後退し、浸水域に広大な湿地が出現した。

生命と社会基盤

小泉

宮城県気仙沼市

震災から再生し始めた南三陸の海のまちに、巨大な防潮堤計画が知らされた。地域の人びとと共に、自然の「リスクと恵み」と共存するすべをさぐる。

縄文の海

あたりの山の辺からいくつも霧の煙が上がっている。八雲立つ、神話の風景を連想させる。

目の前には、雲を映した干潟が広がっている。その先には白波を立てた海が見える。引き潮が流れ始め、砂底に波紋がトレースされていく。

白いハットによく日焼けをした肌、白長靴の男性が干潟の浅瀬に屈んで、砂をかき分けている。77歳の漁師・及川慶一さんだ。ごつごつと節くれた手のひらには、砂地から掬いあげた、色とりどりのアサリが載っていた。

「でかいですね」

「これは2年ものだね」

「震災の後に生まれたんですか?」

「そうだね」

「どのへんにアサリはいるのですか?」

「ちょうどこういう砂地に潮が流れこむところにたくさんいるよ」

次から次に面白いようにざくざくとアサリが採れる。彼の手はマジックハンドのようだ。

モクズガニだろうか。蟹もいる。

「蟹もこのへんの人は煮て食べるんだよ。鍋の中に白身が浮かぶので『ふわっふわっ』という料理なの」

たくさんの海鳥が上空を舞っている。干潟の餌を食べにきたのだ。

慶一さんはウナギを仕掛けに、竹筒を持って深みに歩き出す。

「いろいろな生き物が戻ってきているから、確かめてみないとね」

2011年3月11日、東日本大震災で発生した津波が押し寄せるまでは、この干潟は農地だった。

干潟は、宮城県気仙沼市の南端に位置する小泉という地区にある。小泉は、岩手県一関市を水源とする津谷川の河口域に位置し、車であればおよそ数分で横切れるほどの沖積平野を持つ。

平野は山に囲まれ、海岸には砂浜が広がっている。リアスの狭い谷が入り組む三陸沿岸では、比較的珍しい地形だ。

小泉では、地震の影響による地殻変動で陸地が沈下し、震災後も最大200メートルにわたって海岸が後退したままになっている。現在の津谷川の河口域には、滞水した湿地が広がっている。湿地はただの水たまりではない。漁師の慶一さんが言うように、アサリ、カキ、ハゼ、湿生植物、そして水鳥など様々な汽水域の生き物たちが棲み着いている。農地だった空間に、新たなウェットランドの生態系が出現しているのだ。

河口域を囲む丘陵には、津波が押し寄せた浸水ラインぎりぎりに、いくつかの神社の社が流されずに残されているのが印象的だ。まるで、ここから下は津波が襲うエリアであることを、予知していたかのようだった。神社の丘に囲まれた湿地帯。その風景は、縄文時代の海と川が交じりあう氾濫原の姿が、そのままよみがえったかのようだった。

小泉の歴史は、縄文時代に、丘陵地に人が住み着いた形跡から始まる。平貝、卵名沢という地名の氾濫原に面した台地には貝塚が発見されている。こういった場所にはいまでも神社があるか、小学校が立地している。小泉の南面に、まち全体を抱くようなかたちで、標高512メートルの頂の田束山がそびえている。古くから霊峰であったこの山に、奥州藤原氏の藤原秀衡は深く信心を寄せ、山頂に寺院を建設した。山岳は、修験道の信仰の地となり、河口では、砂金、砂鉄なども採取された。その後、江戸時代初頭には、小泉の中心街区に現在まで残る町割りが引かれ、気仙道の宿場町として小泉は栄えた。

小泉を支えてきたのは、津谷川の氾濫原を開発した水田と、周辺の小さな浜と谷戸を利用した半農半漁の営み、そして津谷川での鮭漁だ。タイプの違う地形の特質をうまく使い分けながら、自然の恵みを十全に活かした生活の営みが続いてきた。なかでも、小泉の鮭漁は藩政期から有名で、鮭は村の共有資源として扱われ、明治期には村の財源の1割を担

田束山の尾の先にある山の神。津波でU字に地形がえぐられたが社殿は残る。

浸水域を見下ろす八雲神社。

うほどだった。いまでも小泉の人びとは津谷川のことを「サケガワ」と呼ぶ。

明治に入ってからは、山林を共有管理し、住民同士で福利厚生をサポートしあう「契約会」も設立された。小泉には、神社の祭り、花火大会、灯篭流しなどの地域色豊かな伝統文化を継承しながら、相互扶助的で自立的な地域社会が存続していた。

もちろん、高齢化や産業の衰退など、日本の地域にみられる様々な問題は小泉にも存在する。とはいえ、勝手口から互いの家にお邪魔して、お茶をごちそうになるような抜けのよい濃密なコミュニティと、山、川、海がそろった自然の豊かさは、小泉の人びとが自ら認める、かけがえのない「ふるさと」であった。

久須志神社の下に津波で露出した2億年前の岩盤。

浸水した浄福寺に残された2本サワラ。

防潮堤とコミュニティ

東日本大震災の地震発生から30分後、東北の太平洋沿岸に押し寄せた津波は、小泉では高さ最大20メートルに及んだ。海岸の松林、気仙沼線の駅ホーム、江戸時代からの町並み、津谷川に架かる橋、農地と、津波は次々にふるさとの風景を呑み込んだ。小泉の人口1809人のうち43人の死者行方不明者、家屋被災率69・3%という被害を被った。津波は津谷川を遡上し、4キロ上流の津谷の町をも襲った。海が見えない盆地の津谷では、津波が来ることを予想していなかったという。

大きな被害を受けた小泉であったが、復興に向けての足取りは早かった。避難所の中で「また以前のように、みんなで一緒に暮らしたい」と

海藻研究所の新井さん。湧水量は一日に10t / ㎡。

刻々と潮が動く干潟で行われたフィールドワーク。

の夢が語られはじめ、被災から1か月のうちに、集落の高台移転に向けて人びとは動き始めた。結成された住民組織「小泉の明日を考える会」は、被災地で最も早い時期に、防災集団移転促進事業を実現させることとなる。まちの祭りの復活も早かった。村の鎮守である小泉八幡神社の例大祭を震災年にも開催し、ボランティアとともに神輿は仮設住宅とかつてのまちを巡幸した。

長年途絶えていた花火大会、素人演芸大会も地元有志「小泉Coolな親父の会」たちの手で復活された。多くの住民が仮設住宅で暮らしながらも、小泉のまちは徐々に活気を取り戻し始めた。

そんな中、県から小泉の海岸に防潮堤の復旧計画が発表された。計画は、高さ14・7メートル、幅90メートルのコンクリートで覆われた巨大な防潮堤を砂浜に建設し、河口から2キロ上流まで津谷川沿いに堤防が築かれるというものであった。国の中央防災会議は、数十年に一度やってくる津波（L1津波）には防潮堤などハードで対応し、東日本大震災や貞観地震のような1000年に1度の最大クラスの津波（L2津波）には、避難などのソフトで対応するという方針を出した。県の計画はこの方針に従ったものだが、土地の環境条件への配慮、住民の合意といった項目に対して課題が残るような内容であった。防潮堤建設には、災害復旧事業として国から8000億円の予算が充てられ、小泉の海岸だけで200億円もの建設費が計上されている。予算執行には2015年末までの縛りがあり、それまでに建設

地域の様々な知見が共有されたワークショップ。

漁師の及川慶一さんは小泉の生き物の「生き字引」。

を進めなければならないという発言が宮城県知事、自治体から繰り返された。ただし、国側からは、財源はその後も確保するという返答もあり、意思決定の前提となる情報に混乱が生じている。

小泉の人びとは防潮堤をどのように受け止めたのか？　住民への第1回の説明会は2012年7月に行われたが、「みんな失われた住宅や職のことで頭がいっぱいで、受け止める余裕がなかった。説明も専門的で理解できなかった」と地元在住の阿部正人さんは述べる。県は住民から発言がなかった事実を、住民合意と捉えた。その後、計画の内容を理解した住民の中に、「何の議論もないまま、自分たちのふるさとにこのようなものを造ってしまっていいのか」と考え始める人びとが出てきた。

阿部さんもその一人で「防潮堤反対ということではないのです。地域が将来どうなっていくか、きちんと議論したうえで、防潮堤はどうあるべきか考えるべきなのです」と述べる。「そのためには、いろいろな立場のひとが発言できる場を持つことが必要」と阿部さんは考える。

しかし、なかなか住民の「話し合いの場」を持つことができないまま、2013年の9月に再度、県から説明会が開かれた。思いのほか、その説明会では住民からいろいろな発言が出た。

「河口でハゼ釣りをしたり、湿地にアサリやシジミなどが戻っているが、建設は環境を破壊しないのか？」「非常時には逃げることが大事と今回分かった。避難対策のほうが、高価で大きいものを造るより大事ではないか？」

「津波が浸水したエリアは災害危険区域で人が住めない。そもそも防潮堤は何を守るのか？」

住民からの問いに対し、行政からは説得力がある返答がなされたとは言い難かった。

小泉の人たちの間に、話し合いの場を持とうという機運が広まった。話し合いは小泉の最小自治組織である「振興会」単位で行われることとなった。しかし、推進派の振興会長が司会を務める話し合いの場は、「推進以外の意見は、発言しにくい雰囲気で、とてもオープンな場といえるものでなかった」と、阿部さんは述べる。

何が語られ、何が語られないか、合意形成のプロセスは、話し合いの場の設定で決まる。誰もが自由に発言できる場が必要だと感じられた。

小泉ふるさと語りわくわくワークショップ

小泉の風光明媚な海岸は、震災前には三陸沿岸で著名であった。夏には東北内陸から多くの海水浴客が押し寄せ、一年中、海に繰り出しているサーファーからは聖地と称されていた。震災後にはたくさんのボランティアや支援者の方々が小泉を訪れたが、その中には、すっかりこの地と人びとに魅せられてしまった研究者もあった。九州大学准教授で海岸や河川の生態工学を研究する清野聡子さん、東北芸術工科大学大学院准教授（当時）でランドスケープデザインを教える廣瀬俊介さん、東京農工大学大学院生（当時）の秦範子さん、そして私も東京工業大学の大学院生（当時）として、フィールドワークに入っていた。

津波で干潟化した農地に定着したアサリ。

環境と人びとが遭遇して、新たな化学変化が生まれる。今回、そういった縁が育まれ、小泉に魅せられた研究者が地域の人びとと共にワークショップを開く運びとなった。

ワークショップの目的は、小泉を

地域の人びとと研究者で歩き、今後残したい小泉のふるさととは何かを話し合うということだ。我々は、地域のことを最もよく知っているであろう地元の方から、地域のことを学ぶということを基本スタンスにおいた。そのうえで研究者チームの専門性の中から出た発見や洞察を、地元の方にフィードバックできればいいと考えた。「小泉ふるさと語りわくわくワークショップ」は第1回アジア国立公園会議の特別エクスカーションとして2013年11月16日に行われ、十数人の住民と全国から集まった研究者たちが参加した。

津谷川右岸の湿地にて、前述の漁師・慶一さんが掘り出したアサリを参加者が眺めている。

「こんなにきれいに貝殻が成長するアサリはなかなかいないですよ。水がいいからですね」と清野さんが驚きの声を上げる。

海藻研究所の新井章吾さんが干潟に仕掛けた湧水計に溜まった水袋を取り上げる。新井さんは日本全国を車で寝泊まりしながら回る、水産資源、湧水、循環型農業のエキスパートだ。

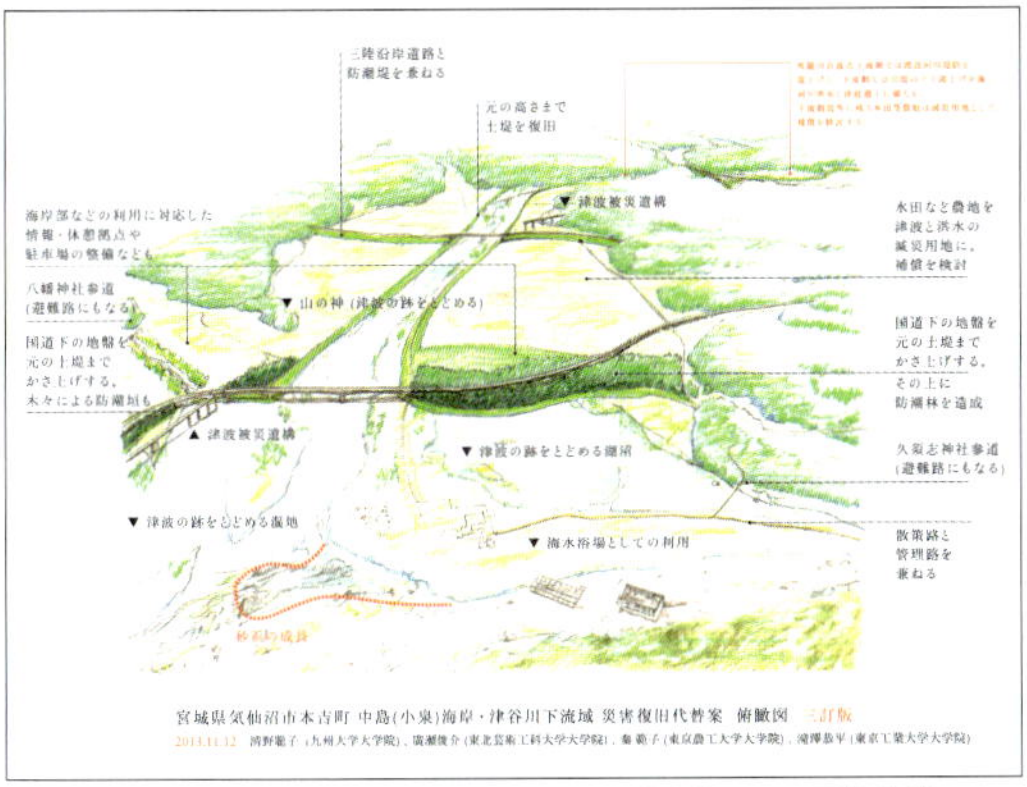

研究者チームで検討した災害復旧代案。湿地を遊水地とした面的防護による津波の減衰、道路工作物と防潮堤との兼用などの減災策を検討している。

現状の県土木による防潮堤案のCGイメージ（画像：NPO法人森は海の恋人）

「およそ一日に1平方メートルあたり10トンの水が湧いています」

「ほら、ちょっと塩の味がするでしょ。すぐ近くの丘陵から栄養塩豊かな水が流れ込んでいます。場所によって少しずつ味が違いますよ」

「おお、地形の違いを舌で舐め分けるってことですね」

どっと笑い声が上がる。

「小泉の地名の由来は、水がたくさん湧いて、ちいさな湖があちこちにあるということなのですよ」

と、小泉八幡神社の86歳の宮司・山内義夫さんがおっしゃった。「なるほど」、参加者のあいだに深い納得感が広がった。フィールドワークでは、さまざまな人びとの視線による発見の輪がつながっていく。

砂浜のすぐ裏手の高台には、久須志神社の社殿が残っている。祭神はスクナヒコで、海の彼方から波とともにやってきて、オオクニヌシの国づくりを手伝った国土管理の神様だ。山内さんは「小泉の殿様だった三条小太夫近春が、伊達政宗に海から船で攻めこまれた時、この久須志神社、津谷川河口の川口稲荷神社、そして八幡神社の3つの三角形から弓で射て追い返した」と話す。津波や海からの侵入者を監視するリスクマネジメント上重要な場所であったことが分かる。これらの神社は高台にあって、今回の津波でも被災を免れた。

『イワシと気候変動』を書かれた85歳の東北大学名誉教授の川崎健さんが、海の彼方を見つめ、「浜から海が見えるこの風景は残さないといけないね」とつぶやかれた。

午前の「ふるさと歩き」を終えて、午後から、小泉小学校の体育館で「ふるさと語り」の部が始まった。ちょうど近くにいた中学生数名が参加してくれることとなった。テーマは「小泉に残したいもの」だ。

何を残したい？　とファシリテーターが尋ねると、ある男子中学生がはにかみながら、「あいさつをするあったかい人間関係を残したい」と話してくれた。

別の中学生は、「僕は小泉で働くとすれば漁師になりたいから、魚や生き物がいる場所を残してほしい」と語った。

今回のワークショップで挙がった、地域の人びとが小泉に残したいものは、まとめると次の5点となる。

一．自然環境：サケ、アユ、ウナギが上る川と、河口・砂浜の生き物、きれいな海、そして豊かな湧水、

津谷川河口には広大な砂浜が津波後に回復。

湿地。
二．景観：校歌にもある海、川、山が見える広い景観、豊かな緑と松林。
三．生活文化：あいさつをする住民同士の温かいつながり、神社と祭り、行事。
四．遊び・レクリエーション：子どもが川と海で遊べる場所、海水浴場、漁業ができる環境、農地。
五．地域づくり：小泉の自然資源を活かした持続可能な地域づくり、環境教育のフィールド。

一方、「小泉ふるさと語りわくわくワークショップ」の前後に行われた、地域の振興会での話し合いは、防潮堤を進めるという結果となった。理由のひとつとしては、復興のスピードを遅らせたくないということが大きかった。仮設住宅に入っている人びとの、一刻も早く集団移転を行い、本住まいに移りたいとの願いは、当然実現しなければならない。だが、防潮堤計画を進めるとしても、河口、砂浜、干潟、湧水、生き物、広い景観、人びとのつながりなど、ワークショップで語られた事物を小泉に残すことには、地域の人びとにとって異論はないように思う。これらを将来も小泉に残すためには、「減災」という考え方がとても参考となる。津波を線だけで防ぐというだけでなく、面的に多重に和らげるという発想だ。干潟は津波のバッファーゾーンともなりうる。実現に向けて、研究者、住民、行政が連携しながら技術的、制度的な詰めを進めていきたい。重要なことは、これからもずっと地域が生き延びることができる土地利用の計画を持つことだ。これほど巨大な構造物は、一度建設すると

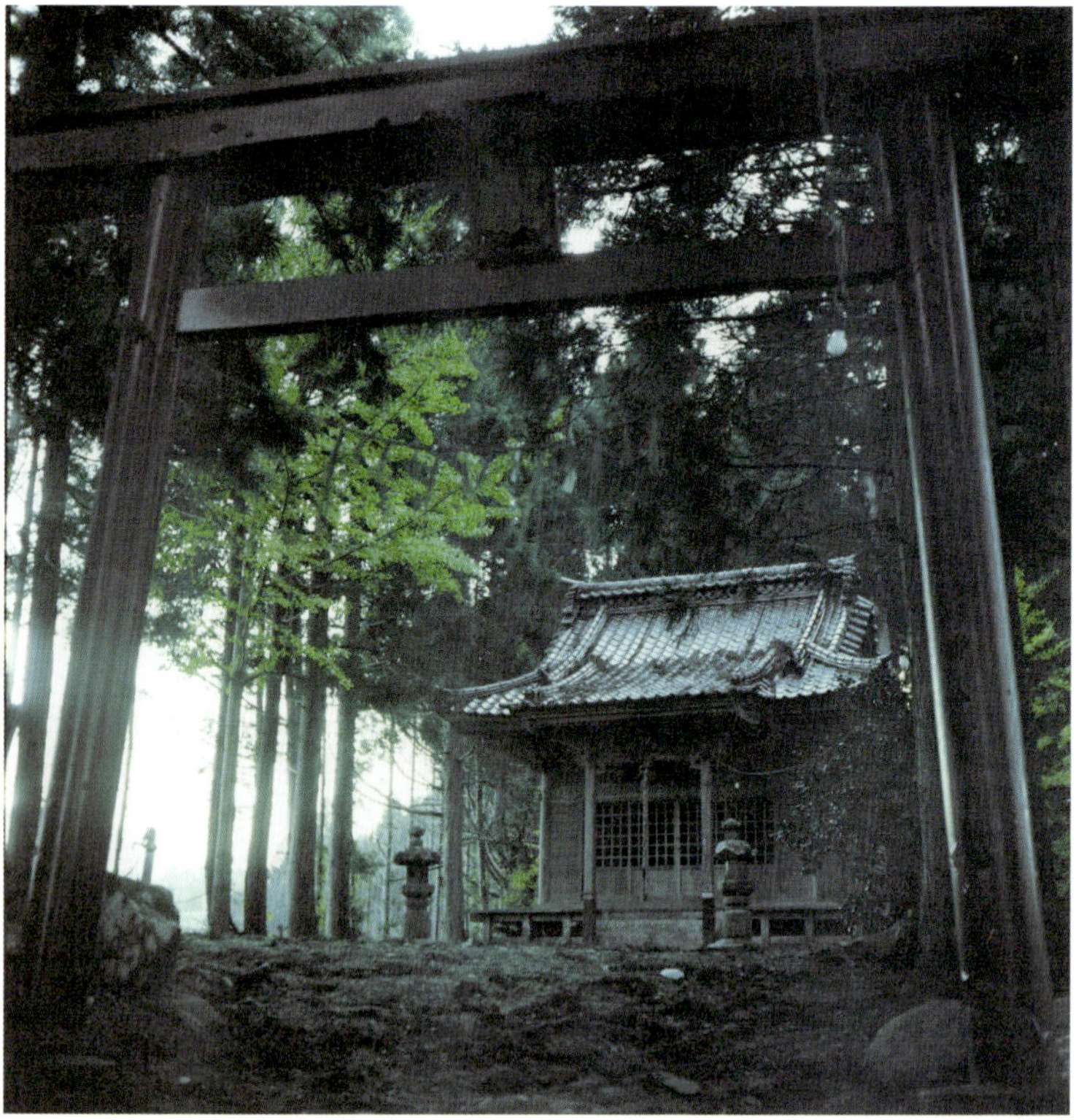

地域の鎮守の小泉八幡神社は津波遡上を免れた。

小泉 MAP

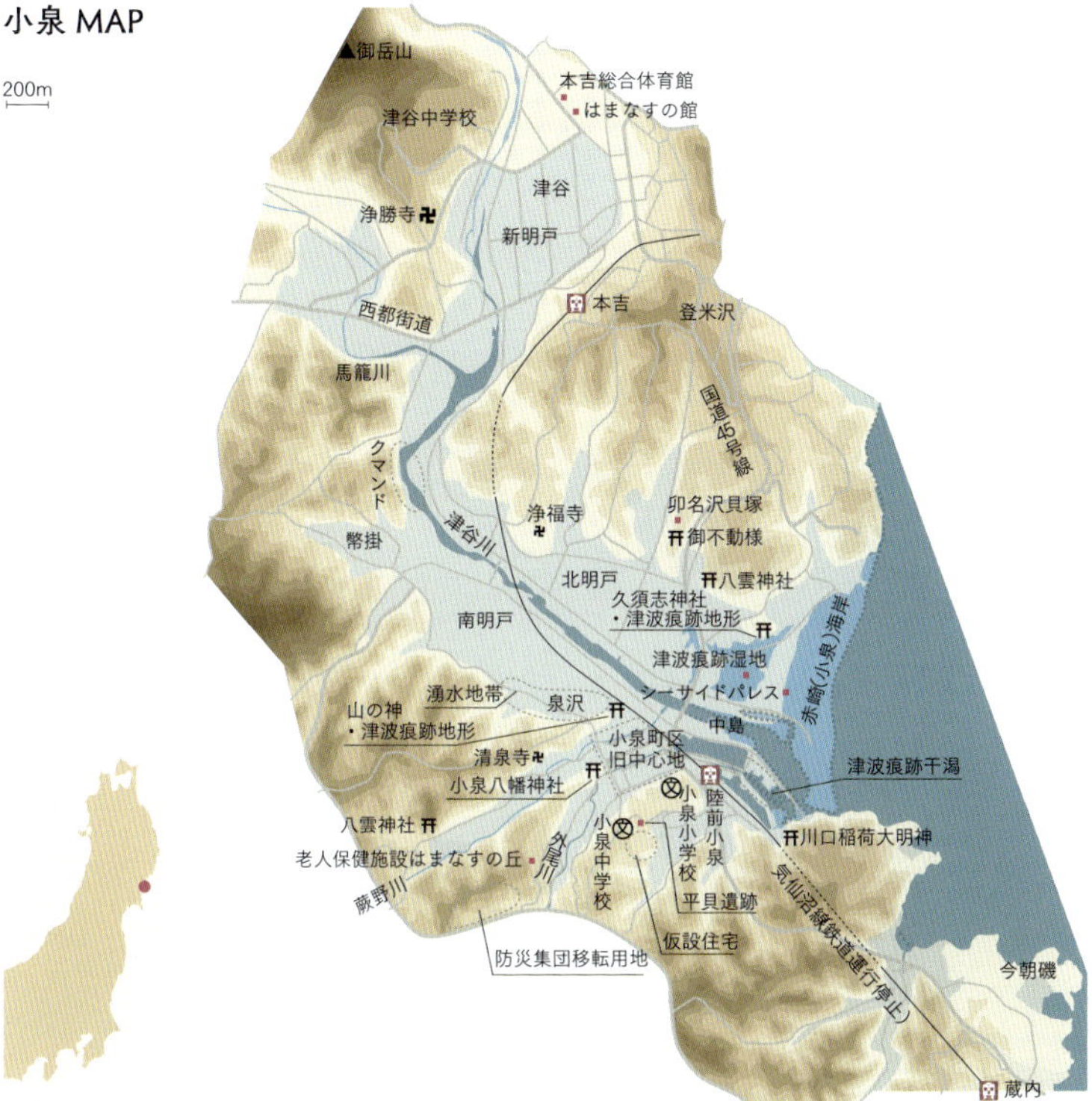

＝浸水域
＝津波前海岸線

空間への影響も大きく、メンテナンスも膨大なものになる。津波常襲地帯に住んできた人びとが維持してきた、自然環境がもたらすリスクと恵みを上手に配分するローカルな知恵があるはずだ。防潮堤賛成・反対の議論ではなく、地域の知をどう社会基盤に活かすかという議論がいまこそ必要だと思う。

＊

　2014年7月、県土木、市主催の第七回住民説明会にて、現行の県計画案が合意と確認された。2019年現在、海岸には県最大である高さ14・7m、幅90mの防潮堤が出現している。

近江八幡の北之庄沢近くの水田は田植えを終えたばかり。

琵琶湖湖西・
湖東編

近江八幡・
針江

滋賀

琵琶湖の沿岸には「内湖」という湿地が点在し、水田やヨシ刈り、漁業など多面的に使われてきた。水郷環境を守るため、地域で動き出した若手を訪ねた。

水田を受け継ぐ女性

ヨシ原の向こうから渡ってきた風が、青いヨシの葉を揺らしていく。湿原の端部と背後の八幡山のあいだに、7反ほどの水田がある。この水田を耕しているのは、廣部里美さん。東京の大学を卒業して、滋賀県近江八幡に移住した女性だ。もともと農業に関心があったという廣部さんは、最初に勤務した地元の不動産会社を退職後、NPO法人『百菜劇場』のスタッフになった。『百菜劇場』では食育や子どもの農業体験などの活動を行っている。知人の紹介があって、NPOとして近江八幡の北之庄に水田を借りることができた。無農薬で稲作を行っており、早春から水を張って雑草が生えることを抑えている。

廣部さんの水田は、「北之庄沢」という水郷地帯に位置している。もともとは琵琶湖の一部であった水面が、河川による土砂の堆積などにより琵琶湖から切り離されて湖沼となった浅い水域を「内湖」と呼ぶ。北之庄沢も内湖の一部で、現存する琵琶湖最大の内湖である「西の湖」とも隣接してつながっている。北之庄沢から引き込んだ水路が田圃の横を流れている。廣部さんがポンプのスイッチを入れると、水路から揚げられた水が勢いよく水田に流れ込んできた。畔の上に設置された小さな水路の中に、廣部さんはえいっと石を持ち上げて置く。すると、水の流れる方向が変わり、別の水田に水は流れこんでいった。「とても原始的な方法ですけど、水の量を細かく調整できるし、分かりやすくていいです」と廣部さんは笑う。大規模な圃場では考えられない昔ながらの分水手法だ。かつてこのあたりには、迷路のように水路が張り巡らされ、細やかな水利の調整がなされると同時に、田舟が行き来していた。

ヨシの生える北之庄沢は、多くの魚や鳥が産卵にやってくる。農家兼漁師は「タツベ」というカゴを仕掛けてコイやフナを捕る生業を続けてきた。捕獲されたフナは鮒寿司にされ、農家の一軒一軒ごとに味の違いがあった。また、ヨシの葉で包んだチマキをつくるのも、地域の女性たちに伝わる伝統的な食文化である。ヨシは放っておくとすぐ増えるため、農家を中心にヨシ刈りが行われてきた。今では、地域の農家と住民で運営する「北之庄沢を守る会」により、北之庄沢のヨシ刈りやゴミ拾いが維持されている。北之庄沢は近江八幡市街地の八幡堀とつながっており、生活の場と近いため、水質は決してよいというわけではない。廣部さんは「北之庄沢が汚れていると、自分の身体が汚れているような気分になる」という。集落に後継者のいる農家は2軒しかなく、将来にわたって、北之庄沢を守る活動が続けられるかが懸念されている。この付近は優良農地であるため、大規模農家が耕作することもありうるが、その時「農家が生産以外に行ってきた環境維持の仕事や食文化がどうなるのか心配」であるという。地元の神社や集落の湧水場を案内してくれた廣部さんは、ぽつりと「くじけそうになる時、土地とのつながりがあると、生きていける気がする」と話した。とても力強い言葉に感じた。

近江八幡市街を流れる八幡堀。

近江八幡で水田を営む廣部里美さん。

近江八幡と西の湖

西の湖には広大なヨシ原が広がっている。この地の北には、かつて大中湖などの大きな内湖があったが、1960年代の干拓事業により埋立てられ、現在は、大規模圃場として整備されている。西の湖でヨシが生える場所を地元の人は「ヨシ地」と呼ぶ。ヨシ地でヨシ刈りを行い、ヨシ葺き屋根を造る仕事に従事する真田陽子さんにお会いした。真田さんは、もともとは彦根市の設計事務所で働いていた女性建築士だ。

仕事が忙しい時、通勤途中の車で西の湖を走ると、「ヨシがきらめく風景がとてもきれい」で癒やされたという。「ここに一日中いられたらいいな」と、彼女にとってヨシ地はだんだん特別な場所となり、いつしかヨシ地を守る仕事に就きたいと強く思うようになった。真田さんは『葭留《よしとめ》』という地元企業に転職した。仕事内容は、冬のヨシ刈り、雑草の種子や病原菌を除きヨシの生長を促す火入れ、ヨシ葺き屋根工事と、ヨシ尽くしだ。真田さんもハシゴで屋根に上ってヨシを葺く。一見、男性でもハードに思える仕事だが、「女の人でもできる作業が結構あるんですよ」と真田さんは言う。

かつてヨシは高値で売買された時代があり、農家にとって財産であった。また、戦中戦後の食料難の時には、ヨシ地を水田に変えたこともあったという。ヨシ地を維持管理することは、農家にとって、なりわいのうえでとても大事なことだったのである。だが、生活様態の変化により、ヨシの需要は大幅に減った。ヨ

西の湖で刈り取られたヨシ。

西の湖のヨシと湖畔風景。

シ葺きはヨシを大量に必要とし、手間もかかる。しかし、ヨシ葺き屋根に暮らす地域の人が真田さんに教えてくれた。「家を大切にすると、家が私たちを守ってくれるのです」と。ヨシ葺きの家は風合いがあり、とても美しい。「地元にある材料で屋根を葺くことで、私たちの汚してしまった水や土や空気をきれいにしながら生長するヨシ地を守り、次世代に受け継ぐことができるということを、みなさんに知っていただければと思います」。

廣部さんと真田さん、ふたりの女性は、琵琶湖近江八幡の地にて、目の前の自然環境の移ろいを見つめながら、確かな暮らしを送っている。だが、仕事に忙しくて、なかなか街全体のことを考えるほどの余裕はないという。そんな二人に、ぜひ会う

といいと紹介されたのが、まちづくり会社に勤める田口真太郎さんだ。田口さんは滋賀県立大学出身の20代の溌剌とした青年だ。もともと大学で未利用公共ストックの利活用について研究していた田口さんは、いまの仕事はとてもやりがいがあると目を輝かせる。彼が働いているのは『株式会社まっせ』という近江八幡でタウンマネジメントを行う会社だ。

近江八幡のまちづくりの歴史は、街の中心を流れる掘割である八幡堀の再生の歴史でもある。八幡堀は秀吉の養子・豊臣秀次が八幡城の防衛と船運を兼ねて引いた水路で、琵琶湖とつながっている。この掘割と城下町の形成によって、近江八幡は近江商人の拠点として栄えた。しかし、時は過ぎ、物流機能から開放された掘割は、琵琶湖の水位低下に伴い水量も減り、ヘドロが堆積する誰も見向きもしない「見えない川」になっていった。1960年代末には、堀の埋め立て計画も出た。その折、青年会議所のメンバーが立ち上がり、堀を残す運動を開始した。掘割は残されることが決まり、近江八幡にとって何が大事な景観なのかが市民、専門家で議論された。保存された石垣の八幡堀と背後の伝統的建造物群は、現在では、年間約300万人の観光客が訪れる資源となっている。70年代から保全運動に関わってきた秋村田津夫さんは「40年かけて八幡堀が街のアイデンティティであることが分かった」と述べる。地域づくりにおいて、ビジョンとは数十年先の未来を照らすものであることが理解できる。

『株式会社まっせ』で、いま注力しているのは、空き町家の利活用と、西の湖の廻遊地域の活性化だ。旧・市街地の伝統的建造物群では、100軒ほどの空き家が出ており、これをいかに継承し、保存していくかが課題である。また、近江八幡市と合併した旧・安土町の間に横たわる西の湖は、ラムサール条約にも登録された貴重なウェットランドであり、沿岸を廻遊できる自転車道が整備されたものの、利用者が少ない。「10年先、100年先の人と自然の関わりを再考する新しい文化的景観」を生みだすことをビジョンに、西の湖周辺地域の活性化が検討されている。ここでキーワードとなるのは、水辺のリ・デザインであると私は考える。生態系や水環境が豊かに維持されつつ、人々がそれをいかに楽しめるか、河川、内湖、掘割、農

高島市安曇川河口域周辺の内湖。

地の水系をつなげた流域全体のダイナミックな構想力が必要だ。

「かばた」の集落

琵琶湖の西岸の高島市針江に来ている。近所で有機無農薬農業を営む石津大輔さんの家にお邪魔した。石津さんは、魚や水生生物が水田に来ることができる「魚のゆりかご水田」という生態系に配慮した農法でお米を栽培している。石津さんが見せたいものがあるからと、台所の裏に連れて行ってくれた。そこで見たものは、家の中に湧く湧水池だった。コンクリートで四角く囲まれた1・5メートルほどの池には、透き通った水が湛えられている。水深30センチほどの底は砂利地で、ジンジャーエールやビールの瓶がケースで置か

針江には各家に「かばた」がある。

「魚のゆりかご水田」には生きものがたくさんいる。

れ冷やされている。驚いたことに、その横にはコイとアユとイワナがゆうゆうと泳いでいるのだった。これは「かばた」（川端）といい、地下10メートルから20メートルに流れる伏流水を自噴井戸で家屋内に導いたものだ。針江の集落には、このような「かばた」を持つ家が１００世帯ばかりある。「かばた」の水は、まず井戸から上がり壺にたまる。この壺の水には水神様が宿るといわれ、飲み水に使われる。壺から溢れた池水は、台所の洗い物に使い、夏には野菜を冷やし、魚の生け簀としても使われる。洗い物の残飯などは飼っている魚が食べてしまうので水は浄化される。「かばた」の水は、さらにオーバーフロー（溢水）で集落内を流れる水路につながっている。上流の家で汚れ物を流すと、すぐ下流の家に知られてしまうため、

有機無農薬農業を営む石津大輔さん。

近江八幡・針江 MAP

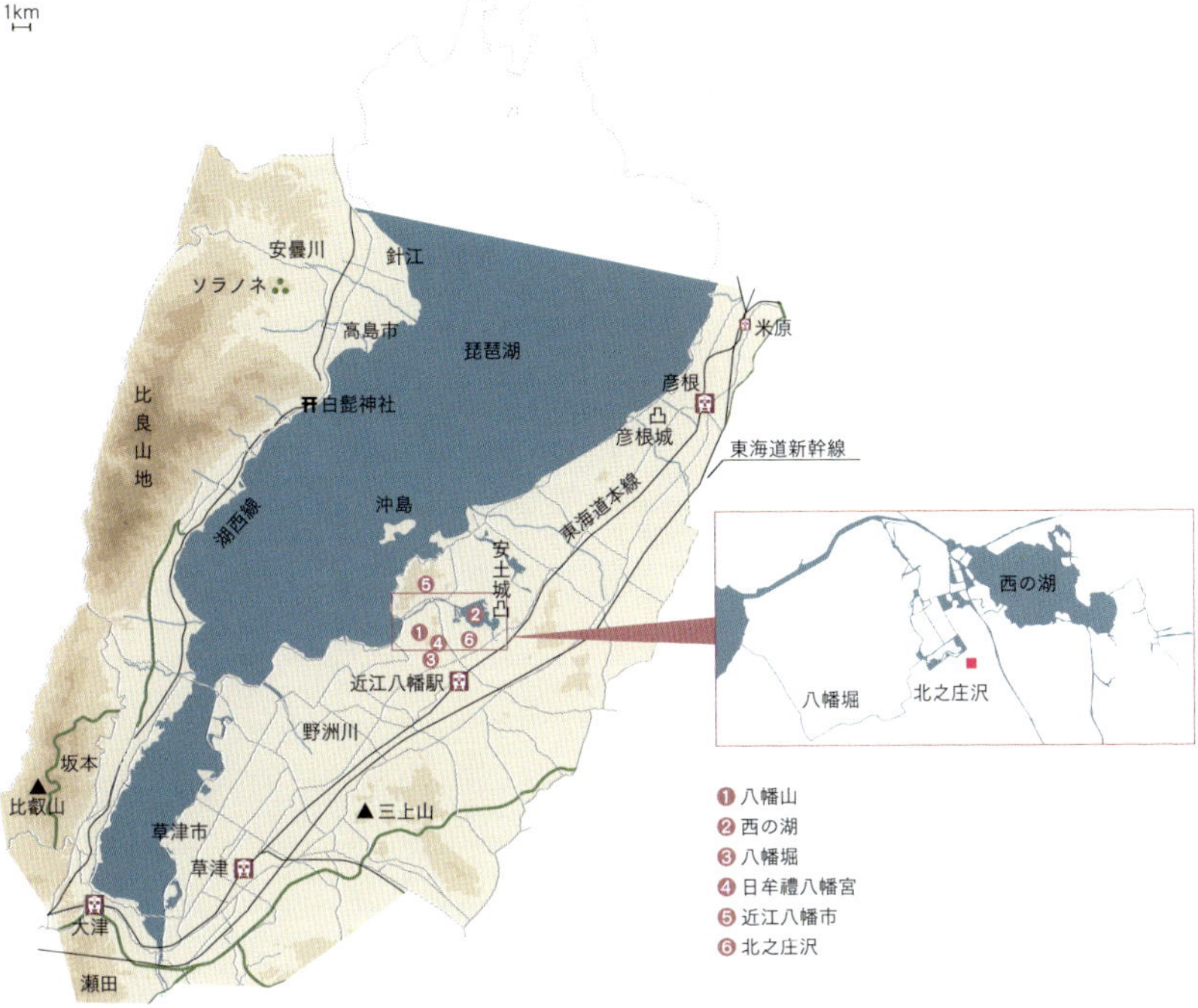

みなが綺麗に水を保つというルールが自ずと守られている。その結果、水路の水もとても透明度が高く、水質がよいところにしか生息できないバイカモという藻が揺れていた。地元では「かばた」の水を「生水《しょうず》」という。まさに生きた水で、生きるための水だ。それは人間ばかりでなく、様々な生きものを生かすための水でもある。そんな「生命の水」が街中を巡っている集落は、なんと素晴らしいのだろう。最近では海外からも視察に来る客が多いそうである。

翌朝目覚めて、「かばた」の生水で顔を洗い、水を飲んだ。自分が蘇ったようなとても健やかな気分に満たされた。さあ、今日もまた琵琶湖の旅を続けよう。どんな人と場所と出会えるか、生水の輝きは祝福してくれているようだった。

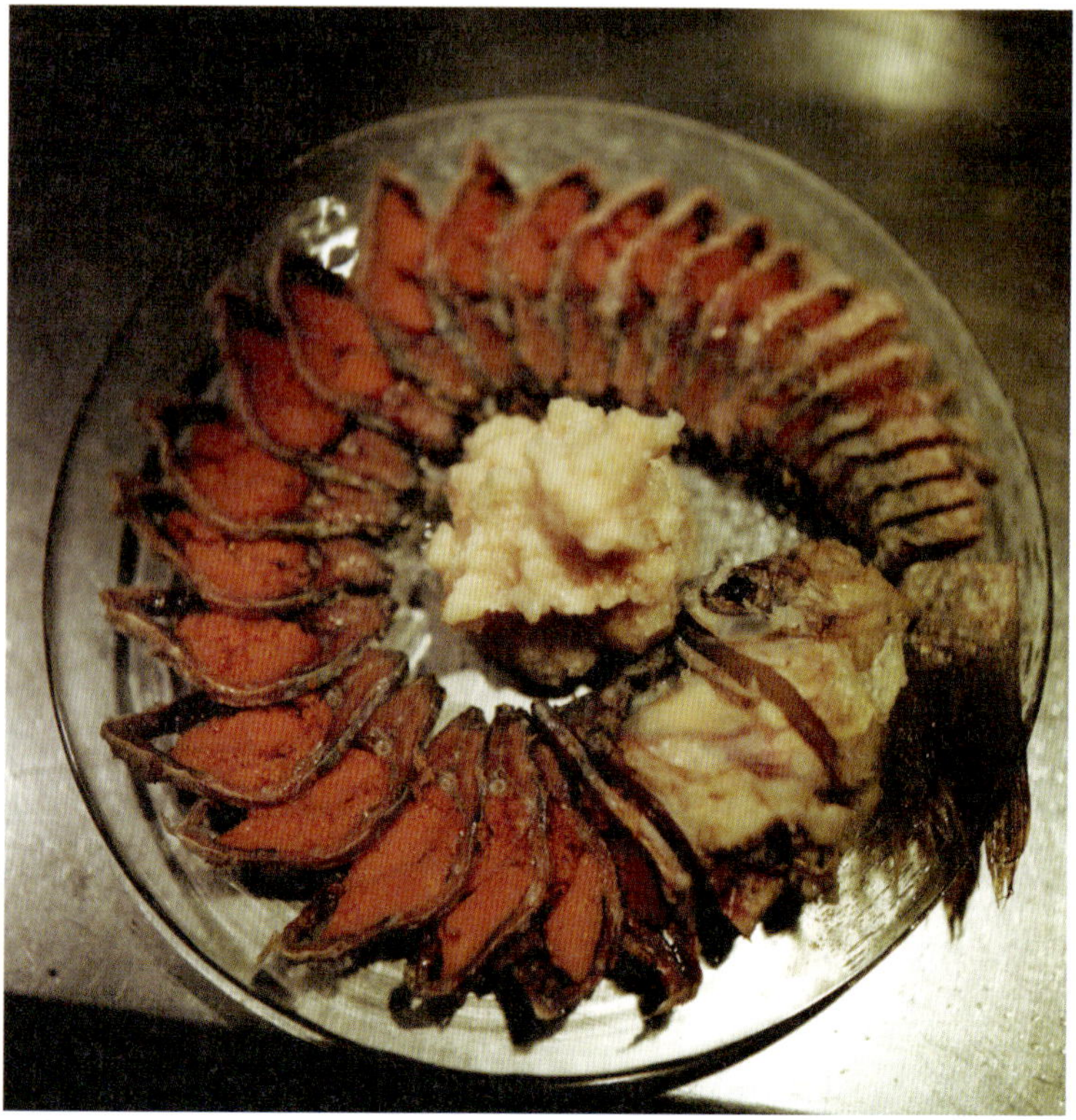

鮒寿しを食する時、「生を頂く」と琵琶湖の人びとは言う。

琵琶湖湖北編

海津・木之本

滋賀

蔵付きの菌でつくる鮒寿し、湖魚を保全する漁師、湧水で煮た繭から紡がれる生糸の弦。琵琶湖の水環境と人を結ぶ独自の技術が、若手に受け継がれている。

鮒寿しを食べる

滋賀県高島市針江の農家・石津大輔さんのご自宅で、小さな宴が開かれた。かまどでご飯を炊く農業施設『ソラノネ』を近所で営む松山剛士さんと石津さんが、この日の午後、福井県の小浜漁港に買い出しに行ってくれた。湖北の高島市から小浜までは車で1時間ほど。古来、鯖街道として、近江と越前をつなぐ往来が多いルートであった。仕入れたてのスズキがふんだんに入った海鮮鍋を男5人でつつき、宴もたけなわの頃、鮒寿し『魚治』店主の左嵜謙祐さんが現れた。『魚治』は1784年創業の老舗名店で、左嵜さんは7代目店主である。お店を継ぐ前には京都の懐石料理屋で修業をされていた。

お持ちいただいた鮒寿しは、頭から尻尾までまるごと一匹の鮒のかたちをしている。長身の左嵜さんは、組板に身を屈め、包丁をなめらかな手さばきで動かしていく。丸いお皿に、ぐるりと輪を描いて鮒寿しの切り身が並べられた。非常に美しい。厳密な規則に従って作製された生物標本のようでもあり、鮒という素材をテーマとしたアート作品のようであり、そして何より、喉がゴクリとなるような料理の風格を兼ね備えている。真ん中に盛られているのは鮒と共に漬けられた飯、黄色い部分は、腹持ちの卵だ。一切れ、頂く。フレッシュな酸味と、ほどよい塩味が口の中に広がる。これは、きりっと冷やした辛い白ワインにも合うに違いない。臭みはなく、ふんわりいい香り。鮒寿しは癖があって、食べにくいと聞いていたので驚きだった。それもそのはず、左嵜さんが作る鮒寿しは、とてつもない手間をかけて食卓に出されていることが、氏との会話から分かってきた。

鮒寿しに使われるのはニゴロブナだ。琵琶湖固有種のこの鮒は水深が深いところに生息しており、特に高島市安曇川沖は水深103メートルと琵琶湖で最も深く、身が引き締まっている。春になると産卵のため、川を遡上してくるが、『魚治』で使われるのは2月、3月に捕った腹持ちのニゴロブナに限る。なぜかというと、卵がまだ小さいので、キメが細かく食感がいいからだ。また、それ以降だと、卵に栄養がいってしまい、魚身の味が落ちるという理由もある。捕獲したニゴロブナは最初に鱗を取り、次にエラを取る。そして抜き針で、浮袋と内臓を一気に抜く。

そうするとお腹のなかに卵だけを残した状態となる。これを塩漬けして、夏までじっくり寝かせる。

土用（7月末〜8月頭）の頃、木桶に、塩を落とした鮒と炊き米を交互に並べて水を張る。ここからが鮒寿しづくりの本番で、2年間かけてゆっくり蔵の中で発酵させていくのだ。左嵜さんが「蔵付きの乳酸菌」と呼ぶ菌が発酵の主役だ。先祖代々二百数十年かけて伝わってきた乳酸菌は、左嵜家のオリジナルの菌であり、左嵜さん以外は蔵に入れないのだという。蔵付きの菌が居心地よく活動できるように、毎日水を換え、温度や湿度、空気の状態に気を配る。左嵜さんはこれを「守」という。「姿は見えないのですが、乳酸菌の気配を感じるような気がします。乳酸菌に鮒寿しをつくってもらえるよう守

『魚治』店主の左嵜謙祐さんが鮒寿しをさばく。

海津港の汽船桟橋跡。

をするのが私の仕事です」。

左嵜さんの鮒寿しを食することは、菌を頂いているような、琵琶湖沿岸の生命活動そのものとわが身を一体化させていくような思いを抱いた。鮒寿しはもともと神事や正月、婚礼など、おめでたい儀式の際に出される食であった。味、香り、舌触り、色……、鮒寿しに対する身体の反応を通して、生命の〝饗宴〟を感じた。

琵琶湖を持続的に使う若手漁師

左嵜さんの『魚治』は湖北の海津にある。この小さな町は、江戸時代には北陸と近江を結ぶ北国海道の宿場町、港町として栄えた。海津の港から大津までは船で往来しており、明治からは琵琶湖汽船が出ていたが、1968年に廃止され、いまは

桟橋の杭のみが湖上に残っている。ひたひたと静かに波が忍び寄る湖岸には古い石垣があり、すぐ脇に民家が建っている。湖の風景を見ながら、ここでしか食べられない湖魚を味わってもらおうと左嵜さんが営む料亭『湖里庵』も湖畔にある。

海津の漁港で、琵琶湖の湖魚を捕る若手漁師の中村清作さんにお会いした。父親も祖父も琵琶湖の漁師である中村さんは、高校中退後、2年間サラリーマン生活を経て、より魅力的な仕事を求めて漁師の道を選び直した。「漁師は危険な仕事ですし、漁獲高が一定でないなど大変な面もあります。だけど、船からの琵琶湖の風景や、捕れたての魚の新鮮さなど、この仕事でないと分からない琵琶湖の魅力が感じられます」。中村さんは刺し網で冬から夏にかけてア

若手漁師の中村清作さん。

石津さんの「魚のゆりかご水田」の木製魚道。

ユを捕っている。長さ35メートル、高さ3メートルほどの網をアユの通り道に仕掛ける漁法だ。だいたい深夜1時頃に仕掛けて、2時半に揚げるというみなが眠っている時間帯の作業だ。季節推移による水温の上昇に従って、網を仕掛ける高さを調整していくのだという。アユ漁の解禁期以外は、同じ漁法で、特定外来種であるブラックバスの駆除に取り組んでいる。

滋賀県では、ブラックバスの駆除に補助金を出していて、年間約150トンの外来種が駆除されている。捕獲されたブラックバスは圧縮、粉砕されて、魚粉や魚油となり肥料として利用されている。中村さんのユニークなところは、ブラックバスが食魚としても成り立たないかと考え、実践していることだ。最初は、

地域の夏祭りで、1カップ100円で唐揚げにして売ってみた。大人は白い目で見たけども、中学生が食べたいと集まってきて人だかりができた。続いて、道の駅で売ってみたり、料理研究家の堀田裕介さんと共に「ビワスズキ」と名づけ、新しい食材としてのスタイルを提案している。「補助金がなくなっても、持続的に駆除し続けるための方法を考えておく必要があるんです」と中村さんは冷静に述べる。

「持続的であること」は、中村さんの考える漁業のキーワードだ。魚は漁師が捕れるだけ捕ればいいというものではない。それでは、魚はいなくなってしまう。魚の再生産のサイクルに合わせて余剰分を捕るのが持続可能な漁法だ。漁師たちは、稚魚を放流することで、魚を減らさない努力を行っている。だが、最も効果的なのは、湖魚の多くが産卵にやってくる内湖、さらには水田と行き来できる環境を増やすことにあると中村さんは考える。ニゴロブナ、ナマズ、コイなどの稚魚は湖そのものでなく、穏やかで天敵の少ない内湖や水田の環境で育つ。琵琶湖では内湖は激減したため、水田と湖のつながりを保つことが重要だ。

実は、石津さんの田圃では、「魚のゆりかご水田」を行っている。水田から湖に排水する用水路に木製の魚道を設置して、魚たちが水田に入ってこられるようにしている。そして魚たちが繁殖、成育できるように無農薬、有機農法で水田を維持している。石津さんによると、毎年5月頃には「魚島」と地元で呼ばれる魚の群れが水路を上ってきて、雨の前には魚道の前に集まってくるという。それは、まさに、魚たちが水田に入るチャンスを窺っているかのようだ。魚たちは水田で産卵して、大きくなった個体は湖へ戻る。

漁業者と農家は、石津さんの水田のように互いに幸福な関係を結ぶ場合もあるが、課題もある。田植期に田の表面をかき均す「しろかき」によって濁水が湖に流れ込み、かなり沖合のアユまでもが土砂の影響を受ける。砂を内臓にはらんだアユは商品にならないという。このように琵琶湖で「持続的な漁業」を続けていくことは容易ではない。だが、中村さんはあきらめない。「湖魚で食べていける仲間を増やすことが自分の夢」であるという。漁港に戻った時、同じ漁師仲間がいないと張り合いがない。そのためには、湖魚の魅力を

生糸を撚る際に使用される撚糸機。

和楽器弦老舗『丸三ハシモト』の橋本英宗さん。

弦の重さの規格に揃えられた生糸。

大音集落で飼育されるカイコ。

しっかり伝え、食べてもらう人を増やす努力を、捕る人、売る人、環境を整える人で行っていかなければならないと考えている。

生糸を紡ぐ集落

琵琶湖の北端に、本湖から独立した余呉湖がある。深い山に囲まれ湖面は静かだ。この湖には、羽衣天女伝説がある。また、新羅崎神社があり、古代朝鮮の新羅系の人びとが開拓したという伝承が地元にはある。余呉湖の裏には秀吉と柴田勝家が合戦をした賤ヶ岳があり、その麓に木之本町の大音という集落がある。大音は平安時代より生糸づくりで有名であり、古来の方法で生み出される独自の生糸は、琴や三味線などの和楽器の弦に使用されてきた。楽器糸の生産を行っているメーカーは日本で7社しかなく、そのうち生糸で生産しているは滋賀県に3社、京都府の1社のみだ。1908年創業の和楽器弦老舗『丸三ハシモト』の橋本英宗さんにお話を伺った。

新羅崎神社から、羽衣天女伝説がある余呉湖を見下ろす。

生糸はカイコの繭から繊維をほどいて糸を紡ぐ。弦楽器に使う生糸は強度が求められるので、蛹が生きたまま生糸を紡ぐ「生曳き」という方法によって、生糸の表面を覆うセリシンという粘りのあるタンパク質を除去しないようにしている。糸を紡ぐ際に、繭を煮詰める水に賤ヶ岳麓の湧水が使われてきた。光沢が美しい生糸が生み出される理由は、この水にあると、古来、言われている。

繭ひとつから1600メートルもの生糸が取り出される。一本一本の糸は非常に細いので、まず5本を集めて1セットとし、これを組み合わせて弦の種類によって必要な重さを決める。次に必要量の生糸をねじり合わせて1本の弦に加工する。この作業は、独楽を回しながら生糸を撚る「独楽撚り」という伝統的な職人技術によって行われる。さらにウコンでの染色、餅糊によるコーティングが施される。作業はすべて手作業で行われ、三味線の0・45ミリの弦を作るには繭約600個分、琴の1・21ミリの場合は繭約3000個分の生糸を束ねる必要がある。

このようにして、『丸三ハシモト』では約400種類もの弦が製造される。演奏家のこまやかな好みに合わせるために、多品種少量生産を行っているが、「手作業だからこそ柔軟に対応できる」のだという。

丹念に作られた生糸の弦は、化学

繊維の弦と違って、ちょうど2キロヘルツという人間の声と同じ周波数が出るのだという。生糸弦の奏では、かどがなくまろやかで温かい。「自然の音を増幅させるのが我々の仕事です」と橋本さんは言う。この生糸弦を弾いて、内なる心と対話し、花鳥風月を謳い上げる和楽器の音世界が、日本列島に根付いている。

湖北、琵琶湖の周辺では、自然界に生息する生きものを非常に繊細に用いながら、人間の感性を調和させる技術が古代より脈々と伝承されてきた。それらは、人間の情緒を豊かにする、とても高度なインターフェイス技術といえる。どれほど工業化、科学技術が進んでも到達することのできない、別次元に深化を遂げたアナログ技術が、琵琶湖の水辺のきらめきの中で輝いている。

海津・木之本 MAP

正月5日に鳥羽市石鏡町で行われる弓引き神事。崖の四角い的に向かって矢を放つ。

海女と真珠養殖家の海

鳥羽・志摩

三重

海に生きる漁業者たちはどのように海を眺めているのか。伝統とサイエンスが交差する海面下の世界。

矢飛ぶ漁村

袴姿の男が放った矢が屋根の上を飛び抜ける。谷底の集落を挟んで、向こう側の高台に的が掲げられている。その距離およそ200メートル。射手の後ろで、日の丸の扇子がきりきりとはためく。仮装した男たちが頭上高く扇子を掲げている。矢は的の手前の民家の屋根にストンと落ちた。歓声が上がり、男たちは手にしていた扇子で射手の頭をめったやたらと叩く。荒々しくも集落の仲間からの祝福の振る舞いである。

鳥羽市の石鏡町《いじかちょう》という集落に伝わる「弓引き神事」は、毎年1月5日に行われる。一年の天下泰平と大漁を祈願した、海の集落の祭祀である。弓の引き手は、妻帯の成人男子に限られ、一生に一度だけしか矢を射ることができないという。紋付きを羽織り、身を清めた男だけが射場に上がり、長老二人を筆頭に粛々と進められるこの儀式はとても厳粛だ。だが、一方で、顔や背中にマジックペンで落書きをした半裸の男たちが登場し、極め付きは着物姿で化粧をした女房役の男が射手にキスをして、見物のおばあさまがたの爆笑を誘うなど、突き抜けた笑いに満ちている。

集落の中には、細い路地が時には階段となりながらうねうねと続き、軒先が密集している。ところどころの辻にはお地蔵さんや、津波到来を知らせる石碑などが置かれている。低地がとても少なく、崖地に貼り付くように家屋が立っている。的が掲げられた崖は鋭角に切り立った尾根の先にあって、狼煙《のろし》が焚かれ、日の丸がはためいている。ふと、船のような地形だと思った。矢を拾いに機敏に屋根の上を飛び回る男たちはまるで船員のようだ。かつては捕鯨を行っていたという伝承もあり、外洋のカツオ漁に従事した男たちが多かった石鏡町。言葉も荒々しく紀州の訛《なまり》を感じさせる。想像の上での話だが、弓引き神事は、鯨を射ることを模しているのではないだろうか。集落は一年に一度海になる。出現した鯨のような尾根に向かって男たちは矢を射る。

石鏡町は漁業のまちだが、海女《あま》さんが多いことでも知られている。海女は定期的な収入を家にもたらし、石鏡町では家計を女が握っていることも多く、男たちは女を立てる。炊事・洗濯などの家事を手伝う男も多いという。昔から遠洋に出る男たちと、沿岸に潜る女たちの協働によって、家族が養われてきた。男も女も独自の領分を持ちつつも、互いを助けあう。夫婦に扮した仮装の男が、おどけた恰好で神事に登場してみなの笑いを誘うのも、石鏡町の人びとにとっては何か腑に落ちるふるまいなのである。

海女が潜る海

　男の手なのにごつごつというわけでない。ふっくらとした手のひら。鳥羽の海をガイドするざっこClub主催の水生生物研究者、佐藤達也さんの手がやさしく水草のアマモを触る。海底の白い砂地にゆれるアマモ場に、たくさんの魚や貝たちが産卵し、稚魚たちのゆりかごとなる。海辺とは陸側だけでなく、海側にもある。アマモが生えるのは、淡水が陸から滲み出してくるごく浅い海で、海から見るとほぼ陸のような場所だ。アマモは海藻ではなく、イネなどと同じ草本類。学名はZostera marina、すなわち海の草。まさに海と陸の境界線に相応しい植物だ。アマモの上を、クロダイがさっと速いスピードで横切った。

　海がきらきらと輝きながら広がっている。海女さんはこの海をどのように見ているのだろう。石鏡町の隣の国崎町《くざきちょう》という集落に伺い、海女さんの大畑いちえさんと海辺を歩いた。海岸に打ち寄せるばりばりとした海藻を大畑さんは拾う。アラメという海藻で、硬いのでぶつ切りにして煮こむか、アラメ巻きにすると美味しいのだそうだ。どのへんで採れるのか尋ねると、海を指さして大畑さんは言う、「岩の横あたりにうっ

英虞湾の最奥部の浦に巨石が立つ、立石神社。

英虞湾を見つめる真珠養殖家の原条誠也さん。

すら紫色の海が見えるでしょ。あれがアラメの生《は》えているところなんだよ」。渚からつづく浅い海が、紫色の帯に急に変わるポイントがある。アマモ場よりは深い海のようだ。

「ヒジキはオカで刈るんだよ」と大畑さんは言う。オカって陸のことですか？　と聞き返すと、「潜らないところは全部オカっていうんだよ」と大畑さんは笑う。ひょっとしてそのへんにアマモってありますか？　と聞くと「あるよ、わたしたちは藻って呼んでるけどね」と教えてくれた。海女さんの認識では、アマモやヒジキが採れる浅い海はオカ、アラメなど深く潜って採る場所が海だ。海はどこまで続いているのだろうか。ずいぶんと沖のほうまで波間に岩場が見える。岩場では、アワビやイセエビを採るために深さ10メートルぐらいまでは潜るのだという。それでも海岸から約1キロほどまでが海女さんの海だ。それより外は漁業組合の管理する海域でなくなる。海女さんも自由に海に入って好きに海産物を採っているわけではない。国崎町では地先の海を7つに分けていてそれぞれに名前を付けている。アワビを採るときはそれぞれの海で順番に採る。採る時期もアワビなら5月から9月まで、ナマコは11月から12月までとそれぞれの海産物に応じて決まっている。潜る時間は朝9時から1時間半だけだ。海に入る前に海女小屋で火を焚いてじっくりと身体を温めてから海へ入る。採ってよいアワビも大きさが10・6センチ以上と決まっていて、必ず海の中でスンボウという物差しで測定する。そして、いっさい海産物を採ってはならない

国崎町では藻場など海を区画して使っている。

鳥羽市国崎町の海女さん、大畑いちえさん。

禁漁区が存在する。そこではアワビの稚貝を放流するのだという。このようにして、海産物を減らさないよう採り尽くさないように、細やかに海を管理していることが分かる。それでも、50年前に比べて漁獲高は10分の1程度に激減しているのだという。都市化による海の変化などいろいろな理由が考えられるが、採りすぎてしまったことも要因のひとつと言われている。

　国崎町ではアワビを伊勢神宮に熨斗鮑《のしあわび》として納めており、そのための調製所がある。伊勢神宮を現所在地に導いた倭姫命《やまとひめ》が、国崎町の海に立ち寄った際、伝説の海女・お弁が差し出したアワビが非常に気にいられ、それ以来２０００年間、神饌《しんせん》として熨斗鮑を伊勢神宮に奉納している。熨斗鮑の調製所には毎年伊勢神宮から神官と巫女が訪れ、巫女舞を舞う。皇族も度々訪れており、秋篠宮妃紀子さまの歌として「藻場まもる国崎の海女ら晴ればれと得し海幸をわれに示せり」という石碑がある。国崎町の海女さんたちは、これらの伝承を大変誇りに思っており、伊勢神宮の神に海の幸を捧げる御食国《みつけくに》としての海を守りながら、今日も海に潜っている。

真珠養殖家の観測する海

　鳥羽市からパールロードで南へ。志摩市まで照葉樹林の丘陵地を冬の太陽が照らす。複雑に入り込んだリアス式海岸の志摩半島では、この道ができる前はさぞかし海岸線の道に難儀したに違いない。もっとも、車社会以前の交通は船が主だったのでそれほど困ることもなかっただろう。半島の南端に英虞湾《あごわん》がある。国立公園でありながら真珠の養殖で知られている内湾だ。波は静かで、透き通った水中に緑色のアマモが草原のように広がっている。この海の美しさと豊かさを、漁業者や行政、市民が参加して守っていく「里海」の取り組みが続いている。真珠養殖家の原条誠也さんにお話を伺った。

「真珠っていうのは究極の道楽やで」と原条さんは笑う。「たとえば、温度。人間にとって温度が1度上がるっていうのは、貝にとって7度上がるのと同じやねん」。だから、ちょっとした水温の変化が、真珠を育むアコヤ貝には大きな影響を及ぼす。英虞湾では冬の水温は6度から7度であり、アコヤ貝は冬眠直前の状態になる。すると、貝の成長速度がゆっく

堤防で区切られた水門が開き淡水が海へ流れこむ。

英虞湾の海岸でよく見られるアオサの養殖。

伊雑宮は伊勢神宮・内宮の別宮で志摩にある。御田植祭には7匹のサメが遡上するという。

浅い海底にゆれるアマモ。

りとなり、真珠の表面にはキメの細かいきれいな結晶構造が生まれる。真珠のキメはどんな加工技術でも変えることができない、英虞湾ならではの品質である。

水温ばかりではない。酸欠もアコヤ貝にとって大きな脅威だ。酸欠は、赤潮で発生した大量のプランクトンの死体が海底で分解されるときに酸素が消費され、発生する。沖の潮が入って、酸欠層が表層に持ち上がったところにアコヤ貝がいると、貝は最悪の場合死んでしまう。英虞湾では、湾入り口と湾奥に観測機があって、水温、酸素、比重、濁度、クロロフィルを24時間測定している。原条さんはそのデータを携帯やタブレットで毎日チェックしている。湾口から湾奥へ潮が流れるのに、2日間のタイムラグがある。2日後に、

鳥羽の生浦湾の夕暮れ。牡蠣の筏が浮かぶ。

湾奥の養殖筏周辺がどうなるのか、経験と数値で予測する。それが、アコヤ貝にとって刺激なのか負担なのかを見極める。読み違えれば、アコヤ貝が全滅してしまうこともあるのだという。

　このように真珠養殖というのは、サイエンスとアート＝技の要素がフュージョンする、とても奥深い営みだ。ライブハウスで環境音をチューニングするPAや、盆栽の剪定士のような、それ以上の繊細なチューニングがリアルタイムに行われていることが分かる。そのような深い技術を持った真珠養殖家の誰がつくったのか、はっきりわかる真珠をお客さんに渡したいと原条さんは言う。2014年10月に三越日本橋本店で、真珠養殖家が業界で初めて自らの名前を出した販売会を行った。大評判であった。最終的には、真珠養殖家が、国立公園の中で環境に配慮しながら、自然と共存して真珠をつくっているという、海のバックグラウンド自体をブランドにしていきたいと原条さんは考える。

　それは「里海」というコンセプトに限りなく近づく。つまり、人間が関わりながら豊かな自然を維持している海の姿だ。志摩市では市の総合基本計画に「稼げる・学べる・遊べる新しい里海」を掲げ、地域が一体となって取り組むことを2012年度より進めている。真珠養殖家も、内湾全体の環境に気を使って、なるべく環境に負荷をかけないようにしている。原条さんは「環境を元に戻すことができなくても、悪くなるのは簡単。現状を維持するのも大変」と述べる。

　そんな中、英虞湾では干潟の再生が積極的に事業として行われている。もともと複雑に入り組んだ湾の内奥には無数の干潟がたくさんあったが、江戸時代以降、干拓によって農地化された結果、多くの干潟は失われた。だが、現在では使用されていない耕作放棄地が増えている。海岸の放棄農地は、堤防によって海と仕切られている。その水門を開くことによって海水を導入し、干潟を再生するという試みである。

　現在3か所で進められている干潟再生の現場のひとつを訪れてみた。背後はリゾートホテルのゴルフ場という環境であるが、谷戸の放棄水田が湿地に改修されており、海側の池は堤防によって海と隔てられている。堤防の水門が開き、淡水が小さな流れとなって海へと注ぐ。海からは穏やかに静かな波が寄せ、小川の瀬からの流入が混じりあい、美しい干渉波を水面に生み出している。波打ち際にはアオサの養殖網が張られ、アオサがすくすくと育っている。タカラガイや二枚貝、巻き貝などたくさんの貝類が浜に打ち寄せられ、生きものが多様なことが予想される。原条さんは干潟は毛細血管のようなものだと話す。閉じられたままだと、いつか全体が壊死《えし》をおこしてしまう。少しずつ毛細血管が再生されていけばいい。目を閉じ、淡水と海水が混じりあう心地よい水の音に身を委ねた。

鳥羽・志摩 MAP

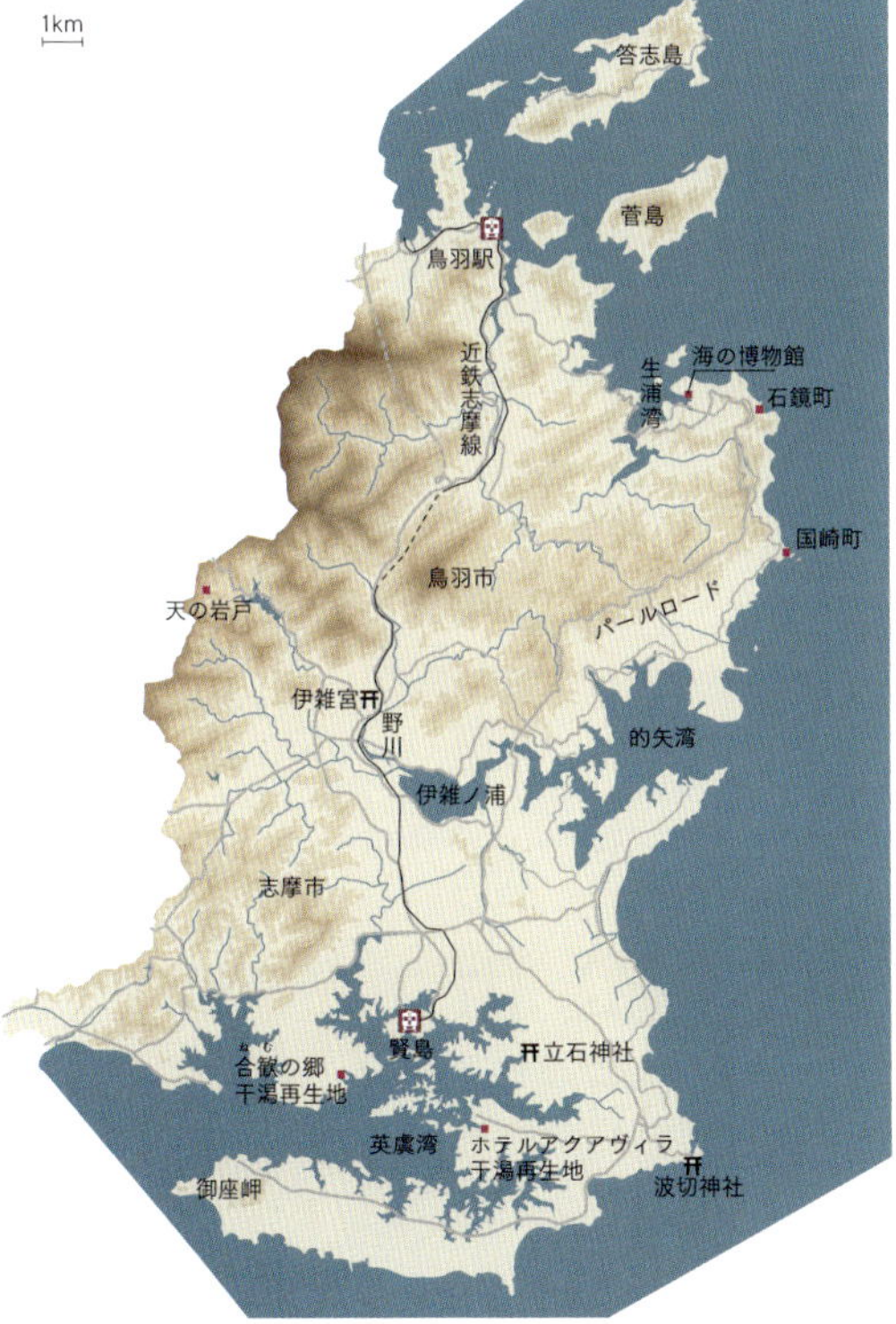

果樹王国を代表する桃は、お盆に収穫のピークを迎える。

みんなで地域を守る

福島市・二本松市

福島

自然が豊かでのどやかな風景の中に、目に見えず触ることもできない放射能が出現した。地域の農家、母親たちは大きな困難に直面しながらも、立ち上がり、つながった。福島に生きる人々の4年半の記録。

桃の園からの再生

桃の園は小高い丘の上にあって、福島平野を見下ろしている。福島市街北部、西部の郊外は、阿武隈川支流の河川が奥羽山脈から下る扇状地となっており、礫が多い地形である。戦前に、絹の生産量が高かった福島では、蚕を養うための桑畑が扇状地に広がっていた。絹が化学繊維に替わってからは、農家は桑を果樹に植え替え、福島県は桃、梨、りんご、さくらんぼなどの生産が盛んな果樹王国となっている。特に桃は、山梨県に続き全国2位の生産量を占める。震災後、4年たった2015年現在、福島の農業と地域はどのような状況にあるのか。最初に、桃を生産する若手果樹農家の橘内義知《きつないよしとも》さんを訪ねた。

橘内さんは60年続く果樹農家の後取りの38歳。震災の前年に、勤務していた青果市場のある神奈川県から戻り、果樹園を継いだ。橘内さんの農場も含めて、福島で代表的な桃は「あかつき」という品種だ。7月の末から、お盆過ぎまでの2週間が収穫のピーク。夏の贈答品として取引されており、皇室にも献上される優良種である。震災の年、いつもどおりに実った「あかつき」は美味しかったけれども、畑に何が起こっているのか分からず、自信をもってお客さんに勧められなかったと橘内さんは述べる。2011年は、売り上げも半分に減り、市場価格は5分の1ほどに暴落した。「これではいけない。まず自分たちが事実を知ることから始めなければいけない」。橘内さんは仲間の果樹農家と、各自の畑の土壌放射線量を測り始め、2012年2月に活動組織として『ふくしま土壌クラブ』を立ち上げた。3メートル×5メートルのメッシュで畑の線量を測定し、畑地の土壌線量マップを作った。次に、産地全体で果樹を一本一本、高圧洗浄機で洗い木の表面から放射性物質を除去した。さらに、土にはカリウムを撒き、これ以上、土から果樹へセシウムが移行しないようにした。カリウムとセシウムの性質が似ていることで、作物がカリウムを吸収することは、放射性物質の吸収抑制対策となる。

以上の方法は、最初から見えていたわけでなく、「時々で最善のことを考えてやってみて、結果を測定して分かっていった」と橘内さんは言う。福島大学の研究者やJAと情報交換しながら、農家同士で深夜まで

「ふくしま土壌クラブ」を立ち上げた橘内義知さん。

自分の目と足で桃農園を視察する料理研究家たち。

議論した。その結果、2012年の夏には基準値を超える作物は出なくなり、ようやく自分の言葉で状況を把握してお客さんに説明することができるようになった。少しずつ贈答用の顧客も戻ってきた。「農家の顔に表れる自信」を見て信用が生まれるのではないか、と橘内さんは言う。「あかつき」は地元の風景のシンボルでもあり、現在は、地元の子どもたち向けに桃を題材にした絵本を作っている。まだ完全に価格が回復したわけではないが、地道にやってきたことをPRしながら、「果樹といえば福島」と思ってもらえるように頑張りたいと橘内さんは語る。

土と作物に助けられた

福島市の南西には安達太良山《あだたらやま》がどっしりと連峰を持ってそびえている。その麓の二本松市は日本でも有数の有機農業が盛んな地で、発祥は1970年代に遡る。福島市内からバイパスを車で飛ばすこと30分ほど、二本松の有機農法のパイオニアである74歳の大内信一さんの畑へと向かった。もともと大内さんが有機農業を始めたのは、農薬を扱う農民が一番被害者ではないかという思いからだった。草一本生えない除草剤が川や海に流れ込むのも怖かった。「本物の農は健康や環境を守るもの」という信念から完全無農薬の有機農業を開始した。40年近くにもわたり土壌を大切に育んできた大内さんにとって、原発事故が驚愕の事態であったことは想像に難くない。原発反対の人にも、福島で農作物は作れるはずがないと言われた。それでも大内さんは「作ってみないとわかんね」と被災後、作付けをした。原発事故の1週間後、牛乳とホウレンソウに放射能が検出され、出荷停止となった。大内さんは3月の畑へ向かった。そこで、ホウレンソウの声を聞いた。「ホウレンソウは葉を広げて、上から降る放射能から土を守ったのだ」と。ホウレンソウはすべて刈り取り、処分した。

畑で、土と作物に正面から向かい合う日々が続いた。ネギはつるつるしていたので、放射能を寄せ付けないようだった。5月に出荷したホウレンソウからはもう放射能は検出されなかった。「セシウムは作物にとってそんなに美味しくないんだな」と思った。栄養をちゃんとあげれば根からは吸わないようだった。自分なりに想像したことは、大学の先生に

夏の終わりに、ニンジンが芽生えた。

聞いて裏付けを取った。土に関しても、深く鋤き込めば（反転耕）、セシウムが表土から遠ざけられ、地中に固定され、作物に移行しないことが分かった。さらに、二本松の畑の土は、セシウムを取り込みやすく、植物に吸われにくい粘土質の土壌であることも判明した。「昔から、冷害があった時に、福島の農民は作物の強さに助けられてきました。その賢さには期待していたけど、やはり今回も作物と土に助けられました」。

原発事故があった年は、天気は農業にはよかったという。「あの時の米は久しぶりに最高だった。全部処分してしまったけど」と大内さんは言う。野菜によって、放射能が移行しにくい種類があることもチェルノブイリの経験と今回の状況から分かってきた。トマト、ナス、キュウリなどの野菜は移行しにくい。また、ニンジンなどの根菜類も少ない。大内さんは有機ニンジンジュースを作り、販売し始めた。検査しても線量は検出されない。飲んでみると、とても濃厚かつ爽やかな味で、大変売れ行きはいいのだという。大内さんは有機農家として長らく安定した提携先を持っていた。震災後、それはもろくも崩れた。その代わり、スーパーや直販など新たに開拓した顧客が増えてきている。「福島で農業ができないと、日本の農はほろんでしまう」。阿武隈川沿いの氾濫原にある大内さんの畑。河畔林を背にヒバリがさえずる。小さな、ニンジンの軟らかい芽が生えている。大内さんは目を細めた。

土と作物の声を聴き続ける有機農家の大内信一さん。

協同組合で地域を守る

原発事後の後、福島では農家の一人一人が立ち上がり、手探りの中で、作物や土と向き合ってきた。では、組織としてはどのような動きがあったのだろうか。JA新ふくしまの組合長の菅野孝志さん（当時専務）は、2011年11月、チェルノブイリ原発事故被害地のベラルーシの農地に立っていた。現地でどのような対策が行われているのか視察に来た。そこで目にしたのは、未だに続く土壌測定と、線量ごとに作付けが管理された農地だった。土壌の測定に使われていた「ロケット」タイプと呼ばれる測定器は、土に置くだけで、比較的簡単にデータが取れる機材だった。「ロケット」を見た時、菅野さんは、これで福島の農地も測定できるかもしれないと思った。国は福島県内の実態把握として、2247か所の土壌サンプル調査、航空機による空間線量の測定を行った。そのうえで、5000Bq／kg未満の農地は作付けしてもよいという通達を出した。しかし、JA新ふくしまの管内では土壌測定はたった127か所でしかなく、あまりにもざっくりとしすぎており、本当に自分の畑で作付けができるのか、農家に不安が広がっていた。帰国後、「ロケット」の技術者を福島に呼び、測定の体制を整えた。2012年の10月より「土壌スクリーニング・プロジェクト」が立ち上がった。JA新ふくしま管内の全農地一筆《いっぴつ》一筆を、3か所ずつ「ロケット」で測定し、放射性物質の分布マップを作ることが目的である。約10万ポイントの農地土壌を測定する壮大なプロジェクトが始まった。測定作業には、全国の生協会員がボランティアで駆けつけた。現地スタッフと生協からのボランティアがチームとなり、夏は暑く冬は厳しい寒さの気候の中、一日平均25筆のペースで調査は進んだ。農地での測定中に、農家に声をかけられ、畑の状態や測定について質問されることも多かった。調査自体は2014年12月に終了し、農家への説明会を行った。2015年現在は一般へ向けて最終報告書を作成している段階である。

　このプロジェクトを通じて、生産を行う農家、出荷を司る農協、消費者である生協のあいだに深いコミュニケーションが行われたことが測定

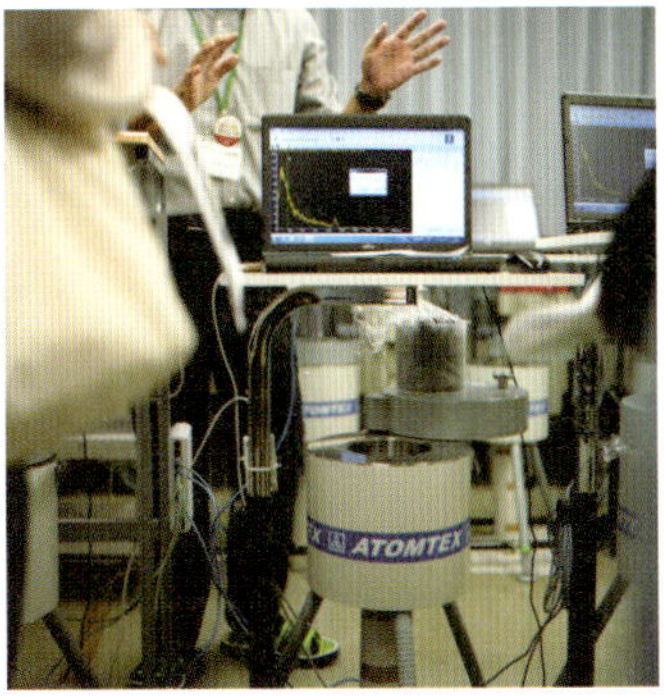

JA新ふくしまのNaIシンチレーション検出器。

結果以外の大きな成果であった。相互不信を超えて、互いに現地で顔と土地を見て、データを積み上げるという共有体験が行われたのである。

また、作物の検査についてもJA新ふくしまは迅速な対応を取った。46台の検査器と、作業員を確保し、出荷する全作物について、農地1筆ごとにサンプル調査を行うという体制を2012年の4月につくり上げた。検査結果は作物ごとに、JAや県のホームページで公開されている。最初の頃は、見学者受け入れに対して慎重な姿勢があった。しかし、「だんだん、見学者に現場を観てもらうことが最も有効な広報活動だ」と思うようになった。「販売所にデータを大きく貼り出したら売り上げも伸びた」とにっこり笑う菅野さんは、「測定は国や県の調査だけではだめだ。最後は自分たちがデータを持っていなかったら終わりだ」と言う。JA新ふくしまには正・准組合員合わせて約2万5000人の組合員がいる。農業は、福島の地域経済を支える基盤である。「風評被害」は情報不足と被害者意識の対立構造から始まる。地域が自立・再生するために大事なことは、イメージづくりではなく、自らデータを取り、共有することにあったのである。

市民による市民のための測定所

福島市街の中心地に島のように浮かぶ信夫山に登った。出羽三山の山岳信仰遺構が残る標高250メートルの頂上付近、持参した線量測定器の値が市街より3倍ほど高い場所があった。放射能を含んだ雨雲であるプルームは風と共にやって来て、地形の突起部である山を直撃した。平地部の除染は進んだが、山の除染は困難だ。眼下に夕暮れの福島市の街が広がる。街をプルームが通り過ぎたことを想像した。街で暮らす一人一人はどんな心持ちだったろうか。

一般の市民の中で、原発事故後、最も困難に直面していたのは子どもと母親であった。子どもは外で遊びたがる存在だ。だが、「葉っぱに触っちゃダメ、つららを舐めちゃダメ」と、どれだけ線量があるのか未知の場所が多かった2011年の福島では、母親は神経質にならざるを得なかった。子どもは、夏でも長袖長ズボン通学で、クーラーもない教室で窓を閉め切り、遊び場もなかった。放射能は目に見えない。症状も目に

福島市街の中心にある信夫山は、長らく山岳信仰の歴史を持つ。山地での除染は未だ困難である。

見えない。どこにホットスポットがあり、どれだけ子どもや自分が被曝しているのかまったく分からない状態に、福島の母親たちは置かれていた。この当時、行政では市民を受け付け測定する場はなかった。

市民の中から動きが生まれた。支援でホールボディカウンターを設置し、市民へ検査を提供する市民測定所が、2011年10月に立ち上がった。反響は凄まじかった。一日の受け付け人数が最大50人のところに、予約が数週間分入って、申し込みをストップさせながらのフル回転が続いた。

小学生の娘を持つ佐原真紀さんは初期メンバーの一人である。一人一人の検査に立ち会い、相談に乗るという重要な役割を担った。「現状を知るため、子どもを守るため、判断材料にしたいと願うお母さんたちが本当に多かったです」。

翌年から行政による検査も開始された。しかし、車で回る1人2分間の検査では検出に限界もあり、さらに結果は紙1枚で送られてくるだけであった。事故から時間が経った検査であり、市民の納得感はとても低かった。結果だけでなく、装置の検出限界はどのあたりなのか、数字の意味はどういうことなのか、その根拠をみなが求めていた。市民測定所は市民に寄り添ったていねいな説明を試み、食品の持ち込み検査や、独自の機材による通学路の空間線量測定も行った。空間線量測定器は、国の基準である1メートルの高さだけではなく、子どもの身体に近い50センチ、10センチの高さも測定できるように工夫されている。

市民測定所は、『NPO法人ふくしま30年プロジェクト』として法人化され、2015年の3月より、「CHANNEL SQUARE」という子どもと大人が遊べる複合施設に入居した。この施設は国内外からの寄付と支援を基に建設され、スケートパークやボルダリング場、カフェやセレクトショップからなる。小学生は無料で施設を利用することができて、たくさんの子どもたちが大人に交じってスポーツを楽しんでいる。お母さんたちは、子どもを遊ばせているあいだに、カフェで世間話をしたり、市民測定所でアドバイスをもらったりできる。スタッフの小笠原健二さんは「子どもがここから夢を持って世界に飛び出せる施設を目指しています」と述べる。

今回の取材を通して見えてきたこ

市民測定所を開設した「NPO法人ふくしま30年プロジェクト」の佐原真紀さん。

子どもが自由に遊べる「CHANNEL SQUARE」。

福島市・二本松市 MAP

とを以下に記す。自然が豊かでのどかな農業地域であった風景の中に、これまでの生活からはまったく想像を絶する、目に見えず、触ることもできない放射能という存在が出現した。行政が出す情報も根拠に乏しく、何が判断の基準かまったくわからない極度の混乱状況の中、地域の人びとは共通の行動を取った。それは自らがデータを取り、自らが置かれている状態を判断するという行動である。データ単体は単なる数字であるが、それを手がかりに相互の理解が生まれ、安心が生まれた。データは人びとのあいだ、人びとと自然のあいだをつなぐ物差しとなったのである。農家や母親という最も深刻な被害に直面した人びとが、データに真剣に向き合ったのが、福島の現実であった。

4

水辺ランドスケープ

水と陸の接点空間である水辺に展開される
ランドスケープの多様性を読み解き、
水の視点から人が都市に棲まうあり方を
浮かび上がらせる。

柳宗悦が「その静穏は限りない深さを示現している」と述べた手賀沼の湖面。

白樺派たちが愛した湖沼

手賀沼

千葉

丘に囲われた湖沼である手賀沼に、大正時代、白樺派の作家たちが暮らした。彼らが愛した風景の喪失と、水質ワーストワンからの回復の手立てとは。

白樺派たちのソーシャルライフ

樹林の中に一本の細道がまっすぐ下っている。木々の先には、明るい光がきらめき、水面との出会いを予感させる。坂を下りて水田を抜けると、ヨシの向こうに湖面が広がり、映った雲がゆったり動いていた。手賀沼。この丘と水の地に白樺派の作家たちが住み移った時代があった。

大正3年（1914年）、民藝運動の創始者・柳宗悦《やなぎむねよし》が妻を連れて、手賀沼を望み、木に囲まれた丘の家に引っ越してきた。雑誌『白樺』の中で彼は次のように述べている。「今では水も丘も自分のために静かに横たわっている。……特に自分の心に日々の黙示を与えているのは東西四里にわたって前に横たわる手賀の沼の水だ。その静穏は限りない深さを示現している」。

この地の風景をいたく気に入った柳は白樺派の仲間を呼び寄せた。大正4年には志賀直哉夫妻が、大正5年には武者小路実篤夫妻が手賀沼に住み始めた。さらに、バーナード・リーチも移り住み、柳家の庭に窯を築き、作陶を始めた。彼らは毎日のようにお互いの家を訪れ、議論し、食を共にした。家へは丘から下りて湖面に小舟を漕いで向かった。柳は訪問するのが好きで、志賀は客を受け入れもてなすのが好きだった。山菜やシジミを一緒に採り、アルト歌手であった柳の妻のピアノと歌声が沼に響いた。東京から噂を聞きつけた学生や作家もちょくちょく遊びにやってくるようになった。風光明媚な自然環境の中での濃密なソーシャルライフは、作家たちに充実した収穫をもたらした。志賀直哉は『和解』『暗夜行路』『城の崎にて』『小僧の神様』などの代表作を執筆し、武者小路実篤は5冊の本を出しながら「新しき村」の構想を練り、柳宗悦は朝鮮陶器と日用品の美との出会いから「民藝」の思想を掴まんとし、バーナード・リーチはここで初めて本窯を焼き、陶芸家としての一歩を踏み出した。

けれども、それは永遠の時間ではなかった。それぞれの向き合うべき使命に従い、作家たちは新たな場所へ飛び立っていった。柳宗悦は「静かなもの寂しい沼の景色は、自分の東洋の血に適い、また東洋の思想を育てるにふさわしかったと自分は思う。余の思索に何か静かな一面があるなら、余はそれを主として我孫子の七年間に負うていると思う」と述べている。クリエーターにとって、都会の雑踏を離れ、スピリット溢れる風景の中に住まいながら、己を突き詰めることは、時代を超えたひとつの型であるように思える。手賀沼の湖面は、内面からのインスピレーションが映し出される触媒であったのかもしれない。

武者小路実篤邸跡付近で沼へと抜ける樹林。

失われたウェットランド

白樺派の作家たちが歩いた手賀沼はどんな風景であったか。下総《しもうさ》台地にくさび状に食い込んだ形状の手賀沼は、周囲を崖線で囲われた地形構造を持っている。崖線はシイ、カシなどの照葉樹やアカマツが茂り、崖下にはハケと呼ばれる湧き水が至る所に湧き、ハケ道という小道が巡っていた。ハケ道に沿って数軒単位の集落が点在し、谷津《やつ》から流れ出る小さな用水路が水田を潤し、沼へと流入していた。昭和20年代に手賀沼で子ども時代を過ごした岩村守さんによると、沼の中にはガシャモクという藻がたくさん生えていたという。水は澄んでおり、潜ると森のような

志賀直哉邸の書斎。志賀自らがデザインした。

日本ハリストス手賀教会堂。明治16年建造。

バーナード・リーチから受け継がれている窯。

藻の中を泳ぎ、肌が水草に触れてちくちくする感覚を覚えているという。この藻をザッパ舟と呼ばれる和舟から刈り取って、田畑に肥料として入れていた。単調な作業をまぎらわすために、掛け合いでモク取り歌が歌われていた。印旛沼の歌ではあるが「人はヨメとるムコとる中でわたしゃ印旛沼で水藻とる」といった歌詞であった。モク取りのザッパ舟が農閑期の秋から冬にかけて湖面にいつも浮かんでいるのが水郷の風景であった。

沼には、ワカサギ、ウナギ、ウグイなど30種を超える魚がたくさん泳いでいて、漁師たちが捕って、坂下の仲買屋に売りに来ていた。雑魚《ざこ》と呼ばれるモツゴなどは佃煮の珍味となるが、これはいまでも特産品となっている。開放的な水面と湿地、

手賀沼に生息するモツゴ、タナゴ、ニゴイなど。

台地から手賀沼へ流入する用水の樋門。

樹林の連続性は170種を超えるさまざまな渡り鳥や野鳥を呼び寄せていた。空を見上げると、雁行するカモの群れによって空が真っ黒になるほどであったという。

　このような白樺派たちが見ていた牧歌的な自然は、昭和30年代以降、急速に失われていった。手賀沼は水質汚染の指標であるCOD（化学的酸素要求量）で、日本の湖沼におけるワーストワンを27年間記録することとなる。周囲の環境の急激な宅地化による生活排水の流入や、大規模な干拓が進んだことがその理由だ。夏にはアオコが大発生し水面を覆い、酸欠で多くの魚類は死に、数多くの水生生物や植物、野鳥が消えた。水面からの悪臭が街に漂い、水辺には誰も寄り付かなくなった。

手賀沼再生への道

急速な環境の劣化にたいへんな衝撃を受けた市民は立ち上がり、合成洗剤を使わない運動や、清掃活動などの市民運動が活発化した。これを受けるように、行政においても、昭和61年（1986年）より手賀沼湖沼水質保全計画を策定し、水質改善への取り組みが始まった。

　手賀沼の再生への方法を理解するために、もともとの手賀沼の歴史的な変遷を見ておこう。今から9000〜6000年ほど前の縄文時代前期には、縄文海進により我孫子付近までは海であった。古墳時代の頃に海が引いた後も、長らく手賀沼は香取海（現在の霞ヶ浦）と呼ばれる内湾の一部であった。平安時代の史料には手下水海《てがすいかい》と記されている。舟戸という地名が手下水海の内奥に点在しており、ここには船大工集団が定住していたという伝承がある。江戸時代に入って、急増した江戸の人口を養うため、北関東、東北の食料を供給する必要が出てきた。安全に回航できる航路を求めて、当時、江戸湾に流入していた旧・利根川を西の香取海方面へ付け替え、銚子にて太平洋に注ぐようにした。利根川東遷である。この結果、利根川から運ばれた土砂で香取海は陸化し、手下水海は湖沼化していった。これを機と見た幕府は手賀沼の干拓を計画し、新田開発に着手したものの、利根川の度重なる氾濫により一進一退を繰り返した。明治期となり国家が利根川の治水事業を行い、手賀沼の水位が低下したことで、大正時代には新田の面積は江戸期の4倍以上に増えていた。

ちょうど白樺派がやってきたのは、安定的な米収穫を達成できた時期であった。さらに、戦後には国営干拓事業が始まり、昭和46年（1971年）には、沼の東半分はほぼ埋め立てられ、水田へと姿を変えた。

湖沼が汚染されるのは、流入する水が汚れているからである。この流入水汚染の要因には、工場や家庭のように場所が特定できる点源と、道路や農地のように広範囲にわたる面源がある。CODの排出源に関しては面源が67%と多く、その中では道路など市街地からが8割を占める（平成24年度）。アスファルトで固められた道路に積もるチリが、降雨時に漏斗《じょうご》のように側溝に集められ一気に沼に流入してしまうのだ。一方、家庭からの汚染流入は、窒素やリンの比率は大きいものの、下水道と合併処理浄化槽の整備によって減ってきている。よって、今後長期的に、汚染流入を減らすためには、道路や街において、雨水が地下に浸透可能な舗装などに変えていくことが有効であるといえる。

また、手賀沼などの閉鎖水域では、

鳥の博物館で夏の湿地景観を表すジオラマ。

水が長期間滞留することで、貧酸素化や富栄養化などを発生させてしまう。この対策として、平成12年度から北千葉導水事業による浄化用水の手賀沼への導入が開始された。この事業では利根川から取水し、人工水路を通して最大10立方メートル／秒を浄化用水として手賀沼へ、最大30立方メートル／秒を江戸川へ導水している。江戸川への導水は、利根川下流部の水を都民・埼玉県民の生活用水として利用するために行っている。浄化用水の導入によって、淀んだ手賀沼に流れが生まれ、他の対策の効果とあわせて、水質は改善されてきているものの、近年は横ばい傾向にある。東日本大震災以降は、底質に510〜6000Bq／kgの放射性セシウムが確認されている（平成26年千葉県調査）。

谷津田では湧水が谷の両脇から滲み出し、水路を生み出している。

手賀沼 MAP

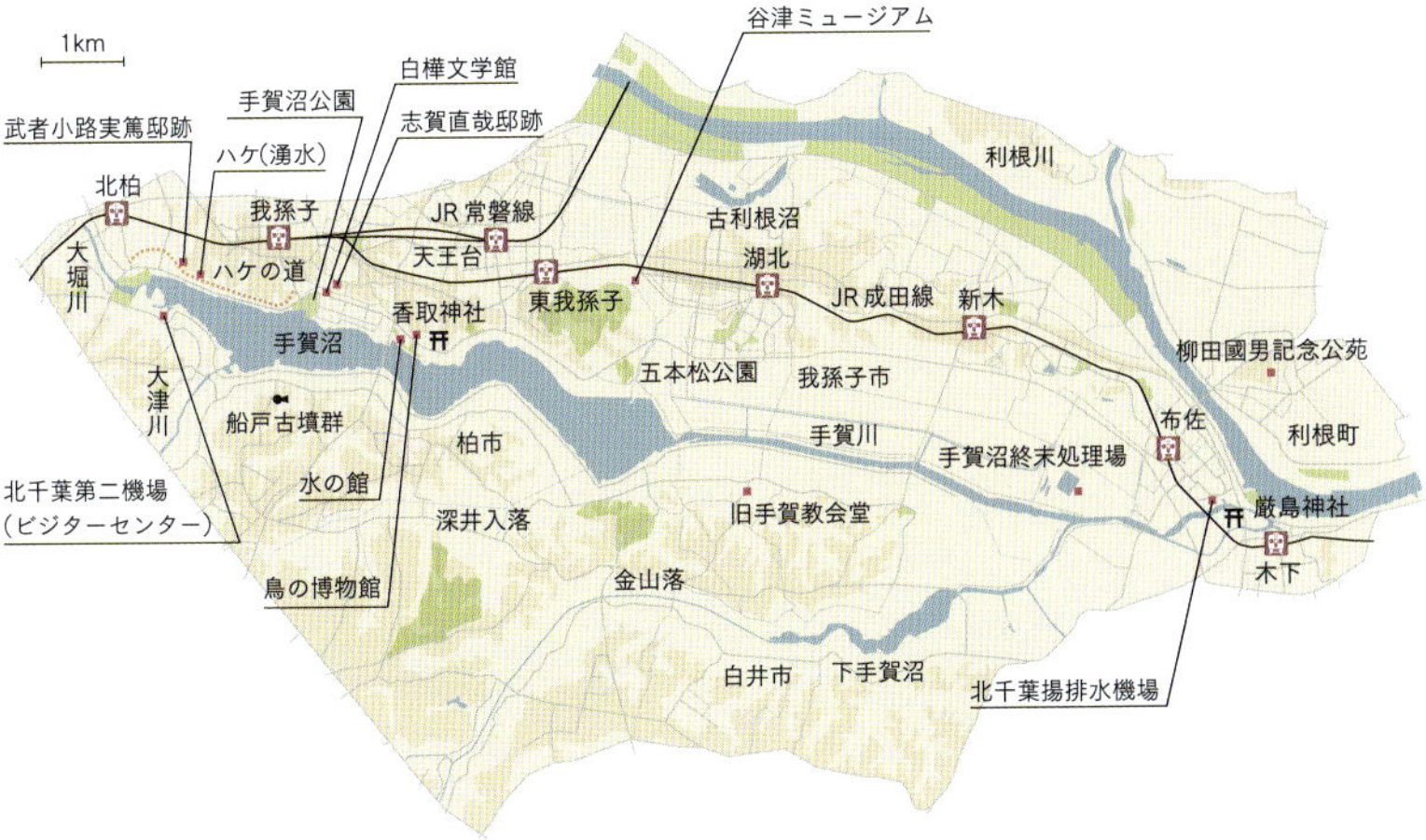

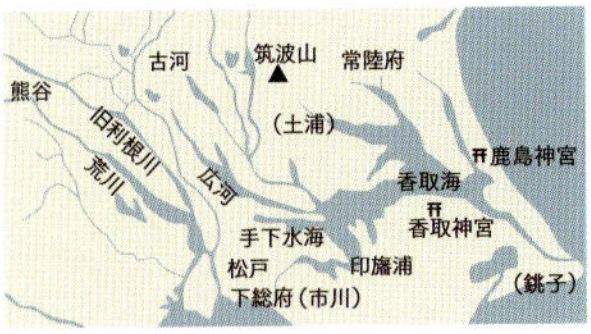

1000年前の手賀沼水域図

手賀沼の低地から鹿の角状に延びる「谷津《やつ》田《だ》」と呼ばれる谷筋の農地を歩いた。両側を斜面林に囲まれた田畑が、なだらかな勾配で、奥へ、ゆるやかにくねっていく。誘われるように、あぜ道を歩く。まだ1月末だというのに、稲の切り株にテントウ虫が蠢《うごめ》いている。

武蔵野台地の「谷戸《やと》」では水源の湧水が谷頭《こくとう》にあるのに対して、下総台地の「谷津《やつ》」では水源は谷の両脇から滲み出ている。斜面林の下の窪みに、水が湧きだして溜まっていた。水中には、ニホンアカガエルの卵がゼリー状の塊となって、太陽の光を浴びていた。湧水溜まりから、水がきらめき流れ出している。あちこちから、いくつもの滲み出しが合流して湿地を生み出している。湿地の水は、やがて谷津の中央の水路に集まり、手賀沼へと流入する。

100年前、白樺派の作家たちは、清冽な水溜まりであった手賀沼からインスピレーションを受けた。現代に生きるわれわれの神秘の源泉はどこからやってくるだろうか。

ヨシ原が広がる渡良瀬遊水地。樹木が生えている場所は微高地で、かつての住宅の跡地であったことが多い。

ウェットランドの
住民たち

渡良瀬遊水地

栃木

ラムサール条約に登録され、渡り鳥がやってくる広大な湿地。洪水と公害の歴史の上で、人びとと環境はどのように共存できるのか？

ワールドトラベラーのホストプレイス

どこまでも続くグリーンのじゅうたん。ところどころ樹林がまだらに点在する風景はちょっとサバンナのように見えなくもない。ヨシが茂る広大な渡良瀬遊水地は、ラムサール条約に2012年に登録された湿地だ。ラムサール条約は渡り鳥が飛来する湿地や干潟などのウェットランドを国際的に保全する枠組みである。「ほら、いま鳴いた声が聞こえたかい?」と案内役を買っていただいた植物学者の青木章彦先生が、草原を指さしながら言う。耳を澄ませてみるといろいろな鳥の声が鳴いていてどれか分からない。「また鳴いた。これはオオセッカといって世界で約2500羽しかいない鳥なんだよ」。ああ、この声ですかねとたずねると、「それはオオヨシキリで、あんまり珍しくない鳥だね」と仰る。先生の鳥の声の解析能力は非常に素晴らしい。私には未知の音世界が広がっている。オオセッカは低い草が生えてすこし湿っている場所を好む鳥だという。一見のっぺらぼうにただ草原が広がっているだけに見えるのだが、へこんでいたり、乾いていたり微細な地形変化がいろいろあって、鳥たちは棲み分けをしている。サウンドスケープを聴きとる耳の能力が、視覚には見えてこないランドスケープも読み取っているという事実が、とても興味深い。

渡良瀬遊水地には約1000種類もの植物が生息しているが、そのうち59種は絶滅危惧種だ。実は植物の絶滅危惧種の半数は湿性植物で、水田にもともと普通に生きていたものだ。ここ50年ぐらいの時間の中、水田が宅地に開発される中で、「絶滅危惧種」が発生した。この渡良瀬遊水地は広大な湿地環境が保たれているので、水田にいた「絶滅危惧種」たちが今まで生き延びることができたというわけである。

先生が言うには「植物を見るなら6月初旬は遅すぎましたね、一ヶ月前に来るべきでした」とのこと。「スプリング・エフェメラル(Spring ephemeral)」と呼ばれる、ヨシが生い茂る前に、ぱあっと花が咲いて一年のサイクルが終わる植物たちが、美しいそうだ。それらは氾濫原の植物である。渡良瀬の高台で貝塚が発見されたことからも分かるように、縄文時代にはここまで海が入っていた。汽水域が混じる干潟は、海が引いた後、利根川の氾濫原として湿地化した。昔から栃木県南部はシロチドリなど世界を巡る渡り鳥が寄る場所であった。広大な湿地は休む場所や餌が豊富で、ワールド・トラベラーたちをホストするスポットであり続けてきたのであった。

治水か環境か、ではなく

ヨシ原を見渡す展望台にて、土木作業員の方が工事計画を説明する看板を眺めていた。挨拶をすると、ヨシ原の中の作業道路に橋を渡す工事をしているのだという。渡良瀬遊水地ではいくつかのポイントで国土交通省による掘削工事が行われている。堤防土手として利用するための土の採掘が目的だが、同時に乾燥化が進むヨシ原を掘ることで水面を再

藤岡町新波の水田風景。微高地の祠が見える。

谷戸湿地の趣を残す古河総合公園。

生し多様な環境を創出するという環境目的も兼ねている。だが、この工事は当初は環境派の反対があり、実施に至るまで掘削を望む治水派との対立があった。その背景を理解するために、渡良瀬遊水地の歴史的経緯をふりかえってみよう。

もともと渡良瀬川は江戸川に流れていたが、徳川家康が利根川を銚子へ付け替えを行った際に、利根川最大の支流となった。渡良瀬川の下流部である渡良瀬遊水地付近は、巴波川《うずまがわ》、思川《おもいがわ》も流下し、沼地や湿地が広がる地域であった。湿地の原野を開墾したのが谷中《やなか》村で、周囲を堤防で囲まれた村であった。谷中村には、明治27年（1894年）の記録では386戸、2302人の人びとが住んでいた。

利根川の渡良瀬川合流点より下流

では、約230キロ進んで約10メートル下がるというとても緩い勾配しかないため、水が流れにくく、台風や大雨の時期にはしばしば水は逆流し、支流の上流地域に洪水の被害を与えた。洪水を被った水田の稲が枯れてしまったことから、足尾銅山から渡良瀬川に流れ出した鉱毒による「公害」被害が明らかになった。明治政府は洪水をせきとめ、鉱毒を沈殿させる施設として遊水地の計画に着手する。谷中村には明治37年（1904年）に当時63歳であった田中正造が住み始めたが、その2年後に村は廃村に追い込まれ、遊水地に沈んでしまった。

昭和5年（1930年）に完成した広大な渡良瀬遊水地は、下流部の東京への出水や毒素の流下を防ぐようになったが、一方で支流の巴波川、

渡良瀬遊水地の乾燥化防止を研究する青木章彦教授。

渡良瀬遊水地の掘削工事に従事する土木作業員。

思川の洪水のリスクは依然としてなくならなかった。巴波川流域の藤岡町の新波《にっぱ》という村に、戦後すぐのカスリーン台風などでたびたび堤防が決壊した場所があり、堤内に胸形《むなかた》神社が建っている。胸形神社は宗像神社とも書き、イチキシマヒメも含む宗像三姉妹を祀ってあり、彼女たちはスサノオノミコトの娘たちで治水の女神でもある。胸形神社の場所には、その昔、洪水を抑えるために庄屋の娘を人柱として立てたという伝承が村に残る。

洪水に対して村の人びとは自衛手段により村を守ろうとした。その象徴が水塚という避難建築だ。5メートルほど土を盛った塚の上に、石蔵を建ててあり、危なくなってきたら食料と衣類を移して立て籠もった。このほかにも「一番下には大事なも

ヨシズ農家の松本八十二さん。

右側の毛が生えているのがオギ（カヤ）。左側はヨシ。オギのほうが乾燥地を好む。

のを置くな」とか、「畳はすぐ上げるようにしろ」など防災教訓が村にはまだ生きている。

このように、水には悩まされていた地域であるからこそ、治水第一という考えは徹底している。湿地の鳥や植物を見に来るのは年に数回東京から来るような人たちであり、ふるさとを守るという考えがない人たちに、できるだけ頑丈な堤に拡幅してほしいという想いが分かるのか、と地元の人びとは思っていた。

2010年に国土交通省の利根川上流河川事務所は「渡良瀬遊水地湿地保全・再生基本計画」を立ち上げた。この計画は治水だけでもなく、環境だけでもなく両方を達成していくことを目指している。環境派のトップと治水派のトップが現地で握手を交わした。その理由は、すでに渡良瀬遊水地のラムサール条約加盟がターゲットに入っていたことが大きかった。お互いのメリットと立場を理解したうえで協力関係が結ばれ、以降、河川の治水用地でありながら、ラムサール条約加盟湿地として保全活動を行っていくという、とても稀な状況が実現したのであった。

渡良瀬のネイティブ・ファーマー

3月の中旬に、渡良瀬のヨシ原に火が放たれ、約1500ヘクタール一帯が炎に包まれる一大スペクタクルが毎年行われる。ヨシ焼きは付近の水田へ被害を与えるカメムシ等の害虫を駆除することや、ヨシの生育を促すことを目的とした伝統的な行事である。水没した谷中村も含めて

「さなぶり」の後に、NIPPA米を釜で炊く。

藤岡町部屋集落の洪水時に避難する水塚。

周囲の集落では昔からヨシを利用したヨシズづくりなどの生業が盛んであった。いまなおヨシズを生産している農家の松本八十二さんの作業場を訪ねた。

ガチャン、ガチャン。3メートルほどにカットしたヨシを、おばさんが機械に差し込むとモーターが半回転して、シュロ縄をぐるっと結んでくれる。「半自動」という機械はなかなかアナログで、ヨシが曲がっているとすぐ止まってしまう。油を差しつつ丁寧に作業を進めて一日に8枚~10枚ほどのヨシズが編めるのだという。この「半自動ヨシズ編み機」は、もともと琵琶湖で開発された技術で、琵琶湖のヨシの減少に伴い、渡良瀬に移転された。材料となるヨシは12月から3月のあいだ毎日刈り込む。ヨシズの用途としては、シイタケ栽培農家に出荷しており、山の林間と同じような風通しのよい涼しい日陰をつくってくれる、ということで重宝されている。かつてはカイコを飼う農家が、涼しい部屋を維持するために大量にヨシズを必要としたという。現在は4軒ほどの農家がヨシズをつくっているが、人を雇って毎年かなりの数を生産しているのは松本さんだけだ。イチゴ農家の日除けなどの新たなニーズもあり、ヨシズメーカーとして地域に根ざした姿があった。

新波の胸形神社の近くで無農薬のブランド米「NIPPA米」を育てる田中潔さんの水田に向かった。この日は田植えが無事終わったことを神様に報告する「さなぶり」という儀式が行われていた。水田の水口の稲を3本抜いて、水尻の稲3本と植え替える。さらに抜いた3本の稲に、米ぬかをふりかける。これを稲の花に見立てて、豊作を祈る。儀式の後には、田植えに集まってくれた、NIPPA米のファンたちやご近所さんとバーベキュー大会だ。田

NIPPA米を植える無農薬農家の田中潔さん。

中さんの田圃は農薬や化学肥料を使っていないので、カエルやクモなど生き物がたくさんいる。これらが害虫を食べてくれるのだという。水田のなかにはカブトエビやコブナも泳いでいる。遊水地からは餌を食べに渡り鳥やサギなどが田圃にやってくる。この土地ならではの味を味わってほしいと田中さんは言う。「どんな人がどこでどう作っているかで味が違います。そういうのを分かって食べたほうが、同じお米でも味わい深いでしょう」。穏やかに語る田中さんは、実は東京で広告カメラマンとして働いていた時期があった。「自分のオリジナリティとは何かを探していた時に、400年以上にわたって続いている自分の『家』そのものが一番のオリジナルだと気づいたんです。ずっと農家だったんですが、自分がやらないと、先祖代々の田圃ももう終わってしまうのかなと」。

田中さんの夢は、地元の新波地域全体が無農薬の米づくりのブランド産地になっていくことだ。そうなることによって、この土地で農業で生きていこうと思える人が増えると考えている。

ラムサール条約では、単に生き物の生息環境としてのハビタットを守るだけでなく、ワイズユースと呼ばれる適正な利用と共存することが謳われている。実はヨシの生産が始まったのは約60年前からで、それま

ではヨシは生えていなかった。地域に住む84歳の須藤タネさんが語るには、約70年前、毎朝渡良瀬遊水地に小舟を出して向かったが、いまより水は深くマコモで先が見えないほどだったという。マコモは肥料として刈って帰り田圃にすきこんだ。その後徐々に水が引いた結果ヨシが増え、最近ではさらに乾燥化が進み水面がなくなってきている。これは河川による土砂堆積が要因と推測される。治水、農業、環境、それぞれの要素が複雑に絡み合いながら、ウェットランドのランドスケープはダイナミックに変化している。確かなことは、この地で生きてきた人びとが存在し、これからもこの地で生き続けていく人びとがいるということだ。多様な生き物の風景は人びとと共にある。

渡良瀬遊水地 MAP

強靭なトゲと硬い葉の内から、紫の炎のような花を咲かせるオニバス。

江戸の水郷景観の現在
絶滅危惧種とセシウム

水元公園・江戸川

東京

かつて東京湾に注いでいた旧利根川の名残である小合溜。広大な水元公園がありオニバスが咲く。矢切の渡しなど江戸情緒溢れる江戸川は、行徳可動堰で二手に分かれ海に出る。東京の水辺の生き物のホットスポットで今、何が起こっているのか？

水元公園とオニバス

抜けるように青い空がどこまでも広がる8月の朝。私と写真家の渋谷健太郎さんが乗ったブルーバードは首都高を降り、JR常磐線の金町駅でランドスケープ・アーキテクトの板垣範彦さんをピックアップした。

都立水元公園は金町から車で10分、葛飾区の東端にある。81・7万平方メートルという広大な敷地はちょうど逆S字の「小合溜」という水辺に沿った形で横たわっている。もともとこのあたり一帯は古利根川が流れ、氾濫原として湿地帯が広がる場所だった。徳川家康が江戸城へ入った江戸時代初期、利根川は江戸湾（当時）に直接注いでおり、江戸はたびたび洪水に晒されていた。この流れを上野《こうずけ》・武蔵の国境から東流させ、現在のように河口を銚子へと付け替える利根川東遷事業が行われた。この一大治水事業は実に百年の歳月をかけて行われた。その後、取り残された古利根川沿いに堤を築き、閉鎖水域としたのが小合溜だ。堤を固めるため桜が植えられ、現在も桜土手として春を楽しませてくれる。

そのような歴史を持つ「ウェットランド」としての水元公園はハンノキやヤナギなど水辺を好む樹林、花菖蒲などの湿生植物、そしてアサザやオオモノサシトンボといった絶滅危惧種たちが棲む、都内で有数の生物多様性が豊かな場所だ。

車を降りた我々は照りつける太陽の下、東の縁にある権八池に向かった。この池には湧水があり、アサザの都内の唯一の生息地になっている。アサザは黄色い可憐な花を一面に咲かせており、ふと目をやると黒いランジェリーのような大きな羽を持つチョウトンボが優雅に舞っている。「だいぶアサザが増えたようだ」と板垣さんが言う。板垣さんはランドスケープ設計事務所で、この池をはじめ水元公園の多くの水辺再生計画に関わった経歴を持つ。アサザは準絶滅危惧種であるが、生息に適した場所があると、比較的増えやすい水生植物だ。かつてはどこでもあった溜池などの水辺環境が首都圏で激減したことが、その減少の理由であるということだ。この日、我々がこの地を訪れた大きな目的は、これまた絶滅危惧種であるオニバスの開花を見ることだった。その生息地である水産試験場跡地へと歩いた。水元公園はとにかく広い。端から端まで歩くと2時間は要する。しかし、夏の水辺の生き物の気配に満ちており、アオサギが舞い、茶色のジャコウアゲハがハス沿いの道を誘うように我々の目の前を横切っていった。

　水産試験場は戦後食料難の時代にコイ、フナの養殖の研究や金魚の品種改良を目的に設立された。1997年にその役割を終え、小合溜と一体化した水辺の生き物の観察フィールドとして再生された。現在ではコンクリート護岸が撤去され、様々な形の池がゆるやかに繋がった水郷景観が広がっている。板垣さんは「来るたびにだんだん自然らしい景観になってきているのが嬉しい」と目を細める。この一角には金魚展示場が残っており、現在でも江戸前金魚と呼ばれる江戸茜、江戸錦など1000匹ほどの金魚が飼育されている。鳥よけの金網で覆われたコンクリート枡の中に、豪華な装いの金魚たちが思い思いに泳いでいる。水の入れ替え作業をしているおじさんに声をかけた。

「こんにちは、すごい金魚ですね。やはり水がいいのですか」

「そうでもなくてね、ここらの井戸水は硬質で、金魚の墨色を増やしてしまうんだ。江戸錦なんて黒が多すぎると駄目だからね。昔は江戸川の水を引き入れたりしてたんだ」

「そうなんですね」

「今はほとんどの金魚屋は埼玉の加須あたりに移ってね、利根川の水を使っているんだよ」

　金魚の色にとってベストな水を求め産地を移す金魚業界。水が人と生き物をつなぐ文化になっていた。

　さて、オニバスに話を戻そう。オニバスは午前早く開花するのだが、

浮葉が鏡のように光るガガブタの花。

水産試験場施設としての面影をとどめる金魚。

天候によっては咲かない日もあり、行ってみないと分からないところがある。少し祈るような気持ちで、一同、生息地の池の前に立った。見事に、それは咲いていた。頑丈な大きなトゲにびっしりと覆われた鎧のような萼《がく》。その中から、紫色の炎が燃え上がるように花弁が突き出している。まるで古代に滅びた爬虫類が大きな口を開いたかのような様相だ。直径1メートルを超える浮葉は山脈のように固く皺打ち、触るとトゲが痛い。これが水田に生えてくると農家の人にとって、とても厄介な存在だったということがよく分かる。

　オニバスはアジア原産で、第三紀鮮新世（約500万～約258万年前）にはヨーロッパ・アジアに広く分布したが、度重なる氷河期の到来と共に、その仲間は絶滅し、現在では世界中でこのオニバス1属1種だけが生き残っている。

柴又帝釈天の浄行菩薩さま。

水元公園に降り立ったダイサギ。

　1年草だが、種子は地中で数十年も生き、環境のセッティングが整うと発芽する。我が種を守ろうとする強靭な意志と野生の本能を、真夏の太陽の下で放っていた。

江戸の水郷景観

　オニバスを目にすることができ満足した我々は車で南下し、柴又帝釈天に向かった。寅さんが産湯につかった場所な訳だが、やはりここは水と縁が深い。江戸時代に日栄上人が発見したと言われる湧水「御神水」がある。その横には優しい顔をした浄行菩薩がおられ、柄杓で水をかけタワシで擦るというのがなんとも情緒深い。帝釈堂と本堂の間には渡り廊下が架けられているが、その床高が地面から人の背丈ほど高さがあるのが印象的だった。おそらくこれは江戸川の氾濫に備えた造りなのではないだろうか。葛飾区の「浸水想定区域図」を見ると、帝釈天は0・5～1メートルの浸水想定区域となっている。江戸に町が開かれてからこのあたり下町一帯は度重なる洪水と向かい合ってきたエリアなのだ。

帝釈天から歩いて数分で江戸川の河川敷に出る。ここには都民へ水道を供給する金町浄水場が隣接し、そして「矢切の渡し」がある。防衛上の観点から江戸のエッジの主要河川には橋が架けられなかった時代、住民専用の渡しが数十か所にあった。現在ではこの渡しが唯一残り、いまでも百円の船賃を払えば、ゆったりと小舟で対岸へのトリップを楽しめる。船着場の入口には大きなキョウチクトウの木がピンクの花を咲かせており、どこかアジア的な風情が漂う。川岸にはオニグルミやイヌコリヤナギなど河畔林の植生が続く。板垣さんが「ここにワンドがある」と茂みに入っていく。続いて足を踏み入れると、浅い水と泥の上にカニがささっと蠢《うごめ》き、アシナガバチが警戒音を立て唸っている。子どもの時に探検と称して入り込んだ、近所の空き地の藪の中で感じた野性の感覚を思い出した。

江戸川汽水域とセシウム

さらに江戸川を下ると、行徳の付近で川は2つに分かれる。一方は行徳可動堰によって仕切られ、洪水の危険がある時だけ開放され、一気に

江戸川の矢切の渡し。

旧江戸川へと繋がる江戸川水閘門。

直線で河口まで下る江戸川放水路へと繋がる。もう一方は昭和18年（1943年）に完成した江戸川水閘門を通して、旧江戸川へと流れている。このあたりから淡水と海水が交じり合う汽水域となっている。

　太陽が大きく傾き始めた夕方の時間、重厚なコンクリートの水門の塔が軍事要塞のように西日の中にそびえ立つ。2つの川に挟まれた三角形の河原には水辺沿いにオギとヨシの群落が広がっている。板垣さんが草叢にしゃがみこみ、カメラを構えた。「何かいた?」「ほら、イトトンボ。そこに」。一見、ただの草にしか見えない。じっと目を凝らすと、セピアブルーのすっと伸びた細い躯体が草に揺られている光景が浮かび上がってきた。国内でいくつかの場所にしか生息していない絶滅危惧種のヒヌマイトトンボだ。東京下町を洪水から守る土木構築物の足元に、そのような貴重種が生息しているとは、普段の生活からはまったく気づかないだろう。彼らは、その限られたハビタットにそっと身を潜めていた。この汽水域の干潟にはトビハゼやチゴガニ、マハゼやボラなどの魚類、それらを狙うシギ、コアジサシなどのカモメ類などたくさんの生き物が集まるホットスポットであるのだ。そして、ここはもうひとつのホットスポット、セシウムの江戸川での最大蓄積場所であったのだ。

　江戸川の河口から8キロの地点に1623ベクレル／kgのセシウム汚染があったという報道が東大・鯉渕幸生准教授の調査結果から出たのだ。今回の取材の後に行った鯉渕准教授へのインタビューによりその場

江戸川放流路。底土からセシウムが検出された。

絶滅危惧種のヒヌマイトトンボ。

所はこの地点と判明した。江戸川流域に降ったセシウムは泥と一緒にここに流れ着いて沈降した。結果として、泥がたまりやすい汽水域環境であることがセシウムにも生き物にも寄与している。

江戸川放水路に沿って、河口まで向った。工場が立ち並ぶ埋め立て地に着いたのは、もう陽が沈もうとしている時間だった。夕闇を背景に、明かりの灯った京葉線の列車がトラス橋を走り抜けていく。三日月が東京低地の人口密集地から昇り、東京湾は隅々までコンビナートの光に覆われている。ここには三番瀬という干潟があり、多くの魚類が産卵に訪れる東京湾内奥の生命のゆりかごとなっている。思えば、約400年の間、人は川の流れを変えながらも、恵みと恐れを川から受け取ってきた。今回の旅で確認された、様々な絶滅危惧種を含む生き物たちの存在は、人工的な都市環境にありながらも、ぎりぎりの線で、自然と人間の関係が成り立ってきたことの証しであるように思えた。しかし、セシウムという放射性物質が人から川に受け渡されてしまった現在、その関係はどう変わっていくのか。長い長い時間をかけて注意深く見守っていくほかなさそうである。

「江戸川底土のセシウム調査から分かったこと」(2012年9月)
インタビュー:東京大学大学院新領域創成科学研究科・鯉渕幸生准教授

環境学系社会文化環境学専攻　専門:水圏環境デザイン・環境モニタリング

▶ セシウムの最も高い値が検出された江戸川河口から8キロの地点とは、具体的にどの場所を指すのでしょうか?

「江戸川が二手に分かれる行徳可動堰のあたりです」

▶ どうしてその場所に蓄積されたのでしょうか?

「河川は河口に近づくにつれて塩分濃度が徐々に上がっていきます。セシウムは細かい粒子にくっつき、土砂と共に動いていきます。雨水によって川に流されたその土砂はふわふわと水の中を流されていくのですが、塩分が一定の濃度を超えるとその粒子同士がくっつきさらに大きくなり凝縮沈降するのです。ちょうどその地点は塩分濃度が10psuほどあり、沈降が最大になる場所となったのです」

▶ なるほど、汽水域ですね。これからその値は変化するのでしょうか?

「それを知りたいと思って調査中ですが、主なものはすでに溜まったと考えています。今までの調査結果では、河床に沈降したものは動いていません」

▶ その場所に留まっていると重さがあり移動しにくいのでしょうか?

「ええ、泥土には粘性という互いにくっつく性質があり、一定の大きな力が加わるまで、通常の流水では動きにくい性質を持っています。砂の場合は、流体力学モデルで移動の予測ができますが、凝集沈殿した粘土の場合には、難しくなります」

▶ NHKの番組『知られざる放射能汚染』では、河口に溜まったセシウムが東京湾に数年かけて拡散していく京大防災研のシミュレーション結果が表示されていましたが、あれは砂の動きでしょうか?

「私が見る限り、単純な流体力学モデルで計算しているように見えましたので、泥に捕まったセシウムはあのようには動きにくいと思います」

▶ 1623ベクレル/kgという数値はどのような大きさなのでしょうか?

「人体でも通常7000ベクレル/1人を発しています。国の基準では8000ベクレル/kg以上が汚染物質ということになります」

▶ 生態系への影響はどうでしょうか?

「ゴカイなどの底生生物から、それらを食べるカレイなどへと生物濃縮が起こる可能性も考えられます」

▶ どうして江戸川に比較的高いセシウムが検出されたと考えられますか?

「今回は風向きと雨の影響で、スポット的に汚染物質が発生しているのですが、この流域にたくさん降ってしまったということです。江戸川では、流域面積に対してセシウムの濃度が高く、都市域であるのために河口部へと輸送されやすかったとみられます」

鯉渕准教授は3か月に1回、江戸川の底泥の汚染調査を行っている。身近な河川がどうなっているか継続する予定だ。

ゴミの埋め立てが進む中央防波堤外側埋立処分場。

埋め立ての履歴

東京湾

東京

遠浅の干潟が広がっていた東京湾は、どのように埋め立てられてきたか？　葛西臨海公園、ゴミ処分場、羽田のまちを歩く。

街になった干潟

うっすらと漂っていた朝靄が晴れ、東京湾に朝日が照り始めた。レインボーブリッジを渡った後、有明、東雲、辰巳と首都高湾岸線を快適に車は走り抜ける。丸の内のオフィスビル群を遠景に、タワーマンションがにょきにょきと林立する風景。それは、多摩ニュータウンなど内陸に開発が進んだ郊外に対して、海側の「第三の郊外」とも呼べるかもしれない。荒川を越え、葛西で高速を降りると、環七の終着点に行き着く。15メートルを超えるワシントンヤシの街路樹が整然と並ぶ街区、そびえ立つ大観覧車。この土地では何もかもが巨大なスケールで迫ってくる。人工的な都市計画が行き渡った埋め立て地の先っぽの公園、葛西臨海公園へと我々は向かった。

葛西はもともと遠浅の海岸がつづく小さな漁村で、沿岸の海藻、貝類が豊かに採れた。とりわけ海苔の栽培が盛んに行われ、「葛西海苔」としてブランドが知られていた。戦後、地下水汲み上げによる地盤沈下が一帯で進み、西葛西2丁目では、1968年には1年間に23・89センチの沈下、中葛西3丁目では1970年までの80年間で、2メートル以上の沈下が記録されている。この結果、広範囲で私有地が海面下に水没する「水没民有地」が出現した。葛西の埋め立て計画は、この事態を解決することと、新たな都市開発を抱き合わせにして事業化されることとなる。1972年、東京都建設局により「葛西沖開発事業」が開始され、土地区画整理、埋め立て事業、道路事業、公園・緑地計画が行われた。総事業費は927億2600万円（民間建設費も合わせると総投資額5940億円）、土地区画整理地379・87ヘクタールのうち、約半分は水没民有地であった。

出現した新しい街、それは海の上のニュータウンと呼ばれるにふさわしい。スーパーブロックと呼ばれる大きな街区で区切られ、大規模な高層集合住宅のほか、葛西流通センター、東京都中央卸売市場葛西市場、葛西下水処理場などのインフラ施設が並ぶ。沖合の港湾施設に荷上げされた物資の流通拠点として、この地はベストポジションにあった。その一方で失われたのは遠浅の干潟の環境だった。すでに荒川、江戸川からの汚濁水流入にともなう水質悪化により、1962年には漁業は幕を閉じていたが、江戸川河口には、大三角などと呼ばれていた広大な干潟があった。江戸時代以前には、現在の中川に利根川と荒川が流れ込み、さらに渡良瀬川が太日川《ふといがわ》（江戸川の旧名）として東京湾へ注いでいた。そのため河口域には大量の土砂が堆積する干潟環境となり、様々な生き物が生息していた。これらの干潟は沖合の三枚洲を除いて埋め立てられたが、その代償地として建設されたのが、葛西臨海公園だった。

葛西臨海公園駅からまっすぐに延びるプロムナードを歩くと、突き当たりの丘の上にガラスのキューブ建築がある。東京国立博物館内の法隆寺宝物館などの作品で有名なモダニスト建築家・谷口吉生の設計によるもので、スクエアの大きな開口部から海が切り取られ、ガラスの中を行き交う人びとが浮遊感を演出している。建築が立地する丘は、人工のマウントで、後背地の江戸川区のゼロメートル地帯を高潮、津波から守る巨大な防潮堤としても機能している。なだらかな丘を降りて松林を越え、吊り橋を渡ると浜だ。

中央防波堤のコンテナ埠頭。

渚が波をトレースして曲線を描き、コメツキガニがささっと隠れる。ハマグリであろうか、砂地の穴からは気泡が噴き出ている。女性の写真家が一人、静かにそんな情景を撮影している。ここは、砂を他所から持ってきて完全に人工的につくられた浜だ。東側にもうひとつ同じサイズの人工浜があり、そちらは完全に人の立ち入りが禁止され、生き物のサンクチュアリとなっている。白いダイサギが1羽やってきて、ハゼなどの小魚を狙い、ホバリングしてくちばしを水面に叩きつける。沖の高層ビル群を借景とした軽やかなダンスは、見飽きることがなかった。

海とゴミ

東京ゲートブリッジの巨大なボックス型橋梁を車は駆け抜けていく。

到着したのは「中央防波堤外側埋立処分場」と呼ばれる東京湾埋め立ての最前線の地だ。ここでは東京23区内の家庭ゴミなどの一般廃棄物、上下水道施設から出される都市施設廃棄物など年間60万トン（2011年度）を受け入れている。もともと東京湾の埋め立ては江戸時代より都市から出されるゴミの受け入れ先として始まった歴史がある。築地、八丁堀、越中島、深川などは江戸期300年間に埋め立てられた。その後、明治期に入り、東京湾航路掘削のための浚渫による土砂処分として芝浦、東雲などが埋め立てられ、さらに1923年の関東大震災のガレキ処分地として晴海、豊洲の埋め立てが始まった。ゴミの埋め立て地として思い出すのは「夢の島」だが、こちらは1957年から東京都

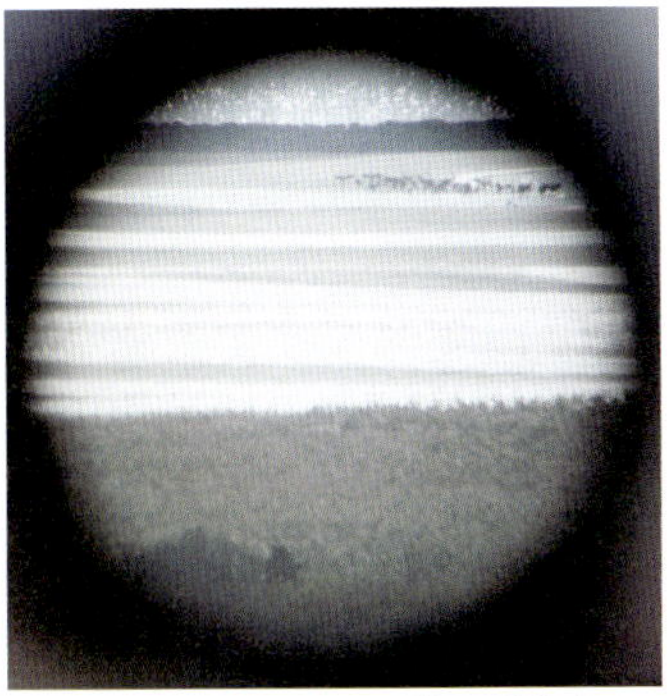

葛西臨海公園の人が入れない干潟には野鳥が。

夢の島の第五福竜丸展示館。

の処分場として埋め立てが始まり、1967年には役目を終えている。夢の島の一角には、1954年のビキニ環礁での水爆実験により被災したマグロ漁船「第五福竜丸」が保存されている。夢の島と隣接した15号処分場に廃棄されようとしていたのが、市民の声により核の「遺構」としてゴミの中から取り出され、展示されているのであった。築地にあったはずの、被曝したマグロを処分したモニュメント「原爆マグロ塚」も展示館の横に移設させられているのは、いかなる理由であろうか。

　中央防波堤外側処分場の供用は1977年より始まり、2011年度時点で5419万トンのゴミを埋め立てている。東京23区のゴミ量は1989年度には490万トンとピークに達するが、その後減少を続

け、同年では284万トンとなっている。この背景にはサーマルリサイクル（プラスチックの焼却処理）などの技術革新、また、ゴミ分別の市民への浸透によるリサイクルが進んだことがある。東京都環境局から取材許可を得て、われわれは広大なゴミの処分場に足を踏み入れた。まず目に飛び込んでくるのは、延々とつづく巨大な土のランドフォルムだ。高さには30メートルの制限があるのだが、土台の上に廃棄物を3メートル埋め立て、その上に50センチの土で覆土し、さらに廃棄物を3メートル埋め立てていくという「サンドイッチ工法」によりパッチワーク状にランドフォルムは形成されていく。この土には公共工事などの建設現場から出た残土が使われている。ゴミ処分場といえば、いろいろなゴミが散乱し、ハエや鳥が舞っているというイメージがあるが、現在の処分場ではそんな風景は見られない。以前は可燃ゴミの一部を焼却処分できず、直接埋め立てていたのだが、現在では全量中間処理を行うことによって、細かく砂状になった灰を埋め立てているのだ。ゴミのアノニマス（匿名）化というのだろうか、もともとどんなゴミだったのか、想像もつかないフラットな灰が一面を覆っている。臭いはどうだろうか？　正直無臭とは言い難い。時折風に乗ってむっとする臭いがやってくる。聞けば、臭いは下水処理場で濾し取られた泥土が埋め立てられた場所から発生するという。地表に金属のパイプが並んでいるのは、ゴミから発生するメタンガスを抜くパイプで、火災が発生しないように管理している。このような風景は、現在、東北沿岸部の被災地のガレキ処理所でも同様に見ることができる。

ゴミの山は、裸地であるところは少なく、多くはススキなどの草地、様々な灌木、一部には樹木も生えている。これらは風に乗ってやってきたか、土の中に入っていた種子が発芽したパイオニア種たちだ。外来種も多いのであろうが、東京湾の広大な裸地を放っておくとどんな植物が定着していくのか壮大な社会実験を見ているようで興味深い。そもそもゴミの大量集中処分という事態がより壮大な社会実験でないのかということに思い至る。というのは、東京湾のゴミ処分場の埋め立て地は無限ではなく、リミットがあるのだ。航路などの設定により、中央防波堤外側処分場の隣の「新海面処分場」が

漁師町羽田の面影。

羽田の町は青が似合う。

東京都23区の最後の処分場となる。計算では、今のベースで埋め立てていくと、あと50年しか持たないという結果が分かっている。現在の法制度では、自治体内で出たゴミは自治体内で処分するしかない。大量消費、大量処分のパラダイムをどのようにシフトチェンジさせていくのか、次世代の物質循環の方法論がメガシティ東京には求められている。

漁村から空港の町へ

羽田の町をぶらり歩く。羽田空港ではなく、京急空港線の大鳥居から天空橋あたりの昔からの町だ。道端の煎餅屋さんでおばさんがのんびり煎餅を焼きながらご近所さんと立ち話をしている。銭湯がいくつもあり、夕方前ともなればおじいさんたちが集まってくる。広場がないので子どもたちは道路橋梁下の空き地で遊んでいるが、様々な学年の子どもが交じっている。空間もコミュニケーションも密度が濃い印象の町だ。羽田は漁師町として中世以来の歴史があり、多摩川河口域の湿地帯を水田としてうまく利用しながら、半農半漁の営みが続いてきた。干潟が広がる羽田浦は「諸貝を産し、中でも蛤貝を名産とし、汐吹貝、赤貝多し」と『羽田史誌』に記されている。町の中心には穴守稲荷という社《やしろ》があり、近所の信仰を集めているが、実はもともと、羽田空港が位置する場所に稲荷があった。現在の国際線ターミナルのあたりの土地は、地元の名主・鈴木弥五右衛門が新田開発のために干拓し、文政2年(1819年)に陸地化させた場所だ。その際、海岸線近くに稲荷を祀ったのが始まりだが、ある時台風が襲い、堤防に横穴が開き、新田に海水が浸水し始めた。住民総出で必死に応急作業を行ったが、穴はどんどん広がっていく。もはやこれまでかと誰もが思った時、奇跡的に水が引いた。それ以来、災難を免れたのは堤にあった稲荷の守護だということで、穴を守る「穴守稲荷」と呼ばれるようになった。穴守稲荷は「穴」から転じて、花柳界や博打の守護神として地域を超えて広く信仰され、参道には料亭や旅館が並び華やいだ雰囲気に包まれた。羽田に空港がはじめて建設されたのは昭和6年（1931年）のことだが、当時は海水浴場が隣接し、穴守稲荷の参拝者と相まって、東京湾沿岸の観光スポットとして相当賑わいを見せた。

　しかし、日本の敗戦は、庶民に愛された羽田の運命をすっかり変えてしまう。1945年日本を占領した連合国軍総司令部は、東京飛行場の引き渡しを申し入れ、9月18日に空港付近の約1200世帯の住民に対し、48時間以内の立ち退きを命じた。着の身着のまま我が家を追われた住民たちは、以来二度と、先祖が切り開いた土地に戻ることはなかった。何もかもが更地にされた中で、穴守稲荷の鳥居だけは、撤去しようとすると死傷者が続出し、どうしても消し去ることができなかった。鳥居はもとの場所に置かれ続け、1999年になって、空港の外れの現在の場所（天空橋付近）に移設された。

羽田の多摩川沿いに、魚釣り船がいくつも並ぶ。

　羽田の町の多摩川の河口の先に、海老取川を挟んで、空港に向かい合うエアスポットがある。夕方、堤防

東京湾MAP

の上に人びとが思い思いに座り、煙草をふかしながら、飛行機の発着を眺めている。大鳥居が向こう岸に立っていて、かつての住み処であった場所を鳥居越しに見つめているようだった。堤防のたもとには釣り船が何艘も並び、キスやボラを釣りに船が東京湾へ出航し始めた。町の半分は歴史の彼方へ消えてしまったけれども、築かれ続けた海との関わりと、住民の親密さは、この町からずっと消えることはないだろう。

葛西、中央防波堤処分場、羽田で出会ったのは、現在進行形の東京湾の埋め立ての歴史であった。海は都市の人びとに水産物、住居、交通などの空間を与え、廃棄物を受け入れ続けてきた。しかし、そろそろ東京湾が有限な存在であることを見直すタイミングなのでないだろうか。

普段は穏やかで気持ちのよい多摩川河川敷だが、1974年にこの上流付近で増水により堤防が決壊した。

左岸と右岸の流域史

多摩川

東京・神奈川

多摩川を挟む東京側の左岸と神奈川側の右岸は、近いようで全く異なる歴史と文化を持つ。その意外な共通点を二子玉川を起点に探る。

王たちが眠る丘

二子玉川の駅はふわっと川の上に浮いている。東京都でもないし、神奈川県でもない、中間地帯のホームから、広い多摩川の河原を見下ろすのは、都市の中にあってとてもファンタスティックな時間だ。田園都市線の地下路線から、一転、光と風の世界に送り込まれることで、より劇的にその効果が高まっている。

ここに橋が架かったのは、そう遠い昔のことではない、昭和2年（1927年）のことだ。それまでは「二子の渡し」と呼ばれる渡し船が両岸をつないでいた。江戸時代、幕府は多摩川を江戸防衛のフロントラインと位置づけていた。そのため、架橋に制限があった。また、六郷付近に慶長5年（1600年）に橋を架けたことがあったが、たびたびの氾濫で橋は流され、普請コストに見合わず橋をあきらめた。以来、数百年のあいだ、多摩川に橋が架けられることはなく、渡しで行き来することとなった。

二子玉川に橋が架けられたのは、大正12年（1923年）の関東大震災後の復興支援と、在京陸軍の演習時の移動が理由となった。東京側は橋を多摩橋、神奈川側は二子橋と、それぞれのサイドの地名を主張しあい、結局二子橋という名称に落ち着いたが、二子玉川という地名も、このボーダーライン上の性格に由来する。多摩川を挟む右岸と左岸。川を挟んだふたつの空間に、どのような歴史と世界が広がっているのか、探索に出かけることにしよう。

二子玉川ライズのガラスのアナトリウムを通じて空が見える。二子玉川駅東口に2011年にオープンしたこの施設は11・2ヘクタールの都市最大の再開発だ。隣接部分には大きな都市公園も計画され、多摩川へとゆるやかにつながるアーバンデザインが2015年に完成した。ライズを抜けて、住宅地を少し歩くと、樹林に覆われた斜面が見えてくる。

二子橋より多摩川の夕景。

松などの木立の中に、趣のある低層マンションが点在している。この崖は、国分寺崖線。国分寺から世田谷まで続く、旧多摩川が武蔵野台地を削りとった崖線だ。崖線の下には小川の丸子川が流れており、湧水が所々染み出しているので水はかなり綺麗に見える。小川には道路橋のほかに、いくつかの小橋が架かっているのだが、それは一軒の邸宅専用の橋であったりして、穏やかでゆとりがある空間だ。フランク・ロイド・ライトの建築のようなクラシックな建物が、小川の奥に佇んでいて、表札には「整体協會」と刻まれていた。ここは明治44年（1911年）生まれの整体家・野口晴哉が開いた野口整体の本部であった。樹林の丘を背負い、目前で清流を結界とする。さすがに気がいいポイントを選んでいるなと感心する。

しばらく歩くと鬱蒼と茂る樹林があり、公園となっていて、ムクノキ、カエデなどが覆う斜面を上へ抜けることができる。台地の上は「上野毛」という地名で、東急グループの創立者・五島慶太の美術コレクションを収めた『五島美術館』がある。崖線の広大な樹林を庭園としており、眼下には東急大井町線、さらには二子玉川ライズのタワーマンション、そして多摩川を見下ろすことができる。まさに東急王国1世紀の発展を眺める玉座のような場所だ。このあたりの上野毛は武蔵野台地の南のエッジなのだが、鉄道の王のみならず、かつて5~7世紀の王たちもたくさんの古墳を築いた。これらの古墳は「野毛古墳群」と呼ばれている。

環八通りを自由が丘方向へ数十分

武蔵野台地の基盤地層が露出する等々力渓谷。

かつて水害に襲われた二ヶ領宿河原堰。

歩くと、等々力渓谷の手前に「野毛大塚古墳」がある。全長86メートルの帆立貝の形をしたこの古墳はかなり大きい。高さ11メートルの円墳の前に、小さな四角い前方部がついており、きっちりと南西の方向に振られている。地図上では、この方角の延長線上に富士山がある。円墳に上ると、いまは建物があり富士山は見えないが、とてもよい眺望だ。富士山は「不死山」であったという伝承がある。巨大な古墳は、多摩川のはるか向こうにそびえる富士山への軸線を意識したランドスケープデザインであったかと思う。

水をめぐる、左岸と右岸の歴史

多摩川の堤防わき道路を車でさかのぼる。まっすぐに延びた道、川の光が気持ちよい。世田谷区を越え、お隣の狛江市に着く。小田急線和泉多摩川駅近くに、多摩川の洪水で決壊した場所がある。1974年9月1日、台風16号の影響による増水の結果、堤防が決壊し、3日間にわたり迂回流が発生、民家19戸が流出した。最終的には、迂回流の流路を変えるために、陸上自衛隊が堤防爆破を実施し、ようやく流れを抑えることができた。洪水の理由を地形の上から見ていくと、この地点の手前で多摩川が大きく屈曲し、水流が跳ね返され、勢いが強まる地形であったこと。さらに、川の水を用水へ導くための堰が川を横切っており、水が堰止められたということが原因であったことが分かる。現在では堰は水流を調整できる可動堰に建て直され、強固な堤防も建造されている。

二子新地の岡本太郎作「岡本かの子文学碑」。

丘の上に立つ野毛大塚古墳。

しかし、構造物（ハード）を過信してはいけないことは東日本大震災の教訓でもある。東京都民にとって身近な河川、多摩川でも、現在も水害が起こりうることを認識しておく必要がある。

堤防決壊点の堰から取水される用水は、神奈川県側を流れる二ヶ領用水で、徳川家康の命を受けた小泉次大夫が、慶長2年（1597年）から約14年の歳月をかけて開削した、多摩川で最も古い農業用水だ。稲毛領17か村と川崎領23か村を結ぶ全長32キロの用水路は、60か村2007町4反9畝4歩（約19平方キロ）の水田を潤し、米の収穫量を飛躍的に伸ばした。

この用水を用いて栽培された米は三代将軍家光が鷹狩りに来たときに賞味し、以来将軍家の御飯料になった。のちに稲毛米と呼ばれ、江戸ですし飯として欠かせなかったと言われる。豊かな場所になった川崎は、府中街道と二子の渡しが交わる、溝口・高津あたりに宿場街もでき、栄えた。しかし、明治以降、東京の人口増大に伴い、上流の羽村堰で大量の取水が行われるようになり、多摩川の流量は急激に減少した。加えて都市発展に伴う資材として多摩川河原の砂利の採集が行われ、川床が低下し、二ヶ領用水では次第に、多摩川からの取水に困難を極めるようになっていった。

昭和8年（1933年）、東京市は小河内ダムの建設を含めた「第2次水道拡張事業計画」の協議を神奈川県に申し入れたが、事態は紛糾。水利紛争は5年後にようやく妥協を見出し、東京市の羽村での取水制限と、二ヶ領用水の改修費への保証金

久地円筒分水。4つに水盤が仕切られている。

支払いが決まった。二ヶ領用水の改修工事では、かつての石を積み上げる蛇籠堰からコンクリート堰への改造、老朽化した分水施設の改造などが行われた。

昭和16年（1941年）に新しく造りなおされた円筒分水施設が川崎市久地にある。丸いコンクリートの円筒が2つ重なり、鏡面のような水盤には青空と雲が映り込んでいる。仕組みとしては、流れてきた用水が、分水中央の円筒から噴き上がり、水が綺麗に均《なら》された後に、4つの仕切りに分流していくのだが、この4つの壁の間隔は、下流の4つの用水が持つ灌漑面積の比率に合わせて仕切られている。つまり、用水の流量が変化しても、常に一定の比率で分水されるこの仕組みは、当時最も理想的かつ正確な自然分水装置と言われ、戦後GHQも本国の施設の参考にしたという。水争いを避けるために生まれたソーシャル・デザイン。それは見た目にも非常に合理的で美しいものであった。

2つの「野毛」

二ヶ領用水を下り、第三京浜を越えたあたりに、「下野毛」という地名がある。対岸の世田谷側はちょうど上野毛だ。なぜ「野毛」が川の両岸2つに存在しているのだろうか？

これはもともと、野毛＝ノゲ、ヌゲ、ニゲ、ハケ、つまり崖という意味のひとつの村があったのだが、江戸初期の多摩川の大洪水で多摩川は流路を大きく変え、2つの村に分断されてしまったことが理由である。その後、上と下に分けたという訳だ。多摩川両岸には下丸子・上丸子、また等々力が川崎市中原区にも存在するなど、ほかにも2つの地名が存在し、暴れ川としての凄みを地名が語っている。

下野毛は国土地理院の「治水地形分類図」を見ると、かつての旧河道（流れ）が、虫食い状に内陸に食い込んでいることが分かる。多摩川が現在のようにまっすぐになったのは、近代以降のことで、それまではうねて跳ねる川だったのだ。この三日月型の低地は灌漑され、水田として使われていたが、実際に歩いてみると、ほとんどは工場地帯となっている。鉄を削る音や、金属を塗装するガスの匂い。『半沢直樹』のネジ工場のような小さな町工場が並んでいる。新しいマンションがかつての小高い地形（自然堤防）上に立っていて、住宅地と町工場が入り組んだ不思議な町並みが続く。

下野毛の準工業地帯を抜け、多摩川の河川敷に出た。そこにはゴルフ場の綺麗なグリーンが広がっていた。二子玉川のタワーマンションが向こう岸遠くに見える。ゴルフ場の端の川に面する付近には柳の木が点在しているのだが、ツリーハウスがあった。廃材を使い巧みに組み上げられていて、かなり気持ちのよさそうなスポットだ。これは離れの茶室のような位置づけで、下のほうには本家といえるバラック小屋があった。ここを仮の宿として暮らしている人びとがいるようだった。しばらく歩いてみると、川沿いに自然地のワンドがあったりして、生態系としては豊かな場所であることが分かる。河原に降りてみると、可動式の

野毛の丘からの眺め。かつての古墳からの眺望を想像する。

多摩川 MAP

橋がある。ポリタンクの浮きを付けていて、木で組まれた全長10メートルほどの細長い構造物は、筏とも橋ともつかない不思議なデザインをしている。ここを渡ると石の河原に出る。地元の子どもたちや釣り人しか知らない秘密の場所のようで、子どもたちが無心に石を拾っている。

川には小さな船着場があり、対岸に木造のボートがある。瀬は静かで向こう岸の淵には速い水流が流れている。距離は意外と短い、15メートルほどで泳いでも渡れそうな感じだ。かつての「渡し」とはこんな情景であっただろうかと思わせる懐かしい風景だ。左岸と右岸に分かれた上野毛、下野毛には橋はないが、地元の人だけが知るミクロな「渡し」で、つながっているようだった。

二子玉川のタワーマンションから、下野毛のツリーハウスまで、多摩川を挟んで、驚くべき多様な空間が住み分けられていることを見てきた。ライバルという言葉の語源は「川の利益を競い争う者」であるが、同時に「川を共同で使う者」という意味もあった。みんなのソーシャルな公共資源である川の意味を河原を歩きながらいま一度考えてみたい。

中之島の堂島川を行くSUPに乗ったサッパーたち。

水の都のソーシャルデザイン

大阪市

大阪

「水都大阪」を掲げる大阪は、もともと中洲の島から生まれた水辺の都だった。大阪ならではの町人感覚を活かした、水辺を「使い倒す」まちづくりの行方。

海民ノマドたちの市

見た目も新鮮なカニやフグ、冬野菜が川沿いのテントの下に並ぶ。「買わんでええから、試食だけしてって」と若狭湾からアイゴを売りにきた漁師が声を上げる。車海老が焼かれ、牡蠣鍋がおいしそうな湯気を上げている。「ざこばの朝市」というマルシェが開かれている。大阪・中之島西端の大阪市中央卸売市場に隣接する安治川・堤防沿いの遊歩道の上だ。通常このようなイベントは、河川用地である遊歩道では行うことができない。大阪が官民挙げて推進する「水都大阪」プロジェクトによる規制緩和で２０１２年より隔月開催され、賑わいをみせている。

　川にはサーフボードに立ったままオールで漕ぐスタイルのＳＵＰ（スタンドアップパドルサーフィン）に乗ったグループが手を振っている。誰でも手軽にできて水上からの眺望を体験できる軽快なスポーツだ。彼らはサッパーと呼ばれているのだが、今日はサッパーたちが中之島上流の「川の駅」八軒家浜からＳＵＰにて川を下り「ざこばの朝市」に買い出しに行こうというイベントを行っている。

　中之島は大阪のビジネス街の中心地にあり、堂島川、土佐堀川という２つの川に囲まれた中洲となっており、島には日本銀行大阪支店、大阪市役所、中央公会堂といったクラシックな建築と公園、対岸には中之島フェスティバルタワーなど再開発された高層ビルが立ち並ぶ。パリの中心であるセーヌ川のシテ島にも似た、モダン大阪の薫りがいまなお維持されているエリアだ。

　都心のセントラルエリアのビル群や阪神高速道路をバックに、川の中を行く、ＳＵＰの一群たちはかなり目立つ。ジョギングするランナーや道行くひとびとが集まってきて、写真を撮ったりしている。イベント主催者の日本シティサップ協会の奥村崇さんは「必ず手を振り返すようにしていますよ」と笑う。もともと大自然の中をゆくアウトドア派だった奥村さんは、いまは都心を漕ぐほうが楽しいという。川から大阪の都市を眺めているといろいろなことが見えてくる、と話してくれた。

「ざこば」とは雑喉場と書く。「喉《こう》」は、古くから魚を数える単位で、種々雑多な魚介類が集まる市場という意味である。雑喉場の魚市は、江戸時代に大いに賑わい、西日本および淡路、和泉、紀伊、伊勢、志摩など近郊の魚荷を独占的に引き受けた。雑喉場のほかにも、江戸期の中之島には堂島米市場、天満青物市場と、「天下の台所」を支えた大市場が開かれた。その背景には、大阪は、前方には瀬戸内海、背後には京都への淀川という水上交通が便利な立地特性に加え、西廻り航路、江戸への航路の発展によって全国の流通の要となったことがある。近代以前、大動脈とは船運であり、水への接続が都市には必須であった。

もともと大阪は、縄文海進期には、現在の河内、生駒の麓あたりまで広がる大きな湾であり、淀川が長い時間をかけて土砂を堆積させてできた土地だ。古大阪湾に南から突き出した上町台地の端には砂嘴《さし》が延び、その一部に難波津の港が築かれた。淀川は、河口部に八十島《やそじま》と呼ばれる大小様々な砂州を出現させた。河口には渡来系の海民が住み着き、彼らは小舟を使い移動して漁をしたり、芸能を見せたり、時には色を売ったりもした。農耕民族でないノマドな海民たちは、やがて天皇や貴族に海産物を届ける「供御人《くごにん》」と呼ばれる役目を負うようになっていった。鮑や海塩など海産物は贄として神や天皇に捧げられる神聖な儀式であり、供御人は非常に重要なポジションであった。その献上物の残りを砂州で売りさばいたのが、市のはじまりと考えられている。

堂島川桜並木。土佐堀川対岸に北浜テラスがある。

中世には、市の関係者は「座」という同業者組合を組むようになった。「座」は神社の祭礼組織の枠組みで、出身や身分、職業を問わず、年齢だけで上下関係を決めるという秘密結社のような仕組みだ。のちに、堂島米市場は世界初の先物取引を生み出したが、そのベースとなっているのは、信用できる相手やったら現金はいらん、という信用取引だ。ここでいう、信用とは、血縁・地縁のコミュニティでなく、利益・関心のコミュニティの一員としての自覚と責任を持つという枠組みで機能していく。船場商人に代表される、大阪

中之島公園のバラ園。

人の合理性、開放性の一端は、砂州からはじまった市の発展と共に磨かれてきた、と想像すると興味深い。

水辺を使い倒す

中之島は、細長い島の上に、レンガ造りのシックな歴史的建造物や橋、美術館やバラ園などが続き、歩くのが楽しい。2008年にオープンした京阪中之島線の駅舎や、水際の柵のディティールなど、これまでの風景のストックの上に加わった新しいデザインも、いい感じにこのエリアを引き立てている。北浜付近の、土佐堀川左岸のビルには、川にテラスが出され、カフェや飲食店などが営業されているところもあり、ちょっと立ち寄ってみたいと思わせる雰囲気がある。川を軸に、公園という官のスペースと、ビルという民の資源がうまく組み合わさり、魅力的な水辺の都市デザインが生みだされている。日本の都市河川には、なかなかこうした景観が少なく、川に背を向けた都市が多い。中之島も例外ではなく、つい数年前までは公園は人気も少なく寂しい場所で、ビルと川の接点はなかった。「水都大阪」という取り組みがひとつの契機となりながらも、その背景には、さまざまな水辺のパイオニアたちのチャレンジと努力がある。「北浜テラス」の仕掛け人の一人である北浜水辺協議会理事の建築家・松本拓さんにお話を伺った。

「北浜テラス」とは土佐堀川左岸の河川堤防上にビルから突き出た「川床」のことだ。もともと北浜には、船場の旦那衆が舟で料亭に遊びにく

千日前・黒門市場の立体カニ看板。

上町台地上の生國魂神社にて。

るという文化があった。かつては建物に船着き場があり、川と密接な関係を保っていた。戦後、河川堤防ができ、その後長い間、そのような環境は失われ、人びとの意識から忘却されていた。2007年の夏、土佐堀川沿いのビルやテナントオーナーたちが川床をやりたいと言い始めた。エアコンの室外機の修理で設置した足場を川床に見立てて、そのよさを実感するひともいた。

　ビルオーナー、テナントオーナー、NPOの三者でチームをつくり、現実性の検討を始めた。松本さんはNPO「水辺のまち再生プロジェクト」の一員としてプロジェクトに加わった。検討内容は、対象エリア設定、法的規制、先行事例、参画打診、モデルプラン作成、デザインルールづくり、事業スキームまで多岐にわたっていた。建築や不動産、まちづくりの専門家がメンバーにいたことも詳細な検討を後押しした。課題として分かったことは、河川敷という公共空間を川床として利用するためには、行政サイドの河川管理者から占用の許可を受けなければならないということだった。占用許可は誰にでも出るものでなく、公的な組織ではない民間団体にはハードルが存在した。占用主体になるために、不特定多数の人びとが利用するという論理が必要である。そのためにプロジェクトチームは翌年、社会実験を行った。試験的に3軒の仮設テラスを1か月間オープンして、2000人の利用者を集めることに成功した。さらに翌年、常設仕様テラスも含む実験を行い、ついに2009年11月に「北浜水辺協議会」は占用主

法善寺の水かけ不動尊さま。

道頓堀川付近のフグ料理屋。

体として認められることとなった。

北浜水辺協議会のメンバーには、もうひとつ実現したいアイディアがある。テラスの前に、船着き場があって、舟で来られるようにしたいと考えているのだ。これについても、彼らは未利用の桟橋を船で曳いてきて、堤防に1か月間着けてみるという社会実験を行った。西宮マリーナからプレジャーボートで来たお客さんもいたという。不明確であった部分を、ひとつひとつ自ら身をもって明らかにしながら、河川管理者ときっちり話を詰めていく。松本さんは、「やったらええんちゃう？　と誰もが思っていることを、あくまでもオモロイ感じで楽しく実現することを目指しています」と話す。「水辺がみんなにもっと『日常使い』されたら、豊かな暮らしになる」と水辺の建築家らしいビジョンを語ってくれた。

ミナミ・黄昏の海

道頓堀川はミナミの繁華街の中心を横切るが、かつて阪神タイガースが優勝した際にファンが飛び込んだのが信じられなかったほど水質は悪かった。いまでは、川沿いに遊歩道のデッキスペースが張られ、オープンテラスのカフェが繰りだし、賑わいのある水辺空間となっている。水質がどれぐらい回復しているのかは分からないが、夏に道頓堀をプールにしようというユニークな構想も出されている。「水都大阪」では船着き場を拠点にして、天満橋、北浜・淀屋橋、東横堀、中之島GATE、道頓堀、大正とロの字型の水の回廊をつなげようとしている。2013年「大阪水辺バル」では大小様々な船で水の回廊をクルージングしながら食を楽しむイベントが行われた。一年中なんらかのイベントが行われている道頓堀周辺は、グリコの看板や、フグの巨大立体看板、ドン・キホーテの観覧車と一体化したえびすさんビルなど看板建築が賑やかなスポットだ。

もともと道頓堀付近は芝居小屋や見世物小屋が立ち並ぶエリアだった。寛永3年(1626年)、最初の芝居小屋ができて以来、最盛期には歌舞伎6座、浄瑠璃5座、説経7座、からくり1座、舞4座が軒を並べたという。芝居の客寄せのため、目を引く派手な旗や看板が店に掲げられたのが、看板建築の原点だ。芝居小屋が発生する以前は、千日前付近には刑場や墓地があり、公開処刑などが行われるような場所だった。市民社会のエッジにある「悪所」に非日常性を演じる見世物や芝居が興行されるようになったのは空間の特性上、自然な流れだ。

表通りから一本奥へ入ると、法善寺横丁という石畳の路地が現れる。路地の一角が広がり法善寺の境内になっており、全身が苔に覆われた水かけ不動尊が納まっている。いつも、たくさんの参拝者がお不動さまに井戸の水をかけていく。住職に聞くと、もともとは海であったこのあたりは、水が湧き、いくつもの井戸があったという。道頓堀川に接した華やかな陽の水辺に対して、法善寺はひそやかな陰の水辺だ。見た目派手なふるまいの裏側に、こまやかな情緒が息づいているのは非常に大阪らしい塩梅だ。

上町台地の夕陽丘から、大阪の夕景を望む。

大阪市MAP

500m

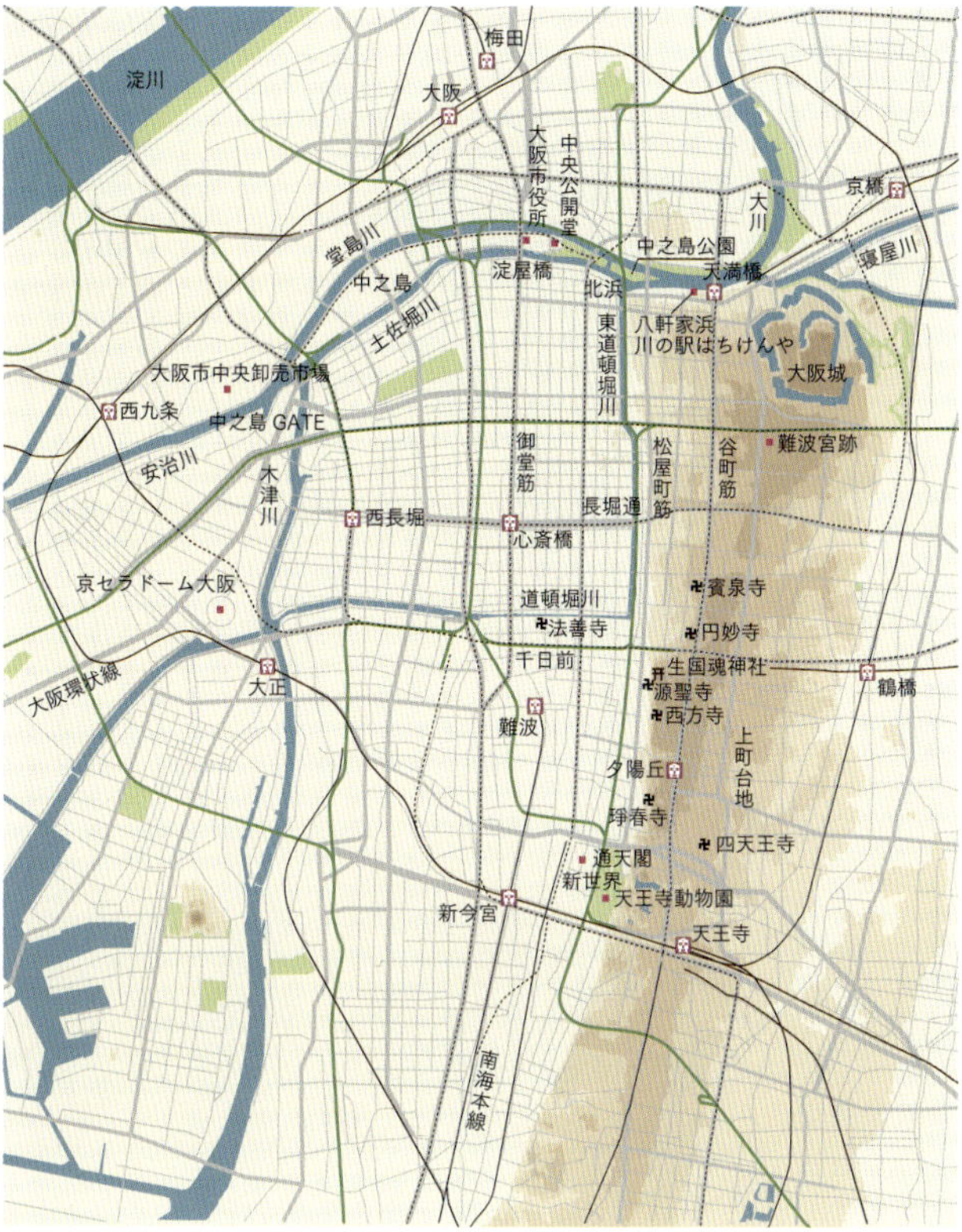

ミナミの中心から少し東に歩くと、大阪府南域より舌状に延びた上町台地に出る。台地の斜面やへりには生國魂神社や数多くの寺院が集中している。古代の大阪の海岸線はこの台地の縁まで浸っており、西に広がる海に太陽が落ちていくのを見ることができた。「夕陽丘」という台地上の地名にはその頃の黄昏の記憶が残っている。東の生駒山から太陽が生まれ、西の大阪湾に沈んでいくという東西軸は、大阪の情景を深いところで決定づけている。中沢新一氏は『大阪アースダイバー』で大阪の都市構造を、南北の「筋」＝アポロン軸に対して、東西の「通り」＝デュオニソス軸と位置づけている。逆光の夕陽が、水辺の街を染めていくのを、しばらく眺め続けた。

5

アーバン・ネイチャー

河川、水路、緑地。
都市の中に組み込まれた
グリーンマトリックス（緑地構造）は、
どのような役割を果たしているのか。
都市の下部構造から
人と生物多様性の関わりに迫る。

永観堂付近から南禅寺船留へ下る清冽な琵琶湖疏水。

生物多様性フラクタル都市、京都

東山
京都

絶滅危惧種のタナゴが生き延び、ホタルが舞う京都。実は明治期に土木インフラとして建造された疏水が、その生息環境を育むのに一役買っていた。自然を身近に引き入れる「縮景」が時代を超えて生き続ける都市のデザイン原理とは？

平安神宮に生き延びるタナゴ

隅々まで白砂が敷き詰められた境内は、朱色の円柱が立ち並ぶ神門と本殿に囲まれ、修学旅行生や外国人旅行者が行き交う。ここ平安神宮の整然とした建築群をぐるりと取り囲む形で「神苑」と呼ばれる池泉回遊式庭園が広がっている。その大きさは約1万坪ほどもあり、明治を代表する造園家・小川治兵衛（植治）によって造営された。

神苑への入口をくぐり、少しくぼんだ地形を下ると、瀬がある。苔むした岩岸と白い砂の底のあいだを澄んだ水がさらさらと流れていく。水の中を素早く動く魚影がある。タナゴだ。ここ神苑には、絶滅危惧種に指定されているイチモンジタナゴが生息している。神苑の池や瀬には疎水から水が引かれている。この疎水は平安神宮建造と同じく明治20年代に琵琶湖から引かれたものだ。疎水の流れに乗って、琵琶湖の魚や生き物たちもたくさんここに流れ着いた。その後、琵琶湖の水質が悪化するに伴い、イチモンジタナゴなどの多くのタナゴ類は琵琶湖では姿を消し、絶滅危惧種となった。ところがどっこい、ここ平安神宮で生き延びていたというわけだ。

神官さんの話によると疎水から流入するアオコを防ぐために数十年前に防護ネットを取水口に張った。ちょうどその頃、琵琶湖ではブルーギルなどの侵略性外来種が猛威を振るい出したが、ネットによって侵入が拒まれ、被食者であるタナゴたちは数多くある京都の庭泉の中で、唯一生き延びることができたということだ。まさに神の計らいと言うほかない。イチモンジタナゴが生息するためには、卵を産み付けるためのドブガイ、さらにドブガイの幼生が寄生して育つためのヨシノボリという小魚など、様々な生き物がセットで生きている必要がある。ここは、かつての琵琶湖の生態系のレフュージ（避難場所）なのである。

瀬の流れに沿って進むと、樹林に囲まれた密やかな池に出る。自然石によって入り組んだ岸、こんもりと松が茂る島、浅瀬に植えられた花菖蒲や、深みに浮かぶ睡蓮などが目に入る。実は、様々な生き物が生き続けることができた理由は、日本庭園のこの形状の複雑さにある。凸凹の石の護岸、浅瀬、深み、流れの速い瀬、よどむ池など、様々な形状が生み出すそれぞれのニッチな環境に、生き

京都御所より移植された神苑栖鳳池の橋殿。

複雑な形状を持つ日本庭園としての神苑。

物が棲み分け生きている。

日本庭園のデザイン思想として、部分と全体が相似関係にあるという「フラクタル性」が挙げられる。ランドスケープを専門にする森本幸裕京大教授によると、ふつう等高線の形状には10メートルのオーダーでフラクタル性が見られるという。一方、日本庭園では、10センチほどのオーダーでフラクタル形態が出現する。それは伝統的な言葉で言えば「縮景」ということであり、多様な生き物のハビタットは自然を縮景する「わざ」によって支えられていたのだ。

生息環境を提供する土木遺産

平安神宮が位置する岡崎公園には美術館や動物園が並び、その前をレンガ護岸の岡崎疏水が流れる。それは岡崎公園の東端で広がりのある水場に変わる。南禅寺船留との地名を持つこの場所に、36メートルの高低差がある蹴上《けあげ》から疏水が流れ落ちてくるのだが、かつてはここからインクラインと呼ばれる傾斜軌道で船を上げ下げしていた。今では夏草に覆われた軌道のみが残り、レールに沿って歩くとちょっとした映画の『スタンド・バイ・ミー』気分が味わえる。インクラインを上がると蹴上だ。右側に見えるレンガ造りの重厚な建物は発電所で、急峻な高低差を活かして日本で初めて水力発電事業が始まった。その結果、京都に国内初の路面電車も走ることとなった。付近に「ねじりまんぽ」という不思議な地名がある。そこは疏水の下をくぐるトンネルで、レンガがスパイラル状に積まれており、その名前がついているのだが、もうひとつ興味深い点がある。京都の都市は南北東西、格子状に街区が形成されているのだが、山科盆地から京都盆地へ山間の狭窄路を抜ける三条通りは京都のグリッドに斜め4時方の向からの突き刺さる。ねじりまんぽは自然地形に沿った道が、格子に均されるポイントであり、琵琶湖疏水もこの方角から京都盆地に進入する。京都という条坊都市への上水・道路インフラの「ねじれ」進入路と解すると面白い。

ねじりまんぽを越え丘を上がると琵琶湖からやってきた疏水のトンネルが口を開けている。明治20年代という時代に、難工事を経て日本人の手だけで大土木工事が完遂された。南禅寺方面へ向かう第二のトンネルに勢いよく水が流れていく。よく見ると暗闇の中に魚がのみ込まれていく様が見えた。

日が暮れようとしている。我々は「哲学の道」の南端・若王子付近にいる。東山の山麓に沿って、疏水と遊歩道のシルエットが続いている。どこからともなく集まった猫が集会を始める。疏水の奥の森の闇から待っていたものが現れた。ホタル。予想より明るいLEDのような光がすっと幾筋か流れる。ここには野生のゲンジボタルが生息する。疏水という人工物を通したお陰で、浅瀬のある流れと茂みという生息環境が出現した。このあたりの東山は野生生物が多く、クマも見かけられる。

ホタルが強く光るのはオスがメスを呼び寄せるため。数匹が集まって光がシンクロし、しばらく一定の点滅を続ける。生命の鼓動が顕在しているかのようだ。すぐに彼らは散開し、再び一匹一匹の単独行動に戻っていく。夜9時を過ぎた辺りでぱったり光が見られなくなった。我々も街に戻り、岡崎疏水から流れる白川沿いにある祇園の小料理屋に入る。店の人が話すには、1週間前までは白川に沿ってホタルが乱舞していたそうだ。京都という都市は野生生物をかなり街の奥まで引き入れることに成功している。それが近代化に貢献した土木構造物を結果的にうまく転用しているところが興味深い。やはり縮景という伝統が無意識のうちに都市の中に息づいているのだろうか。

山に向かう庭と市中を向く庭

翌日、南禅寺へ向かう。南禅寺の境内には疏水水面高さを保ち、かつ

東山の樹林へとつながる南禅院の庭園。

歴史的景観に配慮して建造された赤レンガの水道橋が横切りダイナミックな景観を生み出している。水道橋アーチの奥に南禅院がある。この院の庭園は正応4年（1291年）に禅僧で作庭家の夢窓疎石によって造営された。寺院の目の前に広がる池、奥のイロハモミジやシイなどの木立が、自然と背後の東山の樹林につな

南禅寺水道橋。

がっていく。モリアオガエルの卵がとろけて池に落ちそうだ。夢窓疎石は「奇石珍木を求める人は、山水のやさしさを愛せず、単に俗塵を愛する人である。山河大地草木瓦石、これらをみな自己の本分と信ずる人が山水を愛する人である」と述べた。借景とはそのような思想の元で、囲われたテリトリーを自然全体へと放

モリアオガエルの卵。

つことを志向するデザインであることが分かる。

白川通りを北上し、都の東北の位置にある詩仙堂へ。文人で煎茶の開祖・石川丈山が59歳にして寛永18年（1641年）に隠居の山荘として開いた。この庭園の特徴は、庭が山へ向かわず、京都の市中に向かって大きく開かれていることだ。現在で

市中へ開けた詩仙堂の庭園。

白川。

は樹林が大きく育ってしまい視界が遮られているが、当時は詩仙の間に坐すと、サツキの刈り込み越しに市中を見下ろせたはずだ。カツンと鹿《しし》おどし（添水《そうず》）の音が静寂に時を刻む。山から引き込んだ園水を利用し、鹿の進入を防ぐ鹿おどしがここで初めて考案された。中世の世俗に背を向け山と対峙する文化から、自然を分節化し、山と都市のちょうどいい塩梅を探る近世の文化へと、東山への関わり方が変化していったように思えた。

庭園を巡る疏水のネットワーク

再び、哲学の道に戻る。鹿ヶ谷《ししがたに》付近から少し山に入った所に大豊神社があり、境内の中央には吹きさらしの舞台があり、ちょうど七夕の笹が祀られてあり、置かれた短冊を誰でも吊るすことができる。ここには湧水を使った手水《ちょうず》があり、まろやかな味がする。この東山山麓に湧き出た水は、琵琶湖からやってきた疏水と混じりながら里に下り、市中の庭園を潤す。平安神宮神苑を造営した小川治兵衛はこの一帯に多くの別荘の庭園を残している。碧雲荘、無鄰菴、洛翠荘など、それらは南禅寺界隈別荘群と呼ばれ、疏水の水を庭園の中に引き込み、また次の庭園へと向かう水のネットワークが巡らされている。若王子の疏水上の扇ダムから下る放水路は、庭園の生垣に囲まれた砂利道沿いに真っ直ぐに流れ落ちていく。石で組まれた水路の幅は1メートルほどで、水はとても気持ちよさそうだ。清冽な流れに足を浸してみる衝動に駆られ、靴を脱ぎ、

東山 MAP

裸足で水面に立った。急斜面をキラキラと駆け下りてくる水流の向こうに東山が見える。水の勢いによって足の感覚にスイッチが入った。水中の生き物の感覚で、琵琶湖と東山からやってくる水の肌触りを感じてみる。自然と笑みがこぼれる。人口約

140万人を擁し、都心から20分という距離にありながら、このような野生の喜びを与えてくれる京都という都市。流れの中で、先人たちが培ってきた自然と都市を調和させる配慮の積み重ねが染み入り、深い感謝の意を捧げた。

京都で出会った生き物図鑑

1

2

3

4

5

6

7

8

9

10

11

12

13

14

15

16

17

18

19

20

21

22

23

24

25

26

27

28

29

30

1.ヒメワラビ／2.ワラビ／3.ヤブマオ／4.ヤブカンゾウ／5.ムラサキカタバミ
6.ムクゲ／7.ヘビトンボ／8.フサフジウツギ／9.ヒメジョオン／10.ハンゲショウ
11.ハグロトンボ／12.ネジバナ／13.ナガコガネグモ／14ツワブキ／15.ゼンマイ
16.ススキ／17.スギゴケ／18.スイレン／19.コシダ／20.コクチナシ
21.コガマ／22.コイ／23.クズ／24.カワニナ／25.クサイ
26.オオバギボウシ／27コケ／28.モチイネ／29.オカメザサ／30.クチベニマイマイ

夙川では公園と一体化した川沿いの遊歩道をずっと歩くことができる。

海と山のあいだのモダン都市

夙川《しゅくがわ》・芦屋

兵庫

阪神間は海から山まで4キロほどの中に驚くほど多様な文化が存在する。モダンな高級住宅地と一体化したランドスケープを歩く。

夙川をさかのぼる

艶めくあずき色の車体、ふさふさな苔色の座席に木目調の内装。京都の和菓子を思い起こすクラシックな配色。梅田から阪急電車に乗り込むと、ふるさとに帰ってきた安堵感に包まれた。

大阪出身の私は、毎日この電車に乗って大学に通学していた。淀川を渡った阪急神戸線は、十三《じゅうそう》駅から大きく弧を描きながら西へと進み、武庫川《むこがわ》を越えると、前方に山が迫る。ここから先は海と山に囲まれた細長い都市が続く阪神間だ。阪急電車が夙川駅に停車し、ホームに降りた。駅の一部は川の上に架けられていて、緑あふれる夙川の流れをホームから眺めることができる。夙川は六甲山から大阪湾までわずか6キロの距離を下る二級河川であるが、大正期から育まれたモダンな住宅街の水辺緑地空間として、ブティックやスイーツショップが立ち並ぶ街と一体化したお洒落な空気感を漂わせている。さっそく歩いてみよう。

夙川は白い川だ。川底に白い砂が堆積し、水はその上を撫でるようにさらさらと流れていく。白い砂は上流の六甲山系の地質である花崗岩が風化により砕かれ、運ばれてきたものだ。川幅は5メートルほどでそれほど広くはない。水面すれすれに細い歩道が付けられていて、川沿いを歩くことができる。御影石の護岸の上から、桜と松が水面に涼しげな影を落としている。川幅に比べてかなり広がりがある土手（高水敷）には、立派な松が立ち並び、所々にベンチや遊具がある。子どもを遊ばせる母親、本を読むおじさん、犬を連れた若い女性と、人びとは思い思いの時を過ごしている。川沿いの一帯は緑地公園となっていて、上流から下流まで連続したグリーンベルトが街を縦断している。

公園と河川が一体化した緑豊かな夙川だが、最初からそうであったわけではなかった。夙川周辺はもともと松林が広がっていたが、1920年代に住宅の開発圧力が強まり、松も伐採され、かつての環境が失われつつあった。良質な住宅地の喪失に危機を覚えた住民たちは、自ら寄付金を出し行政に働きかけ、昭和7年（1932年）に公園整備事業が始まった。戦後、松の生い茂る河川敷に1000本の桜が植栽され、現在の夙川の原形が誕生した。事業費の1／4が沿川住民の受益者負担であったこと、上流から下流まで河川沿いの道路緑地として整備されたこと、また水害対策の事業目的も兼ね備えていたことは、先進的な取り組みである。

　夙川は、長さ約6キロで源流から河口まで高低差約500メートルを下るという日本でも有数の急勾配なのだが、勾配を少しでも解消するために段差を設けている。下流から上流を眺めるといくつもの小さな落差工が雛壇のように並んでおり、奥行きのある風景だ。どこまでこの川は続いているのだろうか？　高校生の時、夙川は散歩するお気に入りの場所だった。当時も今も、川の上流方向の突き当たりに、帽子のような山、甲山《かぶとやま》が見える。山の中腹まで、住宅がぽつぽつ建っており、上流の風景へ誘われるまま川沿いの緑地を遡っ

夙川の上流部は渓谷になっている。

てしまうのだった。
川を歩くと、瀬を渡る飛び石や、暗渠が接続する開口部、阪急電車のガーター橋などと出くわし、都市と河川がどうつながっているのかを見ることが非常に楽しい。しばらく進むと苦楽園という駅に着いた。この路線は、夙川駅から分岐するわずか3駅だけの短い阪急甲陽線で、大正13年（1924年）に開通した。当初は温泉地であった終点の甲陽園に行楽客を運ぶ路線であったが、次第に進学校である甲陽学院高校など学校も整備され、昭和に入ってから高級住宅地として定着することになる。阪急電鉄は小林一三によって創業された。マーケティング戦略に長けた小林は、終着駅に宝塚歌劇団など行楽地とセットになった住宅地を開発し、一方のターミナル駅に百貨店を建設し輸送客を増やした。鉄道会社が、都市開発をトータルに行う手法のモデルを生み出し、東急や西武など東京の私鉄にその方法は引き継がれている。夙川をはじめ、芦屋、神戸市・岡本など高級住宅地が並ぶ阪急沿線には、大正・昭和期に、阪神間モダニズムと言われるモダンカルチャーが花開き、谷崎潤一郎の文学作品などもその空気感の中で生まれている。

夙川公園に咲くクチナシ。

苦楽園のガーター橋を抜けると、河川敷は急に広がり草地が現れる。このあたりは山から下りてきた急流が平地に出るポイントで、昔から水害も多い場所だ。広い河川敷は、増水時に山間部から土石流が下ってきたとき、受け止めるためのバッファーゾーンとしての空間でもある。急勾配の道を上ると、もうあたりの風景はすっかり渓谷の中に取り込まれている。カワセミの青い姿が水面を横切る。渓谷を上った甲陽園の住宅街には、どの敷地からも海を望むことができ、眺望は素晴らしい。おばあさんが杖をついて上ってきたが、車がない生活はつらいかもしれない。甲陽線に乗り、夙川源流域から下流へ向かうことにする。

酒蔵・白鹿の杜氏・小川義明さん。

三宮から見た阪神間の夜。

山から海への贈りもの

阪急夙川駅から南の海方面へと歩く。JRを越えたあたりから、街は山の手から徐々に庶民的な雰囲気に変わり、阪神電鉄の沿線では阪神間の下町となる。歩いて数十分の距離だが、山から海にかけて沿線ごとに街のノリがまったく違うところが興味深い。灘区から西宮市にかけての海岸部には、「灘五郷」と呼ばれる酒蔵が集まったエリアがあり、「灘の生一本」で江戸時代から名を馳せている。上質の酒米（山田錦）、六甲山から生まれたミネラル豊かな水、そして、「丹波杜氏」といわれる熟練した職人集団の技が特徴だ。日本酒メーカー『白鹿』の杜氏・小川義明さんにお話を伺った。

杜氏とはどのような存在なのだろうか？

「酒造りは集団作業なので、男たちのグループを統率し、様々な役割をうまく指示する棟梁のような存在です」（小川さん）

かつての丹波杜氏は夏は田で米をつくり、冬に酒造りを行う半農半Xのような存在であった。酒造りの基本といえる麹菌は、酒の味を決める酒蔵ごとの秘伝なのだが、昭和初期までは「ええのができたからお前も使えよ」と、杜氏間で共有していた時代があった。また、日本酒造りには、良質な水は欠かせない。灘五郷では「宮水」と呼ばれる、六甲山からの砂礫層を流れる伏流水を使っている。

「宮水は酒の発酵をうまく促進するリン酸、カリウムなどの成分が多く、品質を悪くする鉄分、マンガンなどが少ない水です。宮水はピンポイントな井戸場でしか湧きません。その場所は阪神高速の南側の一角にあります。夙川の下層から西宮神社の下を流れてくる『戎伏流』など3つの伏流水が合流し、絶妙なブレンドをなして宮水が出来上がっています。このあたりは縄文時代には海だったので、ちょうどよい塩梅の塩分が混じっていることも水にいい結果を与えています。地質が宮水には非常に重要なのです」（小川さん）

阪神高速は、この伏流水の水みちへの影響を減らすために、この部分だけ、橋桁の間隔を大きく取っているという。また、周辺の建設工事も西宮市は厳しい規制を設けており、「宮水」を守るため様々な努力が官民一体となって行われている。日本の年間日本酒生産の5分の1を生

あずき色の電車の阪神甲陽線。

ロックガーデンの花崗岩。

芦屋の山腹に構える住宅地。

産する灘五郷の宮水は、地質学的な偶然の産物である、海と山の合流地点の恵みによってもたらされているのだ。

夙川は、たびたび水害をもたらす暴れ川であった。川が供給した土砂は入り江を埋め立て、平地が出来上がり、鎌倉時代に、夙川は西宮神社の西側を流れるように付け替えられ、現在の河道となった。夙川の河口はどうなっているのだろうか。人工的な埋立地しかないかもしれないが、向かってみた。

河口付近は両岸をコンクリートで固められている。川が海に開く地点で、目の前に白い砂浜が広がった。穏やかな波が渚に押し寄せている。何も期待していなかっただけに驚いた。ダイサギやシギたちが干潟をつついている。砂地を這うハマヒルガオや、ハマユウが海風に揺れ、貴重な海浜植生が残っている。海の前方には、人工島・芦屋シーサイドタウンのモノリスのような高層マンション、阪神高速湾岸線のアーチ橋が立ち並び、近未来的な風景だ。

御前浜と呼ばれるこの浜には、かつて海水浴場があり非常に賑わったが、高度経済成長期に海の汚染が進み、1965年に海水浴場は幕を閉じた。白い砂は夙川の砂と同じものだ。非常に多くの砂が運ばれてきたことが分かる。山は刻々と崩壊し、砂浜の一部に生まれ変わっていた。

高級住宅地のロッククライマー

芦屋は、全国でも有数の高級住宅地だ。財閥や商社、メーカーの会長などそうそうたる顔ぶれが邸宅を構えている。阪急芦屋川駅から歩き始めると、駅の裏側はかなりの急勾配で、相当な山の中腹に住宅地があることが分かる。坂を上り、山に近づくほど、豪邸が増え、緑影も濃くなってくる。芦屋川の渓谷のような支流が、敷地を横切っている邸宅もある。庭師のこまめな手が入っているのだろう、どの家の庭樹も大変見事だ。この高級住宅地にはイノシシが出る。野生動物が生息する山麓とまちの境界付近に権力者たちが居を構えるあたり、京都の詩仙堂のロケーションのような、市中と距離を取る上流階級の伝統的居住観を感じる。

道はいつしか山の中に入り、住宅は消え、ウェットな森林の匂いに包まれる。芦屋の森の奥には日本のロッククライミングの発祥の地であ

芦屋ロックガーデンの風吹岩から大阪湾を見下ろす。

る「芦屋ロックガーデン」がある。入口には修験場であった滝と祠、茶屋などがあり、つげ義春的な異界感が漂う。滝を越えるとすぐ岩場が始まる。白色の大きな岩塊は、花崗岩で、まさに川の砂のふるさとと言っていい場所だ。花崗岩はもろく、簡単に剥がれぽろぽろになってしまう。岩場にチェーンが張られ、両手両足を広げボルダリングする地点が出現する。普段使っていない筋肉を鞭打ち、一足一足慎重に登っていく。汗がどっと出る。息を切らしながら、この苦痛をはね除けてまで、人が山に登る理由はなんだろう？　と考える。アルプスで生まれた近代登山は、ハーケン、アンカー、ザイルなどの装備で身を固め、山を征服するという志向がある。一方、日本において、近代以前の「登山」は修験道という山岳信仰の中にあった。修験道では、山を女性の体と見立て、山の胎内に入っていくという志向である。日本人にとって山とは、そうした聖なる場所であった。芦屋の山も修験場のひとつであった。修験者の気持ちで、この山の岩を抱きかかえてみよう。いつしか体の苦痛はやわらぎ、頂上である風吹岩の上に立っていた。先ほどいた夙川の浜をはじめ、大阪平野の向こうの生駒山まで見渡せる。風が平野から吹き上げてくる。実に心地よく平和な気持ちだった。

　下山ルートは登りとは一転し、爽やかな落葉樹の中をゆるゆると下る穏やかな道だった。森を抜けると、カエル岩という名の巨石に遭遇した。巨石は、分割した受精卵のような不思議な形をしている。さらに下ると、芦屋の街を見下ろせる平場が出現した。銘板があり、弥生時代の集落の最上部で、祭祀場跡だったと記されてある。とすると、先ほどのカエル岩も神官が特別な祭祀を行う場所だったのだろう。実は芦屋付近の山には巨石が多く、夙川の上流には巨石を祀った越木岩神社《こしきいわじんじゃ》も存在する。このあたりは阪神・淡路大震災を引き起こした六甲・淡路島断層帯に連なる芦屋断層の真上である。活発な地殻変動と激しい浸食は、ロックガーデンのような起伏に富む地形と、川と浜に大量の砂の堆積をもたらした。先史時代の司祭者たちが、どのように地質学を理解していたのかは分からない。ただ、この激しくも脆い風景に強い印象を受け、聖なる感覚を感じていたことは確かだろう。

　弥生時代の遺跡から芦屋の街を見下ろす。山から延びた樹林が高台の上に広がり、高級住宅地は緑の中に点在している。JRと阪神電鉄のあいだに水平に延びる崖線の緑地帯は、縄文海進時の海岸線だ。芦屋川、夙川の河川が緑地帯を伴って縦に走り、いい具合に都市をグリーンベルトで分割している。海から陸へ4キロほどの短い地帯に、非常にユニークな文化と繁栄が築かれたことに、大地からの祝福を感じた。

夙川・芦屋 MAP

東京の水瓶である多摩湖。

「緑の島」の地質学的時間とヒトの時間

狭山丘陵

東京・埼玉

東京都と埼玉県にまたがる狭山丘陵。周囲の市街地より数十メートル高くなった地形は樹林に覆われた「緑の島」となっている。古代より続く谷戸の集落と里山、都民の水瓶である多摩湖。丘陵での人の営みと地質学的な変遷の接点をたどる。

谷戸の里山

　青梅街道を西に向かっている。場所は東京都西部の多摩地域、武蔵村山市あたりだ。市街にはケヤキの庭木を持つ大きな農家が点在し、その奥に一筋の樹林のスカイラインが続いている。狭山丘陵である。この丘陵は南北4キロ、東西11キロに渡り、東京都と埼玉県の境に位置し、周囲の台地から40メートルほど標高が高く樹林に覆われている。航空写真で見ると、東京の市街地にぽっかり浮かぶ緑の島のようだ。

　かつて織物で栄えた街の趣が残る村山織物協同組合の古い洋館で車を停め、丘陵の谷戸へ向かう集落の道に入った。豆腐屋、神社の祠、カボチャが売られる農家の庭先。いつの間にか時間が止まった里の風景に入りこんだようだ。須賀神社の脇を抜け細い小路をさらに進むと、ヨシ原が広がり、奥に一軒の茅葺きの民家が煙を揺らせている。民家は移築した農家で、現在は都立野山北・六道山公園の拠点として使われている。この公園では、谷戸の水田を再生し、NPOと事業者から成る西武・狭山丘陵パートナーズが維持管理を行っている。レンジャーとして市民ボランティアと共に里山管理に関わるNPO birthの丹星河さんに谷戸の田んぼに案内いただいた。

　谷戸には、春が押し寄せている。柳は色づき、畦にはスミレが頭を垂れ、子供たちが走り回っている。谷戸の両脇には、水路として小川が流れており、水は水田に入る前に湿地で暖められて、ゆっくりと谷戸を巡るようになっている。丹さんが、湿地に佇む。なにか見つけたようだ。水面を掬ったその掌には産まれたばかりのオタマジャクシがたくさん泳いでいる。「ニホンアカガエルですね。この前まで水がなかったので、心配していたのですが、ここ数日の雨で水がたまって孵化したようです。よかった」と丹さんは微笑む。狭山丘陵の東京側の谷戸は、それほ

NPO birthの丹星河さん。

アカガエルのオタマジャクシ。

都立野山北・六道山公園の谷戸湿地。

ど大きくないため、雨水を集める集水域の広さにも限りがある。そのため、谷戸の最上流部の湧水付近に溜池を設け、田に水を張るのに備えている。溜池はボランティアで掘ったということだが、谷戸の先端部にはかつての溜池跡が必ずみつかるといい、この谷戸で古くから水田を営んできた人々の水への苦労が忍ばれる。「田に水を入れる季節になると、雨乞いをしたい気持ちになりますよ」と丹さんは話す。湿地を維持するのもボランティアの人たちが定期的に入り、ヨシを狩り、かき回すことで多様な環境が形成され、様々な生物が生息するようになるという。「放っておけばすぐヨシやヤナギがすごい勢いで増えてしまって大変なことになるので、野生の力はすごいなと思います」という。ワイルドネスに対して、人間が手なづけながらなんとか動的平衡を保ってきた場所。谷戸の水田とはそうした自然との格闘の中で、人間が恵みを得てきた環境である。囲われた空間の中で生命を育む谷戸は、狭山丘陵の子宮のような場所だと感じた。

地底を切り裂く神

狭山丘陵は西に行くほど標高が高くなり、そのエッジは上空から見ると、三角の矢尻のような姿をしている。矢尻の先端の場所に狭山神社がある。鳥居をくぐり、とても急な参道の階段を上り切ると社殿がある。御祭神にはイザナギ、イザナミの国産みの2神に加え、泉津事解之男《ヨモツコトサカノオ》が祀られている。死んで黄泉の地底の国に下ったイザナミの体が腐敗し、

狭山丘陵に咲くカタクリ。

エヶ入谷戸の夕景。

蛆が涌いてるのを見たイザナミは、互いに夫婦の縁を切るために唾を吐く。その唾を掃き払って産まれたのがヨモツコトサカノオだ。この神にはヨモツ（黄泉国）＝地底の国から、コトサク＝裂く、隔てるという意味がある。

　ヨモツコトサクノオ神がこの地にあることは、地形的に非常に興味深い。狭山丘陵は三つの地層から成り立っている。下から上総層群、芋窪礫層、関東ローム層だ。最も古層の上総層群は150万年ほど前に関東平野一面が海だった時代に、海底に堆積した地層で、丘陵の崖からは魚や貝の化石が見つかっている。その上に奥多摩から運ばれてきた礫から成る芋窪礫層。そしてごく最近（といっても6万年ほど前だが）に、火山灰が降り積もってできた関東ローム層である。現在の狭山丘陵は武蔵野台地の上にぽつんと孤立しているが、もともとは多摩丘陵などと一体の大きな丘陵地だった。

　広大な丘陵を削りとったのは多摩川の流れだ。かつての多摩川は現在の流路と異なり、青梅から北東の埼玉方面へ流れていた。多摩川の浸食作用によって、狭山丘陵北部は削り取られた。

　その後、多摩川は流路を南東に変えた。なぜ流れが変わったのか？　その謎を解くのが立川断層の存在だ。立川断層は埼玉県入間郡名栗村に発し、飯能、青梅、瑞穂、立川、府中へと、北西から南東へと斜めに延びる。この断層は北東側の地盤を跳ね上がらせる逆断層だ。断層が隆起したことよって古多摩川は北東への流路を遮られ、南東へと流れを変

龍の入不動尊の湧水。

狭山神社から福生方面を見下ろす。

えた。流路変更の後、今度は多摩川は狭山丘陵の南側斜面を削り取っていったが、隆起した立川断層が侵食を食い止めるガードとなり、現在の矢尻状の形に狭山丘陵は残ったのである。

狭山丘陵の先端にある狭山神社の直下には、立川断層が走っている。黄泉の地底から大地を裂くヨモツコトサカノオ。狭山神社に祀られている神の名は、狭山丘陵に起こった壮大な地質学的なドラマを記録しているかのようである。狭山神社の本殿の庇には雲の上を飛ぶ鳳凰のレリーフが彫られていた。高台の境内からは青梅、福生《ふっさ》の市街地が見下ろせ、その先には奥多摩の山並みが広がる。丘陵の先端からパラグライダーで飛び出せそうだ。古代の人も飛び立つような感覚を持ったのだろうか。戦前、ゼロ戦を開発した中島飛行機のテスト飛行場がすぐ下に建設され、現在では横田基地として毎日米軍機が飛び立つ風景が武蔵野台地に広がっている。

茶畑とトトロの森

八王子から日光に至る千人同心街道であった東京環状道路を北上し東に曲がると、丘陵の北面の埼玉県側に出る。伸びやかな茶畑がいたるところに広がっている。武蔵野台地では、風が吹くとロームの赤土が舞い耕作の障害となっており、江戸時代、これを防ぐために乾燥に強い潅木の茶樹が植えられた。「狭山茶」は江戸の消費を背景に特産品として成長した。現在では茶畑に宅地開発が押し寄せ、虫食い状に宅地や、資材置

今も茅葺きと土壁を残す民家。

阿豆佐味天神社。

き場などが混在している。そんな風景においても、農道沿いには落ち着いた佇まいの農家が点在する。大きなケヤキの樹をバックに、昭和の薫りが漂う洋館風の民家があった。このあたりの風景は『となりのトトロ』のモデルとなった地域でもある。その家は、メイとお父さんたちが過ごした家のような雰囲気を醸し出していた。

畑地を抜け、丘陵の林道に入る。道脇はフェンスで囲われ、ゴミ不法投棄禁止の看板が多数掲げられていた。樹林に粗大ゴミ、産廃ゴミを捨てる人たちが後を絶たなかったという。これは東京側では見られなかった風景だ。細やかに刻まれた谷戸ごとに集落が点在する東京側では里山との結びつきが高く、一方埼玉側には谷戸が少なく、粗放的な土地利用が行われてきたことがその理由のひとつかもしれない。埼玉県側では、丘陵の開発とゴミ投棄から雑木林を守るため、寄付金により土地を買い上げ樹林を保全するトラスト「トトロの森」が1991年に結成された。約1万5千人の方が寄付し、4億円の資金を集め、現在では17か所の樹林地が保全されている。だが、「トトロの森」はスポット的に保全を行っているもの、丘陵を面的にカバーするには限界もある。2022年の生産緑地法改正も踏まえ、丘陵地の畑地や樹林を守っていくための制度的なスキームも必要である。

東京都の水瓶と西武王国

丘陵の東端には多摩湖がある。こ

の多摩湖は隣接する狭山湖と並び、1920年代に東京都の水瓶として人工的に造られた湖だ。明治以降帝都として人口が急増した東京では、水源確保が急務となり、多摩の山野を踏査し、その貯水地点として狭山丘陵が選ばれた。ほぼ人力で土を突き固めて建設された工事は10年をかけて完成し、玉川上水と同じく多摩川の羽村取水堰から導水され、多摩湖から東村山浄水場と境浄水場に給水されている。

ピラミッドのようにがっしりと構える堰堤の上から、多摩湖を見渡した。鏡のような水面が奥まで延び、対岸の西武球場の白いドームは山脈のようだ。奥には奥多摩の山々が聳え、ずっと原野が続いているかのように見える。「女神がいるみたいですね」。フォトグラファーの渋谷さんがぽつりと言う。確かに人工的なのだが、ある種の聖地のような雰囲気がある。明治近代において、京都では、琵琶湖という自然湖から疎水を引いて水を導いたが、東京では湖そのものを人の手で築き水源を確保した。都心から絶妙な距離に多摩川が狭山丘陵を削り残してくれたからこそ、それを水瓶に活用できた幸運がある。湖の横には西武園ゆうえんちの観覧車がゆっくりと回っている。この一帯は西武王国として、昭和初期より観光施設が開発されており、それがまた風景に異化作用を与えている。もともと西武は奥多摩の石灰を都心の建設現場にセメントとして運びだすために創設された。奥多摩は地質学的にはジュラ紀（約1億3500万年〜2億年前）の付加帯である秩父帯が分布し、とてつもなく古い時代に降り積もった有孔虫、サンゴなどの生き物の殻によって石灰岩ができた。東京の都市は数億年前の生き物の死骸によって築かれ、百数十万年かけて形成された丘陵によって水を確保しているジオ・シティであることを、この西武王国の風景は思い起こさせる。

夕暮れの時間が近づいた。もう一度東京側の谷戸に戻った。訪れたエヶ入谷戸の横の丘に伊勢神社という小さな神社がある。暗くなりかけていたが、参道を上ってみた。丘陵から振り返ると、立川の市街が広がり、明かりが灯り始めている。その向こうには、かつて狭山丘陵と一体だった多摩丘陵の稜線が見える。百万年にわたる地質学的な時間の経過と百年の都市化のスピードが、同時に現前している不思議なタイムライン感覚。谷戸と市街地のあいだには屋敷林を持つ農家が点在する。丘陵はゆるやかに武蔵野台地の市街へと混じり合っていた。

狭山丘陵 MAP

狭山丘陵はもともとは多摩丘陵などと一体の広大な平面だった。多摩川はかつて青梅を頭とする扇状地を北東・埼玉県方向に流れており、丘陵を削り取っていった。2万年ほど前に青梅から府中へ斜めに走る立川断層が隆起し、流れが遮られ現在の南東に流れを変えた。この河川変遷のちょうど変化点にあった狭山丘陵は削られずに台地上に残った。

広重も「名所江戸百景」に描いた桜田濠を、半蔵門から眺める。

東京のグリーン・マトリックス

皇居

東京

東京の真ん中にあって、深い森と豊かな水を育む皇居。その自然は、きわめて生物多様性が高いことが最新の調査によって分かってきた。江戸の原地形からお濠の水の再生まで、都心のグリーン・マトリックスの行方を追う。

吹上御苑の森

桜田門を抜けて、ランナーの女の子たちが楽しげに駆けてくる。ひとりの女の子が、「あっ」と空を見上げた。白い鳥の羽がくるくると降り、彼女の目の前をふわりと舞った。とっさに彼女は手を広げ、羽をつかんだ。皇居の森からやってきた鳥は、大手町のビル街方向へ飛び去った。

彼女たちは早稲田大学の学生で、女子だけの「ワセラン」というランニングサークルの仲間で、今日は皇居にマラソン大会の練習に来た。皇居の周りを走るのは、「緑がたくさんあって空気がおいしく、地形のアップダウンと風景が切り替わるのが楽しい」という。「普段走っているところより、空が広いのがいい」とも教えてくれた。

皇居は都心にありながら自然が豊かだ。東京駅から約500メートルの距離にある桔梗濠ではヘイケボタルが自生していることも確認されている。昔から、守衛はホタルが舞うのを見ていたという。2013年にまとめられた国立科学博物館の「皇居の生物相調査（第Ⅱ期）」では、711種の植物、2737種の動物、合わせて3448種が確認された。そのうち899種は皇居初記録種で、45種の日本初記録種が含まれ、極めて多様な生物が生息していることが明らかになった。

興味深いところでは、菌類と藻類の共生体である地衣類が98種と、1996~2000年に行われた前回調査の倍に増えていた。地衣類は空気の綺麗さの環境指標にされる生物であり、東京都のディーゼル車排ガス規制などによって、都心の大気汚染がかなり改善されてきていることを示している。また、鳥類ではオオタカの繁殖が確認されたほか、コゲラやエナガなど、かつて都心から消えた鳥が、また戻ってきていることが分かってきた。

このような多様な生き物を支える土台となっているのが、皇居の森だ。皇居の森は江戸時代から森であったわけではない。吹上御苑付近は、江戸城築城後、大名屋敷が存在していたが、明暦3年（1657年）の明暦の大火により焼失した。その後、江戸城への延焼を防ぐ「火除け地」として、また庭園として維持されてきた。明治に入り、天皇が居住する地となってからは、ゴルフ場も整備されたが、昭和12年（1937年）に昭和天皇が、ゴルフ場を廃止し、武蔵野の自然を取り戻すことを希望された。それ以降、最低限の管理だけが行われ、吹上御苑は鬱蒼とした樹林に覆われるようになっていった。

吹上御苑が森へと還り、生物が多様に生息するようになったのは、最低限の管理方法を採用したことが大きい。すなわち、樹林は伸びるに任せ、落ち葉は集める場合があっても、系外に出さずに朽ちるままにしておく。このことによって、豊かな腐葉土が形成されるほか、昆虫や菌類など分解者の棲み処を創出している。関東の植生は、人がまったく手を入れないと、遷移によって、シイ、カシなどの照葉樹林に移行していく。だが、園路周辺など最低限の草刈りを行い続けることによって、自然の遷移では消失してしまう草地の環境が維持される。これらのことによっ

中雀門前の江戸城の石垣。

新濠水浄化施設で皇居の水を浄化循環している。

谷戸の自然地形を活かした千鳥ヶ淵。

て多様なハビタットと生物が保全される。いわば里山の管理手法が皇居で行われている。

今回の生物相調査では吹上御苑でフキアゲニリンソウという新種も見つかった。昭和天皇は植物や粘菌の生物学者でもあった。また、平成天皇はハゼを専門とする研究者で御苑のタヌキの調査にも参加されており、秋篠宮皇嗣殿下はナマズや家禽類の専門家であられるなど、皇族の方々の生物への関心は深い。その血は昆虫や生き物が大好きな悠仁親王にも受け継がれているようだ。天皇は祭祀を司る日本の最高神官でもある。祭祀とは生きとし生けるものへの感謝を捧げることが基本だ。自然界への感謝の想いが空間を満たす場所で、生物相が豊かになるのは自然なことのように思う。

日比谷入江の谷戸

皇居の前身である江戸城の原型は、中世の武将・太田道灌が康正2年（1456年）に築いた。江戸城本丸は山の手の台地の先端にあり、新橋から日比谷方面に切れ込んだ内湾の「日比谷入江」と接していた。入江の東側には、東京駅から有楽町にかけて「江戸前島」と呼ばれた、半島状の微高地が延びていた。

江戸前島には鎌倉に本山がある円覚寺の所領地があり、永世中立国的な立ち位置で、隅田川河口域における港湾機能を独占していた。流通都市・江戸の原点はこの江戸湊にある。

徳川家康が天正18年（1590年）に江戸入りしてから、日比谷入江に流入する平川（現在の神田川に相当）を東へ切り替え、前島を横切る現在の日本橋川を生み出した。同時に、台地から入江に落ちる小河川を堰き止め、千鳥ヶ淵、牛ヶ淵を築造し、飲料用水源を確保した。「淵」とは流下する河川を堰き止めた水面、赤坂溜池などの「池」は下流から上る潮汐を仕切った結果できた水面という、土木用語の使い分けが存在した。その後、江戸幕府を開いてからは、大名を土木工事に動員する「天下普請」によって、日比谷入江を埋め立てた。江戸城本丸、北の丸の築城、神田の山を切り開き、神田川放水路の建設などが着々と行われ、江戸の都市基盤がつくられた。これらの都市基盤は現在の東京の都市構造に引き継がれている。

九段下駅の武道館方面出口を出ると、目の前に牛ヶ淵が開ける。非常に急峻な崖を伴った深い濠で、武蔵

九段下の牛ヶ淵は最も多様な生物相を見せる。

東御苑「都道府県の木」、宮崎県の県木フェニックス。

東御苑のシロミノコムラサキ。

野台地の縁が海に突き出した原地形がよく分かる。水面には、ハスやヒシなどの水生植物が繁茂し鬱蒼としている。かつての日比谷入江の内奥はヨシが生える湿地帯のような雰囲気であり、当時の面影がしのばれる。牛ヶ淵は皇居の内濠の中で最も生物多様性が高く、ヘイケボタルや絶滅危惧種のベニイトトンボが生息している。ヘイケボタルは、石垣の隙間で生き延びた可能性があるということで、江戸城の文化財が生物生息環境を提供していたことが興味深い。

九段坂を上ると千鳥ヶ淵が見えてくる。靖国神社や英国大使館の桜で明治時代から行楽地となっていた千鳥ヶ淵だが、土手にソメイヨシノが植えられたのはそれほど昔のことではなく1960年前後であった。現在は過密化した桜を間引いて、元気な樹木を残し、自然樹形のままのびのびと育てる管理方針が取られている。千鳥ヶ淵の石垣には、天然記念物のヒカリゴケの生息が確認されている。

千鳥ヶ淵の形は三日月状の曲線を描いており、人工的な形態の他の内濠と比べて自然な形態なのは、もともとの谷戸地形を利用したからである。日比谷入江とつながっていた谷戸地形は千鳥ヶ淵で終わらず、内堀通りを越え、番町、麹町方面へと延びている。谷戸の頭にあたる日テレ麹町ビル、東京グリーンパレス付近に、地図上で池が表記されており、谷頭の湧水池であろうと思い、向かった。途中、一番町から三番町の境界に坂があり、「五味坂」という。五味坂は「ごみ」という名前から「芥坂」や「埃坂」の字を当てたり、

「はきだめ坂」と呼ばれていた。「ごみ坂」には、縄文時代に、日比谷入江の内奥の貝塚があったのでないだろうか。その連想は、半蔵門から国立劇場あたりの旧地名が麹町貝塚であったことからも間違っていないようだ。この付近の谷筋は、墓場にも使われていたようで、人骨に満ちているとの記載が江戸時代の書物にあるという。

五味坂を上り、枝状に分岐した谷戸の端々を歩いていることを感じながら、目的の敷地にたどり着く。ホテルの裏手の庭園があるはずの土地には、工事用のフェンスで目隠しされていた。フェンスの隙間から覗くと、更地になっていた。池の痕跡もまったくない。通りかかったホテル料理人に尋ねると、「池が夏まであったね。気持ちがいいところだったよ」と言う。日比谷入江の谷戸の内奥で湧いていた泉。縄文からの古代レイヤーを感じさせる湧水スポットが、またひとつ東京から失われた。

皇居のお濠の再生

半蔵門は、甲州街道の起点で、南北の分水嶺である尾根道の江戸城への突き当たりとなっている。半蔵門の両脇には、半蔵濠と桜田濠があり、日比谷濠の端にある環境省皇居外苑事務所の浄化施設から、浄化処理水がポンプアップされ、ここで放流されている。その後、お濠の水は1週間かけて日比谷濠へと流下し、循環している。

1965年までは、江戸時代に建設された玉川上水からの水が、千鳥ヶ淵に導水され、外苑濠は水量を保っていた。玉川上水の停止後、外苑濠への水供給は、雨水と下水道からの流入のみとなった。東京都内の多くの下水道は、「合流式下水道」という下水管と雨水管が一緒の形式となっている。晴天時には、流量が少ない管内の汚水は下水処理場だけに流れるが、雨が降り管内の流量が増えると、下水と混ざった汚れた水

丸の内ビル街のガーデン。

が、雨水吐きから河川に流れ込んでしまう。皇居のお濠もその例外でなく、水質は急激に悪化し、アオコの大量発生が見られる状況が続いた。

外苑濠を管理する環境省では、1995年から濠水浄化施設の運用を開始した。さらに、2010年から「皇居外苑濠管理方針及び水質改善計画」を策定し、様々な水質改善に向けた取り組みを行うようになった。また、東京都は合流式下水道の改善を進め、2015年には直接隅田川へ流下させる幹線を完成させ、下水から濠への越流を抑えるようになった。これらの対策によりアオコの発生は減少傾向にある。

和田倉濠をパレスホテルから眺める。

一方で、下水からの流入減による水量のさらなる低下、水生植物の繁茂による生態系や景観の変化など、新たな課題が生まれ、環境省では総合的な水環境の再生へ向けた計画を策定中である。かつて濠では多くの水生植物が生息していたが、昭和30年代にソウギョを導入し捕食させることにより、水生植物は消えた。現在では、アオコの減少に伴い、水生植物は復活しつつあるが、ホザキノフサモなど単一の植物が優占する傾向にある。これを様々な種が出現する環境へと変化させることが生態系上の目標である。そのために、井の頭公園で行われたような水を抜いて底泥を曝気《ばっき》するお濠の「かいぼり」も環境省では検討している。これは水質改善にも寄与する策である。また、良質な水量の確保という観点では、大手町の都市再開発によって2015年11月にオープンした三菱地所の大手町ホトリアという施設で、濠の水を貯留浄化して戻す官民連携の取り組みも出ている。

早稲田大学のランニングサークル「ワセラン」。

現在欧米では、「グリーン・インフラストラクチャー」という新しい考え方が普及しつつある。コンクリートのグレイのインフラに代わり、生態系の力を活かした持続可能なインフラを整備しようというコンセプトである。たとえばニューヨークやポートランドでは、合流式下水道を下水と雨水を分ける分流式に替える代わりに、雨水を家庭や道路で浸透貯留させ、ゆっくりと川に戻すような取り組みを行っている。なおかつ、グリーンルーフやレインガーデンを建築物や道路につくり、市民が楽しめるような公共空間を生み出している。

ヨーロッパでは生き物が移動できる「エココリドー」というグリーンベルトをネットワーク化し、生態系を豊かにすることによって環境変動や自然災害に備えようとしている。多機能で持続的、人間の感性にも楽しいことがポイントである。

皇居周辺でも、千鳥ヶ淵周辺の番町、麹町の谷戸地形を集水域として雨水を浸透貯留させることにより、濠への湧水を再生させ、水量を確保することが可能と考えられる。これはヒートアイランド現象の抑制や防災用水の確保にも貢献する。また、里山的な管理方法で、コストをかけずに都市公園を部分的に樹林に戻していくことを通して、都心の生態系のコアである皇居から、周辺地域に、生物多様性の高いエリアを広げていく戦略も考えられる。これらの施策は、住民やワーカー、ランナー、旅行者にとって心地よい公共空間を生み出すことにもつながる。自然地形と水系を活かして築城され、自然を敬い共生するという昭和天皇の価

皇居 MAP

値観を踏まえ都心の森となった皇居は、まさに日本版グリーン・インフラストラクチャーといえる。

2020年の東京オリンピックはもちろん、その後の東京の都市環境の再生に向けて、皇居を中心として自然と水を豊かにしていくことは、東京の都市遺産を次世代へつなぐ、夢のあるグリーン・プロジェクトになるはずだ。

6

ジオ・トリップ

プレートのぶつかり合い、海底からの隆起、
火山活動、山塊を砕く河川。
激しく躍動する日本列島は、
特異なランドスケープを生み出した。
ジオロジー（地学）の知見をガイドに巡礼する。

荒川の水流が結晶片岩の岩盤をくりぬいた「岩畳」がつづく長瀞。

地球の足跡を巡礼する

秩父

埼玉

3億年前からの地質が刻まれた盆地である秩父は、江戸の霊場でもあった。時空を超える旅の扉が開く。

ちちのき生い茂る秩父へ

緑深い山塊の中、単線の西武秩父線は渓谷を行く。山腹の民家は家も畑もすっぽり植物に覆われている。長い長いトンネルを越えると、夏の雲が山脈の上に広がった。青い山脈に囲まれた秩父盆地にローカル列車はゆるゆると入っていく。

　秩父と書いてちちぶ、と呼ぶ。不思議な音感だ。まろやかでありながら無骨、古代の野性味すらうっすら感じる。地名の由来には様々な説がある。アイヌ語でチチャプ（河流）とするもの、山の背をチップと呼んだというもの、当地に多い鍾乳洞で鍾乳石が滴る様子を乳《チチ》と言ったもの。興味深い説としてチチの木、すなわちイチョウが生い茂っていたから乳生《チチブ》と称するというものがある。

なぜイチョウのことをチチの木と言うかというと、イチョウの木に乳房のような気根ができるからだ。江戸の国学者・賀茂真淵は、「ちちのき」はイチョウの古語と言う。イチョウはとても古い植物で、初めて地上に現れたのは古生代末期の２億５０００年前で、中生代ジュラ紀の１億５０００年前に最盛期を迎え「生きる化石」と呼ばれている。この年代の地層は、西南日本列島では帯状に分布しており、最初に発見された秩父の名前をとって「秩父帯」という。秩父はナウマン象で有名なナウマン博士が明治11年（１８７８年）に訪れた、日本の地質学発祥の地でもある。市街には、イチョウ並木をはじめ、巨大なイチョウを至る所に見ることができる。「ちちのき」が生い茂る、太古の記憶がアーカイブされた秩父に時空を超える旅に出てみよう。

　いま、長瀞《ながとろ》という渓流の岸壁に立っている。巨大な白い岩盤を水流がくりぬいた深みに、ターコイズブルーの水が真夏の太陽を反射している。若い女の子たちを乗せたゴムボートが上流から流れてきて、歓声を上げた。目が合い、思わず手を振ると、にっこり手を振り返してくれる。川の背後には「岩畳」と呼ばれる白いテラス状の岩盤が広がり、松の樹皮を昆虫の視点で見たような、でこぼこの立体的な地形になっている。「結晶片岩」ということの岩石はもともとは1億年ほど前に太平洋海底に堆積された地層だが、どのような旅を経て目の前に現れているのだろうか？

岩之上堂の岩の下に滲み出る「乳水場」

想像してみよう。まな板の端にナスを強く擦り付けると、皮だけが剥けてしわしわになって残る。まな板が大陸プレート、ナスが太平洋プレートだ。シワは太平洋の地殻の残滓で、「付加体」と呼ぶ。太平洋プレートは、さらに大陸の下へと沈み込む。シワの一部も地下深くに引きずり込まれ、高圧な環境で、ばらばらな鉱物たちが均一方向に再結晶化したものが結晶片岩だ。この岩石が造山運動で盛り上がり、地上に現れたのが、長瀞のランドスケープだ。結晶片岩は一定方向に割れやすい性質を持つ。長瀞では荒川が南北方向に岩盤を割って流れ、草木たちも岩を縦に切って萌え出ている。大陸と太平洋が細長く向き合う日本列島には、帯状に同じ性質の結晶片岩が分布し、房総半島から関東山地、紀伊山地、四国山地、九州山地まで長さ約1000キロにわたる結晶片岩のラインが弧となっている。このラインを「三波川帯」と呼び、南を秩父帯と接し、北で列島の大断層である「中央構造線」と接している。西南日本列島は、太平洋から次々とやってきたプレートの残滓がスライス状に積み重なって生まれたのである。

江戸のジオロジー 秩父札場巡り

眩しい太陽を避けて、荒川から山側に入り涼を求める。しばらく車を飛ばし水潜寺に着く。秩父盆地には34ヶ所の聖地を結んだ「秩父札所」という霊場がある。一巡約100キロほどの範囲の中にそれぞれの聖地ごとの観音院があり、徒歩で5日ほどで巡拝することができる。もともと地域に存在していた修験道の岩窟やささやかな庵の観世音が、僧や土地の人びととの力でまとめられたものである。江戸時代に入り、江戸の武家や町人、とくに社会的制約の多かった女性に流行が起こり、寛延3年（1750年）には1年におよそ7万の人々が訪れたという。水潜寺

一定方向に割れる結晶片岩の切れ目。

もそのひとつの三十四番札所だ。

沢を横目に、苔むした石垣が続く坂を上がる。ひんやりと涼風が火照った肌を撫でていく。その風はどうやらお堂の裏の岩壁からやってくるようだ。石仏が点在する岩場にはぽっかり穴が空いていた。冷風はその穴から吹いてくる。冷たい。天然のクーラーだ。石灰岩の穴の中には

龍石寺に残る急流の石が掘り下げたポットホール。

水がちょろちょろと流れ、からだひとつ分だけ身を置くことができる。「水潜りの岩屋」と呼ばれ、巡礼者たちは最後に訪れ、ここをくぐって再生の胎内帰りをし、長命の水をいただき、俗世に戻っていく場所であったという。穴の周りにはウェットな場所に生えるユキノシタがピンクの花を咲かせていた。

岩之上堂が建つ大覗岩の地盤。

秩父盆地の中央を流れる荒川は、陸地を削り取り、いくつかの雛壇状の地形である段丘を残している。市街地北部の段丘面の上に札所十九番の龍石寺がある。境内には三途の川で死者の脱衣を剥ぎ取る脱衣婆《だついばあ》を祀るお堂もあって、少しおどろおどろしい雰囲気だ。高台になっている敷地は、黒い大きな岩盤がもっこりと露出し、観音堂はその上に立っている。伝承では、この地でかつて大干魃があった時、弘法大師が祈祷したところ、盤石が2つに割れて、龍が昇天し、雲を呼び雨を降らせ人畜草木みな蘇ったという。傍らの岩には「ポットホール」という、川底のくぼみに石が入り込み、渦巻き流のため石が回転してできた鍋状の穴がある。荒川の激流がつくりだした地形の痕跡が、水にまつわる物語に昇華されたように思えた。

龍石寺から、荒川を秩父橋で対岸に渡った場所に、札所二十番・岩之上堂がある。このお寺は、荒川を望む「大覗岩《おおのぞきいわ》」という砂岩の絶壁の上に張りついている。お堂の下から河原に下りる崖の道があり、「乳水場《ちみずば》」という崖下に通じる。ここには次のような伝承がある。「貧しい子持ちの女が生活に困り乳母をやっていたが、自分の子に飲ませる乳が出ず、荒川に身投げしようとしたその時、『岩の下から垂れ落ちる水を飲めば、乳は豊富に出る』と声を聞き、その清水を飲むと、乳房が張り乳がほとばしり子どもは元気になった」。岩場の天井からまさに乳のように垂れた岩がいくつもあり、そこから水が滴っている。段丘礫層ハケ下の湧水ポイントだ。実にありがたい話ではないか。

江戸の人々は地形をメディアとして捉え物語化する構想力があった。秩父三十四礼所に関するガイドブックや図絵も多く出版され、メディアとランドスケープが一体となりながら、人びとは感性を持ってその場を体験し、巡礼した。各々の礼所には歌が設定されており、岩之上堂で

長瀞町上下郷に残される寛保2年（1742年）の大洪水の水位が示された岩盤の文字。

は「苔むしろ　敷きてもとまれ　岩の上　王のうてなも　朽ちはてる身を」と詠われている。「身分が高い人であれ、朽ち果てる身であれ、苔むしろを敷いて岩之上堂におりなさい。ここはすべての人を救う場なのですよ」と私は解釈する。礼所とは、あらゆる人びとに開かれた、愛と再生の一大ポップ・カルチャーではないだろうか。

石灰開発により掘削された武甲山。

聖地と産業のランドスケープ
武甲山

秩父市街のどこからも望める独立峰・武甲山がそびえている。不思議な形をしており、山頂はピラミッドのかたち、山稜は削られた歯のようにぎざぎざしている。武甲山は頂上付近の御嶽神社にヤマトタケルノミコトを祀り、古代からの霊山であると同時に、北側斜面には良質な石灰岩の大鉱床があり採掘が進められてきた。石灰を使った秩父のセメントの生産高は日本屈指で、何千人もの労働者の生活を支えてきた地域の主要産業であった。特に高度経済成長期から1970年代にかけてセメント需要が増加したことで、石灰の増産が図られ、1975年には山頂を切り取るベンチカット工法が導入された。この際、山頂にあった熊野権現社や縄文時代から続く祭祀遺跡が消滅したほか、御嶽神社は低い場所に移された。かつての写真を見るとふくよかなシルエットであった武甲山は、現在の険しい尖った山容となった。現在はセメントの生産は減少の一途を辿り、ピーク時期に比べて石灰採掘量も5分の1程度となっている。しかし、いまでも武甲山では毎日12時半に発破がかけられ、採掘が行われる。

地域の人びとにとって、武甲山は今でも結びつきが深い山であることは、秩父最大の祭りである「秩父夜祭」を見ても分かる。秩父神社で12月3日に行われるこの祭りは、笠鉾と屋台が曳き回される派手な祭りで

子どもの無事を願い岩之上堂に奉納された千疋猿。

ある。その本質は、春に、近隣の今宮神社にて行われる「田植祭」と併せてみることで明らかになる。田植祭は今宮神社の龍神池に、その水源である武甲山から龍神を迎えるという祭祀だ。一年のサイクルで見ると、盆地全体の聖山・武甲山に鎮まる秩父国魂の「大神」を、春の田植祭で「里宮」に迎え、やがて農事や

取材車の下には、炎天下の涼を求める猫が。

養蚕の収穫を終えた晩秋、この秩父夜祭でまた「お山」に鎮送するという毎年の送迎神事となっている。秩父の人びとは恵みをもたらす山神としての武甲山とつながりを保ってきた。それでは地域の人びとは武甲山が開発されることに反対であったかというと、ことはそう単純でもない。日本が経済発展を遂げるにあたり必

ポットホールを掘った丸石（埼玉県立自然の博物館）。

要な資源として、山を国に任せてきたこと、地域に大きな雇用と経済をもたらしてきたという事実がある。心中は複雑でありながら、開発を受け入れてきたというのが実情のようだ。山体が削り取られ、鋭い人工的な三角形をあらわにする武甲山の姿は、幾重ものガードを剥ぎ取られ、放射能をむき出しにした福島第一原

秩父 MAP

2km

発の姿と、人間の性《さが》の行き着くところを考えさせられるという点で、どこか被るように思えた。

夕刻、荒川の河原に下りてみた。紅色に水面もあたりの風景も染まる黄昏の時間。いつしか、太古の時代、ここに初めて足を踏み入れたアイヌの人たちの視点を幻視していた。川の水は透き通るように清く、流れは深い森林の奥からやってくる。そこにはクマなどの動物たちやまだ見知らぬ精霊たちの息吹が潜んでいる。遠景は神が彫刻を行ったような山脈に囲まれている。擂り鉢の底のこの地には水や食べ物などの様々な恵みが、まるで山々から垂れ下がってくるように与えられる。乳がほとばしるように。ちちぶという土地の響きは、今なおそんな原初のイメージを出現させるような音なのである。

波によって削られた岩礁には三崎層群が露出する。手前は関東大震災で隆起した海岸。

半島と海洋国家日本

三浦半島

神奈川

東京湾と太平洋の境界に突き出る三浦半島は、鎌倉時代から地政学上重要な位置にあった。深海で誕生した半島は現在も隆起し続けている。海洋と日本の関わりを知る。

横須賀と海軍オフィサー

東京に住んでいる方が海水浴に出かけるなら、湘南の中でも逗子、葉山あたりのこぢんまりとした海岸は、比較的混雑も少なく、悪くないチョイスだ。夏は行楽客で賑わう三浦半島だが、冬の風景を知る者は案外少ない。八百屋で見かける「三浦大根」のおかげで、冬にも農業が営まれる地であることが分かるぐらいだ。品川から京急線で南へ向かい、冬の三浦半島に足を延ばしてみた。

半島は、東京湾が太平洋に出る直前に、ちょうど栓を半分閉めるよう湾に突き出している。房総半島との距離は、浦賀水道などの狭い場所では10キロほどで、いわば、外海に対して、天然の堤となっている。言い換えれば、東京湾の内奥に至る船舶はみな、この狭い海峡を通過せざるを得ず、海上交通の要衝だ。ペリーが黒船艦隊を率いて日本にやってきた時も、江戸城まで来るという要求を幕府は巧みに退け、この半島にある浦賀を交渉の地とした。

半島の東側の付け根に横須賀はある。元々は陸続きだった吾妻島と岬に囲まれ、背後に山が迫るクローズドな入江だ。ここに、海上自衛隊自衛艦隊・横須賀地方隊基地、そして、アメリカ海軍第7艦隊横須賀海軍施設が置かれている。JR横須賀駅を降りてすぐの海岸沿いに延びるヴェルニー公園を歩くと、ちょうどイージス艦「きりしま」が停泊していた。細長い矢尻のようなシャープな艦首が、ゆるやかなラインを描き、引き締まったグレーの鋼鉄のボディに納まっている。まさにミニマルデザインの極致だ。ちなみに、護衛艦には気象、山岳、地方の名前、輸送艦には半島名、潜水艦には潮、水中動物の名称が付けられている。そんな国土の名前を冠した護衛艦や潜水艦たちが、入江の奥にじっと身を潜めている。ミッションが下ればいつでも動けるように。

横須賀の軍港としての歴史は幕末にさかのぼる。幕臣であった小栗上野介忠順《こうずけのすけただまさ》が、生糸の輸出を担保にフランスから建設資金を借り、ツーロン軍港をモデルとする艦船製造場を起こしたのが始まりだ。その後、大日本帝国海軍の根拠地のひとつとして横須賀鎮守府が置かれ、以降約１３０年間、軍港として現在に至る。軍港の歴史の遺産として、南側の新港に戦艦「三笠」が保存されている。「三笠」は日露戦争でバルチック艦隊を破った日本海海戦において、フラッグシップを務めた。「三笠」の艦上に上ることができる。頭蓋骨の中にいるような鋼鉄の戦闘指揮所には、細いスリットがくり貫かれ、海上を見渡せる。司令長官であった東郷平八郎はその屋根上の吹きさらしの場所から、戦闘中一歩も動かず指揮を執った。その足跡が白くマーキングされている。

突如、案内係のおじさんに声をかけられた。

「ここら辺の施設は、全部帝国海軍がつくったんですよ。米軍基地もそうです」。聞けば、彼は海上自衛隊のオフィサーだったという。

せっかくの機会なので、疑問に思っていたことを聞いてみた。これだけ、ミサイルや空軍が制空権を握っている現代で、海軍の意義というのはどこにあるのだろうか？

「それは海というのは国際法上、領海であっても、通行可能だからです。領土は上空侵犯すれば即迎撃されます。しかし、海というのは何かあったらどこでも行けるのです。だから上陸専用に海兵隊がいるのです。もうひとつの理由はシーレーン（海上交通路）を守るためです。日本は海上輸送によって国が成り立っています。これが止められると国が維持できません」。

なるほど、海はどこまでもつながっている。海洋国家である日本は、また海上交通に依存している。

「わたくしはそういう現実をみなさんにもっと考えていただきたいです」。そう述べて一礼し、彼は去っていった。

安房国と三浦半島

三浦半島のちょうど中央に大楠山がある。標高は241・3メートルながら、半島の最高峰となっている。一見、低いように感じる高さであるが、周囲に遮る山がなく眺望は素晴らしい。山頂には、イスラム教徒のモスクを連想する国交省のレーダー雨量観測所や、NTTの電波塔といった施設が並んでいる。かつての海軍の電探（レーダー）もここにあり、コンクリート基礎が残っている。展望台を上りきると、海に囲まれた三浦半島の360度の眺望が目の前に広がる。相模湾を挟み、伊豆半島の山並みを額縁にして、雪をまとった富士山が見える。東京から見る富士と比べると、かなり大きく存在感がある。南に目をやると、三浦半島

明治５年に建造された剣崎灯台。

油壺付近の諸磯からの夕景。

大楠山山頂の海軍の電探（レーダー）遺構。

戦艦「三笠」艦内に展示された「三笠」の模型。

の平べったい台地の先に、シャンパンゴールドに輝く太平洋。水平線にぽつり佇むのは伊豆大島だ。東側の房総半島はもう目と鼻の先で、はっきりと山肌が見える。浦賀水道はまことに狭い。北側には横浜、川崎の白い都市群。都庁やスカイツリーが見える日もあるという。まさに、リアルGoogle Earthを体感できるスポットだ。

　三浦半島の地質は約１６５０万年前から１２００万年前に海底で堆積した葉山層群の上に、約１２００万年前から３５０万年前の三浦層群、約40万年前から10万年前の相模層群の地層が乗り重なるようにできている。大楠山は東西方向に三浦層群が隆起した山地上にあり、この山脈の横須賀方面の縁《へり》に衣笠山がある。ここには、かつてこの地を支配した三浦一族の本拠地だった衣笠城がある。三浦氏は源頼朝が伊豆で挙兵した際に、共に立ち上がり戦った。頼朝は石橋山で敗れ、三浦大介も衣笠城で自刃した。しかし、三浦一族は生き残った水軍で、房総半島の南の安房の国へ頼朝を逃がした。安房には安西氏という水軍を持つ一族がおり、三浦氏とも姻戚関係にあった彼らは、頼朝を受け入れた。この時代、関東の兵の強さは天下に響きわたっており、特に武蔵と相模の兵は最強と言われた。この2つの国の兵力を動員するうえで、三浦半島は重要な位置にあり、司馬遼太郎の表現を借りると「房総半島と三浦半島は、いまも総武二カ国の梃子のような地勢的位置を占めている」。）（街道をゆく42三浦半島記）

房総と三浦。この2つの半島の深い結びつきを示す神社が、横須賀市に残っている。名を安房口神社という。ニュータウンとして宅地造成された丘を上ると、頂だけがぽっこりと深い樹林に覆われている。石段を上り社林に足を踏み入れると、海浜植生であるマテバシイが、頭上高く樹冠を広げている。曲がりくねった幾筋の幹に木漏れ日が差し込む。それは、海藻が揺れる海底から光り溢れる水面を見上げるようなイメージを想起させる。ここには建物はない。そのかわりに、そっと、大きな岩が置かれている。岩は、鰐の顔のように扁平な形をしている。岩の周りには握りこぶしぐらいの玉石がたくさんある。川の流れで磨かれた玉石は明らかにこのあたりの地質とは異なるものだ。その理由は、この神社の神様への信仰にあった。

安房口神社の社林は、揺らめく海藻のようだ。

その昔、安房国（房総半島南部）にある須崎明神に、竜宮から献上された2つの大きな石があり、そのひとつが天太玉命《あめのふとだまのみこと》の御霊代として、この場所に飛んできたのだという。

昔から地域では、出産前にご神体まわりの小石をひとつ持ち帰り安産のお守りとし、出産すると玉石を2つにして返し、お礼参りをしてきた。北条政子も懐妊の折、参拝したという。そのようにして、岩の周りに玉石がたくさん増えることとなった。

天太玉命は、神話では天照大御神の岩戸開きに登場する神だ。勾玉《まがたま》や鏡などを用意し、天照大御神を呼び戻す祭祀を行っている。後に宮廷の祭祀を分掌した忌部《いんべ》氏の祖神となっている。忌部氏の子孫は阿波（徳島）の国から船で出て、房総半島にやって来て、安房と名づけた。忌部氏は同じく祭祀に関わっていた中臣氏とのパワーゲームに敗れ、日本史上、マイナーな存在だが、神器を製造する技術能力、航海能力、開拓精神を備えたテクノクラート集団だったことが示唆される。安房口神社には、東方遠征の日本武尊や、源頼朝が戦勝祈願に訪れ、三浦一族の航海の神でもあった。この神社の石段からは横須賀の軍港が見下ろすことができ、その向こうに房総半島が迫っている。海のパワーを取り入れた天太玉命が座すこの地に、海洋国家日本を守る海軍の根拠地が発展したのは、何か、深い縁があるのだろうか。木漏れ日がゆらぐ安房口神社は、子宮の中にでも漂うような、やわらかな空気感に包まれており、立ち去りがたい場所であった。

太平洋深海底からの恵み

三浦半島を車で南下し、海に突き出た先っぽの岬、剣崎に向かっている。半島南部はゆるやかな台地が続き、青空の下キャベツや大根の畑が広がっている。まろやかな地形のフォルムに沿った畑では、家族総出でキャベツの収穫が行われていた。海沿いの家の庭先にはスイセンや赤いキダチアロエの花が咲いている。この日は1月末だというのに暖かく、ダウンコートを脱いでしまった。「昨日まで海風が寒かったんだけど、いい日にきたね」と犬と散歩するおじさんもざっくりとしたセーター一枚だ。

剣崎の岬に、灯台がある。明治5年（1872年）建造のがっしりとした近代的なデザインで、いまなお

マグロ遠洋漁業で栄えた三崎は新鮮な魚が魅力。

使われており、浦賀水道の目印となっている。灯台から岬の先へ、けもの道が続いている。切り立った崖をおそるおそる進んでみる。背丈を隠すほどのススキやササの草地をかき分けると、トベラやシャリンバイなど潮に強い肉厚の灌木が風にひしゃげている。視界が開け、海が現れた。波しぶきが飛んでくる。眼下

三浦海岸の砂浜で大根が潮に干されていた。

には大きな2つの岩礁が見える。露出した岩肌の表面に、ストライプの白い地層が幾層も積み重なっている。

崖下に下りると、一面に白い岩盤が広がり、海へと溶け合っていく。月面世界を歩いているかのような果てしない地質学的な時間を感じる。もともと三浦半島と房総半島は、太

いまも隆起し続ける三浦半島南端の海岸。

平洋プレート上に降り積もった堆積物が起源である。プレートが海溝に潜り込む際に、堆積物は剥離して、徐々に隆起した。そして約50万年前に海上に現れ2つの半島となった。続いてフィリピン海プレートと共に北上してきた伊豆半島が日本列島に衝突するという事件が起こる。そのエネルギーによって、三浦半島は時

計回りに回転して現在の位置となった。三浦半島南部の海岸は現在でも隆起し続けている。関東大震災の際には1・5メートルも隆起した。いま歩いているこの白い岩盤は関東大震災以前は海面下にあった。まだ100年にも満たない、きわめて若い国土の上に立っている。メガシティ東京の繁栄は、東京湾最奥部に孵化した江戸という街が発展してもたらされた。房総半島と三浦半島という2つの半島がなかったら、外洋に剥き出しになった場所に首都が置かれただろうか。浦賀水道を往来する船舶を眺めながら、太平洋深海底からもたらされた東京の地政学的な幸運を想った。

三浦半島 MAP

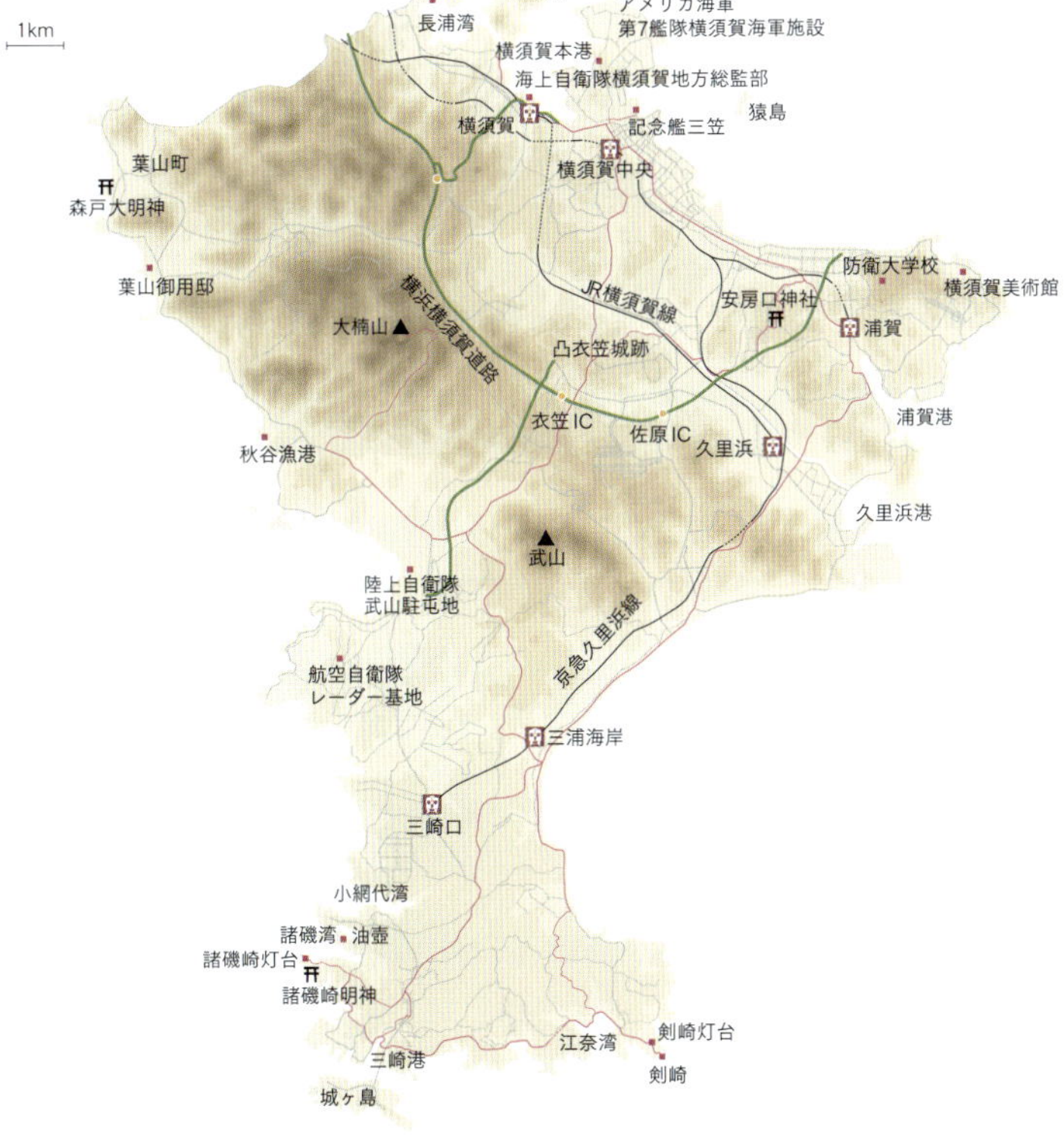

三原山から望む伊豆半島と富士山。下には土石流を受けた元町神達地区が広がる。

波間の椿

伊豆大島

東京

東京から高速船で2時間ほどの伊豆大島は、活火山と黒潮の影響下にある。ヤブツバキの原風景を求めて島を巡り、太平洋のダイナミズムを感じる。

黒い土の原野

波が押し寄せてくる。見渡す限り、波は幾層もの繰り返しとなって大海原を渡ってくる。調布空港を発って10分、三浦半島の葉山上空を通過したプロペラ機は相模湾を南へと飛んでいる。窓下に、規則正しい波形が海面を横切っていく様子は、海が織物として編まれていくようだ。やがて、フライパンを伏せたような黒い塊がきらめく青い海面の上に現れる。切り立った崖に、島全体が山といった趣。火山の島、伊豆大島だ。かろうじて存在する平野部分の飛行場へ、ゆっくり旋回しながら小さな飛行機は降りていく。

空港のゲートをくぐると、警視庁の腕章を巻いた男たちや、SPが我々にちらりと視線を向ける。このあと1時間後の特別機で、天皇皇后両陛下が大島へお越しになることになっているのだ。両陛下が来られるのは、2013年10月に起こった台風26号による土石流の犠牲者の慰霊と、被災者を見舞うためだ。我々もまず、被災現場である元町神達地区へと向かうことにした。天気予報ではずっと雨だったはずだが、この日だけは島が行幸を歓迎するかのように気持ちよく晴れた。2月末の大島空港の外にはオオシマザクラが見事に咲いていていた。

2013年10月16日の未明に接近した台風26号は、未曾有の豪雨をもたらした。伊豆大島元町で16日の23時から翌5時までの6時間で雨量549・5ミリという日本歴代1位の記録となった。今回、土石流が発生した地区は、実は、14世紀の噴火で流れ出た溶岩流の上にある。固まった溶岩の上に、その後の噴火で降り積もった火山灰や軽石が、厚さ数メートルほど覆っている。短期間の大量の雨の集中によって、表層の火山灰層が水を含んで飽和状態となり、摩擦力を失い、溶岩の上を一気に滑り下りたというのが、土石流のメカニズムだ。

元町神達地区を歩いてみると、大量の黒い砂がかつて家が立っていた空間を覆っている。家屋の残骸はだいぶ片付けられたようだが、押しつぶされた車や電信柱がそのまま放置されてある。目立つのは樹木の残骸だ。かなり大きな樹木も根株ごと流されたものが見かけられる。石はあまり見られず、ほとんどは土砂と樹木だ。山の表土が樹木とともにそのままめくれて、流れ下ったのだ。

黒い土の原野の一角に、家の基礎の一部を花壇にして、たくさんの花が植えられていた。ずっと住んでいた土地が、一夜にして「被災地」となってしまっても、やはり、住み家があった人にとっては、そう簡単に離れられるものではない。土砂の原野にかろうじて残った基礎に、花を植え、水を遣りに来ることで、維持し続けている「かかわり」があるのだった。花の向こうには海のきらめきが広がっている。しばらく手を合わせ、そっとその場を立ち去った。

椿の原風景

島では最大の観光事業である椿祭りが行われているが、例年の3割ほどしか客が来ないという。伊豆大島は私にとってお気に入りの島だ。災

畑を囲んで植えられる椿に、農家ごとの個性を発見できるのが楽しい。

噴火で生まれた波浮港にて。

三原山の1986年噴火の溶岩。

害から立ち直ろうとしているこんな時期だからこそ、伊豆大島の椿を見たいと思った。できれば島にもともとあった椿の原生林を見てみたい、そう思って訪れた。

早速、商店のおばさんに島で椿の見どころはどこか聞いてみる。「椿の花はね、一気に咲かず、徐々に咲くもんなんだよ。そうだねえ、今は泉津がいいよ」と教えてくれた。島の東の泉津は、地名のとおり湧水がある海岸線で、水に不足しがちな伊豆大島では、昔から人が住み着いていた場所だ。ここには名所の椿トンネルがあるのだが、まだちらほら咲いているという程度で、見頃という感じではなかった。近くの都立大島公園の椿園では、たくさんの椿の園芸種たちが色とりどりに咲き、目を楽しませてくれる。島がたくさん鳴いている。椿は島にとって冬、蜜を与えてくれる貴重な樹木で、椿にとっても花粉を媒介してくれる島は大事だ。園芸種も悪くないのだが、もっと島らしい野性の椿の風景を見たいと思った。

やはり、もう少し山の中に入らないと駄目だろうか。火山の頂上である三原山を訪れるついでに、途中の山腹で椿林を探してみようと思った。外輪山に位置する大島温泉ホテルに車を停め、しばらく森の中を歩いた。スダジイやタブノキといった常緑広葉樹の深く濃い森だ。ときおりヤブツバキの赤い花を見かけるのだが、面的にツバキだけが生えている場所はなかなか見つからない。椿の原生林というイメージは、椿の島という言葉から生まれた勝手な妄想だったか。ふと、以前島を訪れた際、ダイバーのガイドさんから聞いた言葉を思い出した。差木地《さしきじ》という不思議な地名が島の南側にある。「ここは日当たりがよくて、苗木を挿木するだけで、木が生えるからサシキ地というんだよ」、そんな会話があった。南へ、差木地へ行ってみよう。

陽が傾き始めた差木地。海へ向かう路地に入ってみる。曲がり角を曲がると、土の路面の両脇にはヤブツバキの並木が続いていた。白いなめらかな女性的な木肌、すらっと背が高い幹はうねっている。青く光る葉に、紅色の花がたくさん咲いている。実に野性的な風景だ。犬を連れて歩いてきたおじいさんに、「椿、綺麗ですね」と声をかけてみる。

「この椿の実ね。拾うんだよ。油を搾ってくれる精油所に持って行くとね、1斗あたり1升の椿油と換えてくれるんだよ」とおじいさんは、ごつごつした浅黒い手で椿を撫でながら言う。1斗は約18リットルで、1升はその10分の1なので結構手戻りがある。いまでも拾うのか尋ねると、「うん。椿油は石鹸やいいシャンプーにもなるんでね」とごま塩のような頭を叩きながら笑った。

差木地の隣地区の間伏《まぶし》を歩く。間伏という地名は、山が海へと断崖となる峻険な地形の間に、伏せたようななだらかな扇状地がある、そんな土地を表している。間伏の集落は農村だ。火山灰の黒い砂の上に大根やネギが植えられている。黄色いフリージアやスイセンといった花卉《かき》を栽培している農家もある。畑には、必ず農地を取り囲むヤブツバキの列植がある。等高線に沿ってヤブツバキが植えられ、畑が区画されている

島でヤブツバキの種は椿油と交換される。

火山灰と土の積み重ねが美しい地層切断面。

のは、強風や火山灰から畑を守る防風林や、防潮林の役割を果たしているのだろう。刈り込んだり、一本木にしたり、株植えにしたりと、農家ごとに椿の風情が少しずつ違っている。あたかも飼い犬が主人に似るように、各農家に自家製ツバキがあるといった雰囲気だ。園芸種とはもともと、このような農家の生垣で発生したのかと思われるような、マイクロハビタットごとの個性があった。

かつて伊豆大島では「切替畑」という開拓が行われており、森を切り開き有用な椿だけを残して畑にして、数年耕して地力が落ちたら他所へ移動するというアグロフォレストリー（農的林業）が行われてきた。椿は油のほか、薪や良質な炭、木材として重宝され、人間が住むハビタットでは、椿の樹林が広がるようになっていった。探し求めていた伊豆大島の椿の原風景は、原生林にあるものではなかった。それは、人びとの生活圏のなかに出現する風景であったのだ。

太平洋のセンサー

日本の植生区分の中で、ヤブツバキは、南西日本の常緑広葉樹を代表する植物で、「ヤブツバキクラス域」という植生区分名が付けられている。その一方で、ヤブツバキは東北太平洋沿岸の海岸の高台でも見ることができる。岩手県の広田半島では、立派なタブノキがツバキと一緒に神社に生えていて、津波から社殿を守った例もあった。

南西日本を代表する植生であるヤブツバキが、なぜ東北沿岸にも存在

溶岩が海に浸食を受ける。

ウミガメが産卵にくる砂の浜。

しているのか。その理由は海流の影響だ。暖流である対馬海流は、日本海を北上した後、津軽海峡を回りこみ東北沿岸を南下しているのだ。そのおかげで、緯度の高い東北沿岸にもヤブツバキは生息することができた。

対馬海流の本流である黒潮は、列島の太平洋沖合を北上し、マグロやイワシなどの回遊魚が一緒にやってくる。黒潮は、伊豆諸島では、南の沖合を流れる。三宅島、御蔵島あたりがちょうど通り道となる。黒潮は分岐して、いくつかは伊豆大島を南西からすり抜け、さらに相模湾を進んでいく。記事冒頭で、飛行機から見た波はこの黒潮の分流であった。

伊豆大島では、晴れていたと思うと、霧が出てきて雨が降り、また晴れ間が戻るといったように、天気が刻々と変わりやすい。特に、島の東部分では、気象が変わりやすい。島のすぐ沖に黒潮の混じり目があって、その状態で、シケたり天気に影響する、と島の漁師は言う。海流の影響と、勾配が急な火山地形との組み合わせが、島の微気象にダイナミズムを与えている。

島の南東部にある「波浮《はぶ》」は、過去の火山の水蒸気爆発の火口に海水が入りこんだ、丸い形の港だ。ここは江戸時代より、漁師が嵐やシケを風待ちする場所として、文字どおり波間に浮かぶ避難港だった。港の山腹には旅館が開かれ、海の男たちに芸を売る女たちも逗留するようになった。明治や大正には大いに賑わい、古写真では、狭い港が何十隻もの船で隙間もない状態もあったことが窺える。文学者や芸術家も東京からほど近いこの島を訪れることも多く、川端康成の『伊豆の踊子』もそんな中で生まれた作品だ。

海の男たちの中には黒潮の回遊魚を追って三陸まで北上する漁師もいただろうし、その中には、四国、九州、そして沖縄といった南国からやって来る漁師もいたであろう。さらには海には国境線がないのだから、かつては、もっと南の異国より暖流に乗ってやってきた人たちもいたに違いない。伊豆大島にはそのような海民の南方文化が濃厚に残っている気配がある。

東京から船で遠からず近くもない南に位置する伊豆大島は、そんな海の流動性を感じる場所だった。太平洋全体の流動性と言っていいかもしれない。火山噴火は太平洋を北上するプレートが大陸プレートと衝突し

伊豆大島 MAP

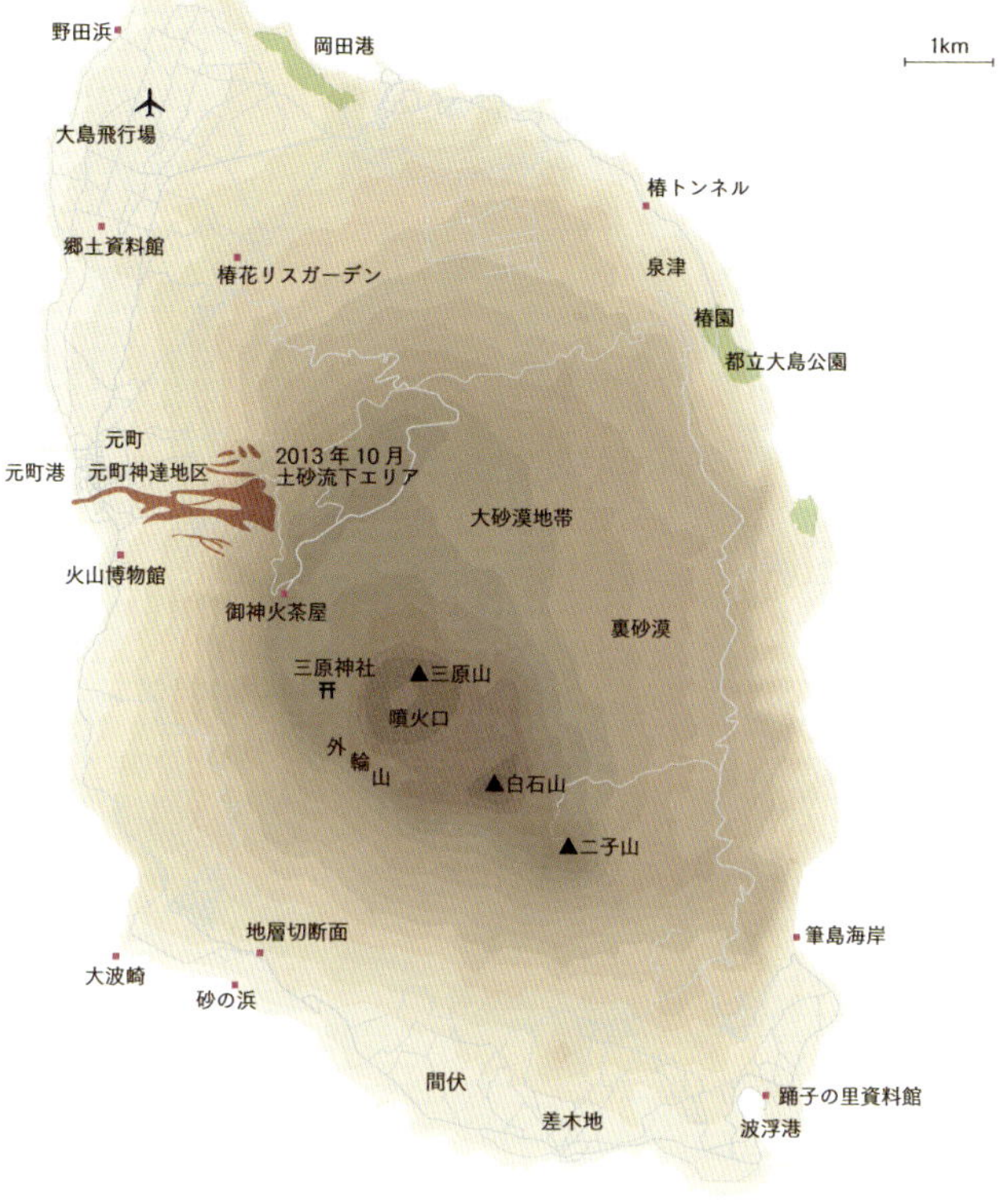

て起こる。また、太平洋戦争中は北上するB29を監視する首都防衛の防空前哨地があったし、さらには「ゴジラ」がまず上陸した国土は伊豆大島だった。いわば太平洋からやってくるモンスターとぶつかる場所だ。

かつて京都の朝廷にとっての無意識／ワイルドサイドが紀伊半島であったように、首都・東京にとっての無意識は太平洋に連なる伊豆諸島と言えるかもしれない。「日本書紀」に伊豆諸島が神々の島として登場以来、朝廷はこの島々を国家として祀り鎮魂してきた。そこは、時に火山や台風などで荒ぶる場所であるが、太平洋を駆けめぐる海流やプレートの地球規模のダイナミックな動きと直結した場所、太平洋を観測するセンサーであるのだ。

1.2キロほどの河川ながら、豊富な水量と生物多様性を誇る柿田川。

源流から海底へのグランドツアー

狩野川・駿河湾

静岡県沼津周辺

伊豆半島、富士山の豊富な水を集め駿河湾へ至る狩野川。源流の湧水保全の市民運動から、若手世代によるソーシャル・デザインまで。

青い清流の危機

驚くほど綺麗な水だ。青く透き通った水が砂地の上を流れてくる。水草の群落は、透明な流れの中で、底地に緑のドット模様をつくっている。水が青く見えるのは、非常に澄んだ水に溶け込んだわずかな微粒子が、波長の短い青い光だけを反射することによる。水は、この川から40キロほど離れた富士山から地下水としてやってくる。富士山が1万年前に生み出した三島溶岩流の空隙の中を水は流れてきて、一日100万トンもの水量が源流に湧き出している。静岡県沼津市と三島市のあいだの清水町に源を発する柿田川は、たった1200メートルほどの一級河川で、伊豆半島の天城山系から沼津へ流下する狩野川の支流のひとつである。これほど短い川ながらも、ミシマバイカモやヤマセミなど24種もの絶滅危惧種が確認されていて、水質の高さは多様な生きものの楽園をもたらしている。かつては徳川家康が終《つい》の住み処として、元和元年（1615年）に柿田川の水源近くに築城を指示したが、翌年の急死により取りやめになったというエピソードがある。富士山を仰ぐ清流には、戦乱をくぐり抜けた家康の余生を穏やかに受け止めてくれる風景があったことが窺える。

この湧水のサンクチュアリは山奥にあるのではなく、驚くべきことに町中を流れているのだが、それゆえたびたび喪失の危機に遭遇していた。1960年代には、一日に70万から90万トンもの湧水を組み上げる石油化学コンビナート計画が構想されたが、住民の反対運動が起こり、企業側は計画を断念した。その後、70年代の水道施設工事による環境破壊をきっかけとした反対運動は、全国的な柿田川湧水保護運動へと展開し、1985年には環境庁の「名水百選」に選定されることとなった。しかし、1987年に、不動産業者による水辺の巨木伐採が始まり、これに抗するため地域の環境団体「柿田川自然保護の会」は「柿田川みどりのトラスト」を設立して募金活動を始めた。全国の市民から寄付が集まり、2013年では累計1億4471万円に達している。この資金によって、2053平方メートルの土地が保護区として取得された。その一方で、町は流域の都市公園化を進めようとしていたが、保護の世論の高まりを受け、取得した土地に手を加えないことを発表し、官民あわせて9割の土地は保護地となった。2011年には国土交通省による「柿田川自然再生計画」の策定と文化庁による「天然記念物」が指定され、柿田川の保全はようやく確かな基盤を持つようになった。

1960年代からおよそ半世紀にわたって、柿田川湧水の危機を地元住民と全国のサポーターたちが守りぬいた結果、現在でも青く清冽な流れとハビタットが維持されている。多くの都市河川環境が人びとから忘却され劣化していった時代において、これほど強固な保全運動が続けられたのは、理屈を超えて守らないといけないと思わせる神秘性を、青い清流に多くの人びとが感じたからであろう。その神聖さは富士山と地下水脈でつながっていると私は思う。

一日100万トンの湧水量を誇る柿田川の源泉。

『Lot.n』店内の市内資源マップ。

沼津・川びらき ソーシャル・デザイン

狩野川は、柿田川の清流を迎えた後、沼津市内を大きな弧を描きながら流れる。狩野川の河口の地に位置する沼津は、江戸時代から近代にかけて、流域の産物である米や木材、石材の水運と、太平洋沿岸を巡る海運、さらに東海道がクロスする川・海・陸の交通ネットワーク拠点として大いに栄えた港湾都市であった。沼津の人びとには、新しいものを取り入れる商人の気風があるという。

いま、沼津市内では、狩野川を軸とした新しいまちづくりが始まっている。狩野川では、1991年から96年の河川改修によって、中心市街に隣接した階段護岸状のオープンスペースが生まれた。川に面した気持ちのよい空間であるが、1年に数回のイベント以外にあまり使用されることはなかった。このスペースを活性化し、狩野川をまちの魅力につなげていこうと、2013年より市、国、市民の合同で研究会が始まった。「風のテラス」という新たなネーミングが与えられた川辺のオープンスペースで、水辺のコンサートや、オープンカフェ、バーベキューなどが社会実験として行われた。市民からの好評を得て、地元の商店街、観光協会などと行政で「沼津かのがわ利用調整協議会」を結成し、実際にさまざまな狩野川のソーシャル・デザインが行われている。地元の「沼津あげつち商店街」では、地域の資源を発掘しながら、美味しいものやプロダクトを販売するローカルショップ『Lot.n』が2013年にオープンし、

『Lot.n』で『沼津ジャーナル』を発行する小松さん。

柿田川にはアオハダトンボなど貴重種が生息。

注目を集めている。『Lot.n』を訪れ、運営する小松浩二さんと平田百彩さんにお話をお聞きした。お二人とも30代半ば。地元の沼津、三島出身で、東京や海外での生活の後、Uターンで戻ってきた。

小松さんは「目指しているのは、駿河湾から富士山までの6000メートルの資源を探すことです」という。沼津は伊豆半島の付け根にあり、駿河トラフという深海から、伊豆、富士山まで大変魅力的な資源がたくさん詰まった場所にある。『Lot.n』は『lot of nature.（たくさんの自然）』に由来し、それらを発掘するセレクトショップであり、気軽に人が立ち寄るコミュニティサロンとなっている。小松さんは『沼津ジャーナル』という地域メディアをブログにて発信しているが、同時に、『Lot.

n』限定のフリーペーパーを発行しており、その内容は実際にお店に訪れ手に取ることでしか分からない。フリペ版『沼津ジャーナル』はＡ５判二つ折、地域の生産者やアーティストなど「人」に焦点を当てて発行されている。『沼津ジャーナル』と連動したイベントも開催されており、地域のさまざまな人が集う場となっている。「沼津は街から2キロ圏内に海、川、山がある、遊びには最高の場所です」と述べる平田さんは、狩野川でのカヤック体験や、バーベキューなどアウトドアを担当している。もともとのプロジェクトは、「風のテラス」でのアクティビティ運営が出発点であったが、ただ川に利用者が来るだけでなく、川とまちをつなぐ場が必要と平田さんは考えた。さっそく、狩野川に平行する目抜き通りにある「沼津あげつち商店街」の空き店舗に目をつけ『Lot.n』をオープンした。商店街の会合には毎回顔を出し、バーベキューの食材を商店街から仕入れ、商店街の長老たちから応援されるウィン・ウィンの関係を築いている。

２０１４年８月、「風のテラス」と「沼津あげつち商店街」を行き来しながら、地元の食材を使った料理や買い物と、ライブ演奏をゆったりと愉しむナイトマーケットが開かれた。大変盛況だったこのイベントに続き、10月にはローカルマーケットが予定されている。伊豆から富士山まで、地域の魅力的なモノ、多数の人々が集まる沼津の交易都市としての賑わいが、いま狩野川にまちを開くことによって、再び取り戻されようとしている。

引手力命《ひきてちからのみこと》のサウンドスケープ

天城山系の年間降雨量３０００ミリを超える豊富な雨量と、富士山からの伏流水が南北から合流する狩野川は、歴史的に洪水が宿命づけられた河川であった。特に１９５８年の狩野川台風では約８５０人もの死者が発生する大きな被害を与えた。この大水害の経験を機に、沼津市内の河口から18キロの上流地点に、狩野川放水路が建設された。山をくり貫いたトンネル3本を含む約3キロの放水路は、直接江の浦湾へ流下し、本流の４０００立方メートル／秒の洪水量の半分の２０００立方メートル／秒（25メートルプール6杯分）を分流し、豪雨時に下流まで一気に増水が押し寄せることを防ぐことが

中流域の狩野川と海を直接つなぐ放水路出口。

増水時に本流の半分の水が狩野川放水路を流れる。

できるようになった。国土交通省沼津河川国道事務所の許可を得て、特別にトンネルの中に入った。ビル3階分ほどの高さがある巨大なトンネルは、普段は闇と静けさに覆われているが、年に2度ほどの放水時に、濁流がここを通り抜けていくことを想像すると、自然の力の凄まじさをはっきり感じることができる。1965年の竣工からおよそ半世紀を経たコンクリート壁面からは所々地下水が滲み出ている個所があり、修繕しながら使用しているという。今後もこの巨大インフラを管理し続けることは、下流域に人間が住み続ける限り欠かせない。湧水を守る努力と、洪水から都市を守る努力。どちらも人間が続けた営みであることをトンネルの底で思った。

　放水路の出口である江の浦を発ち、うねうねと曲がりくねった伊豆半島の海岸線の道を南下する。車を運転するフォトグラファーの渋谷さんは、「日本じゃないところに来たみたいですね」という。そう、なんだかアマルフィなど地中海の観光地に来た気分だ。背後に山が迫った小さい港に、ヨットの白いマストがたくさん立ち並ぶ風景が、そう見せている。ヨットの沖合にマダイの養殖の生け簀が浮かび、その先に大きな富士山がうっすら横たわる駿河湾の海洋風景は、現代の銭湯画だ。

　伊豆半島の付け根の細首は西側へ肩を張り出しており、先端に大瀬崎がある。大瀬崎は1キロにわたり細長い砂嘴《さし》となって駿河湾に突き出しており、ビャクシンの原生林に覆われている。潮風にうねるビャクシンの樹形は龍のような荒々しい造形を見せ、１０００年の樹齢を超える古樹も存在している。この砂嘴全体が、引手力命を御祭神とする引手力命神社の聖地である。最も標高の高い小丘に本殿が建立されており、社殿は、ちょうどビャクシンの老樹の肌と同じような色合いのセピアブルーの瓦屋根と木板の風合いを持つ。参拝しているあいだ、外海の海岸の方角から、ごろごろ、ごろごろと、遠雷のような、地下鉄の軌道反響のような重く低い音が鳴り響いてくる。不思議に思い、海岸を見てみると、そこには数十センチほどの丸い礫石が無数に広がっていた。この石が波が押し寄せる度に海岸でぶつかり合い、海の中から石がぶつかる音が響いてくるのであった。海中からこだまする石のサウンドスケープに古代の人は引手力命という神様の名を付けた。神社の言い伝えによると、天武13年（６８４年）に発生した大地震で海底が突然隆起して「琵琶島」と呼ばれる島が出現したため、同時期の地震で多くの陸地が海没した土佐の国から神が陸地を引いてきた、と考えた人々が引手力命を祀ったとさ

引手力命のサウンドスケープを奏でる海岸の礫石。

ハマゴウと礫石。礫石の直径は数十センチほど。

樹齢1000年を超える大瀬崎のビャクシン巨樹。

れる。海岸の礫石は、伊豆半島沿岸の崖が波に浸食され、崩壊した岩石が、沿岸流によって運ばれてきたものだ。礫石の運搬作用によって、砂嘴は形成された。土佐とは根の国、すなわち海底の死の世界を連想させる。そのように考えると、引手力命という神話には、古代の人びとのジオロジーに関する認識が、直感的なメカニズムの理解を伴って、活き活きと表現されていることを感じ取ることができる。大瀬崎は、駿河トラフの深海へと連なる海洋と、伊豆半島が出会う場所である。富士山を源に発する柿田川湧水、伊豆半島を縦断する狩野川、そして駿河湾と、大いなる水の循環をひとつの風景として感じることができるグランドツアー。そのポータルスポット(玄関)は沼津にある。

静岡県沼津MAP

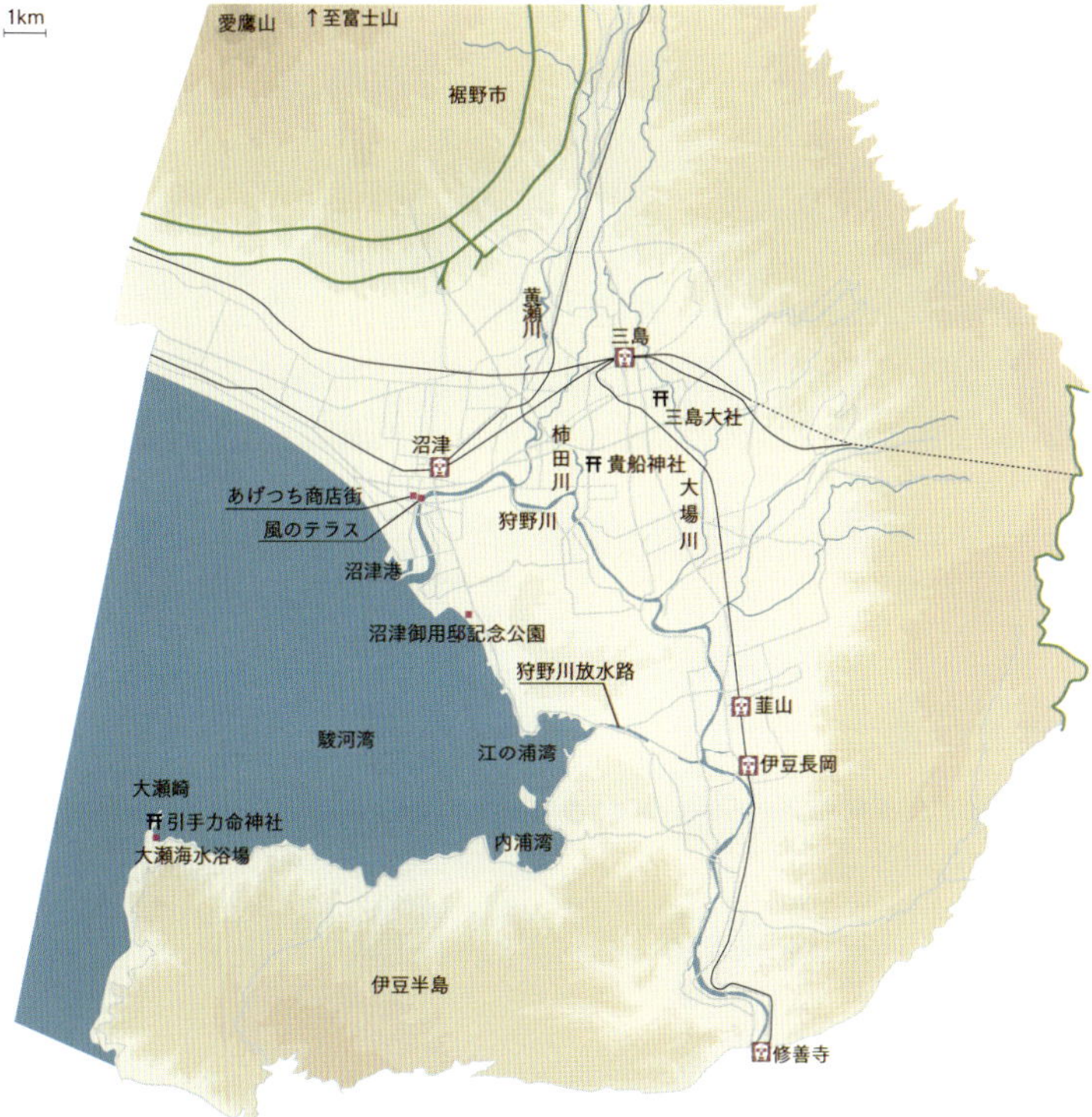

中央構造線が生んだ谷地形は秋葉街道として古代より利用されてきた。大鹿村付近の鹿塩川にて。

中央構造線を
行く

秋葉街道

長野

日本列島最大の断層・中央構造線が、南アルプスと伊那山地の間を通る。街道として使われてきた構造線の上で、人びとはどのような暮らしをしてきたか。

谷の集落の風景創造

杖突峠《つえつきとうげ》を越えた車は、ススキの銀穂が揺れる谷の道をまっすぐに駆け下りる。山裾には赤い屋根をした民家がいくつか張り付いて集落を成している。黄色く実った稲、白い花が吹いた蕎麦、紅白のコスモスがパッチワークのように植えられた田畑が、狭い谷底平野を埋めている。限られた面積の平野部分を目いっぱいに使い続けてきた人びとの精神が、風景に秩序と安らぎを与えている。

この谷は、諏訪湖から上った杖突峠から始まり、南アルプスと伊那山地のあいだをまっすぐに南下する。衛星写真で見ると、まるで太刀で大地を掠め取ったような切り口が静岡県の佐久間ダム付近まで続いている。切り口はその後、三河方面へ折れ曲がった後、渥美半島、紀伊半島の紀ノ川、四国の吉野川を通って、九州の八代まで延びる。1000キロを超える、日本で最も長い大断層―中央構造線―だ。信濃と遠州のあいだでは、深い山脈を切り裂く中央構造線に沿って、人びとが古来、行き来しており、江戸時代には火除けの神様・秋葉大権現を祀る秋葉神社に参拝する秋葉街道と呼ばれた。

高遠近くの谷の集落のひとつに住むカメラマンの高橋博正さんが案内役を申し出てくれた。彼はずっと東京で仕事をしていたが、子どもの出産を迎え、奥さんと故郷の伊那地方に戻ることを選んだ。「今朝、無事に生まれました。病院に行く前に案内しますよ」とわれわれの前で屈託なく笑う。「だけど、朝からフィッシングやっていました」。無類のフライフィッシング好きである彼にとって、この地の山川は獲物の宝庫であろう。

このあたりの民家は蔵が美しい。土で練った壁が豊かな風味を持つ躯体。少しばかり大きめの屋根をぶかぶかに被っているのは、ルーズでワイルドな印象。高橋さんのご実家にも例にもれず美しい蔵があった。スズメバチの巣が軒下にぶら下がっていたが、「ああ、人が変な動きをしない限り襲ってきませんよ」とおおらかだ。長らく使っていなかった別棟では、ご夫婦が住むためのリノベーションの最中だ。大工さんと思って挨拶をするとご尊父であった。親子で少しずつ工事を進めて好きなように部屋を造っている。床を外したら出てきた囲炉裏をリビングに取り入れるという。実に楽しそう

高橋さんの庭には鹿の角が。狩猟文化圏を感じる。

長藤郵便局旧局舎の地質学者・北原順一氏の書物。

なＤＩＹライフが、先祖代々の住宅ストックの上に成立している。江戸時代には地域の農家は石工としての技術を身に付けて、他国まで出稼ぎに行ったという高遠では、ひととおり身の回りのモノをなんでも器用につくってしまうようだ。

モノばかりでなく、彼らは風景をもつくってきたといえる。村の寺院の門に植えられたシダレ桜などは、春の農村の点景として、街道から恰好のアイストップとなっている。興味深いことに、高遠の民家では、家族の誰かが描いた自宅周辺の風景画が飾られていることがよくあった。その視点は俯瞰で、自宅や街道を描いている。いわば、外からの他者の視点を取り入れたアングルだ。高遠の街道の風景に美を求めてやって来る写真家や画家は多い。生活の風景へのまなざしに、街道を通る人びとからの「外の視点」を内在化した結果、自律的な風景へのセンスが醸成されたのであろう。ふるさとの風景を外部に開きながら、自ら風景を創造し、風景の中にある生活を楽しむ。谷の街道の人びとの風景創造の感性である。

街道が運んだ文化

面白いところがあるからと、高橋さんが連れて行ってくれたのは、街道沿いにある木造二階建ての長藤郵便局の旧局舎だ。明治34年（1901年）に開局した郵便局は、かつて大名が宿泊する本陣の問屋であった北原家の敷地に造られた。高遠藩、飯田藩の大名は参勤交代で江戸へ向かう折、この街道を北上し、杖突峠で

高遠では秋祭りの準備が行われていた。

中央構造線が露出する北川露頭。

なく金沢峠を越え、ショートカットして茅野の金沢宿へ出た。そこから甲州街道を通って江戸まで出たというわけだ。元禄4年（1692年）に摂津国富田（大阪府富田林市）の大名であった内藤駿河守清長が高遠藩に移封してから、江戸屋敷・内藤新宿が甲州街道の宿場町として整備されたのが、現在の新宿の始まりだ。長藤郵便局付近にあった本陣は、御堂垣外宿と呼ばれ栄えた。問屋は、大名の宿の提供のほかに、馬や人足の手配、幕府の書状の継ぎ立て、荷物の受け渡しなど、交通、運輸のハブとしての業務を一手に引き受けていた。

旧局舎のお隣にある北原家のご自宅にお邪魔した。さすがに立派な門構えと広い重厚な玄関である。当家の北原伝さんが話すには、北原家は学者一族で、数々の博士を輩出した。先代は島根大学に赴任した地質学者・北原順一名誉教授であったという。北原順一氏は島根県と広島県の県境に発達するクロム鉄鉱鉱床研究の権威であった。古代よりタタラ製鉄で知られてきた鉱脈である。旧局舎の中には、業務用カウンター、電話交換台があり、その内側に北原順一氏の蔵書がぎっしりと積み上げられていた。すべて地質学関係の書物で、その中に「中央構造線」という本もあった。中央構造線の谷に生まれ育った英才が、地質学者として大成したことは、感慨深い。

本陣である問屋は、在郷の身でありながら苗字・帯刀を許されていたという。大名や旗本といった高貴な身分をもてなし、街道の交通・運輸を司る中で、教養と情報が極度に蓄積されていったと思われる。明治になって、問屋は郵便局という近代の情報ハブとなり、さらに電話が普及してからは電話交換業務も引き受けていた。太平洋戦争中は、空襲警報の発令も電話で受けて、近所にあった半鐘を叩いて地域に知らせたという。旧局舎の局長であった北原伝さんは、「郵便局はいろいろな人びとが立ち寄る、とても賑やかな場所だった」と述べる。彼もまた街道の文化人であり、漢詩を詠まれる。

江戸時代に大流行した秋葉神社の参拝道以前に、秋葉街道は古代から街道であったことを、民俗学者の柳田國男が『東国古道記』の中で指摘している。柳田は、天龍川上流の諏訪に有形無形の優れた文化がまず展開して、それが海沿いの平野と手をつなごうとした時に、中流の山地に発達した道ではないかと述べている。それゆえに、遠山（遠州）という地名は、諏訪神社の神官から見て、遠い山ということでそう呼ばれたと推論している。諏訪の有形無形の文化とは、諏訪に伝わる古代からの信仰、あるいは旧石器時代から黒曜石の産出により縄文文化の中心地であったことである。信仰と黒曜石と引き換えに、海からは塩と魚が運ばれた。中央構造線は、古代から文化を運び、文化人を育んだ交通路であった。

崩壊地の歌舞伎座敷

高遠の街を出て、ゼロ磁場で有名な分杭峠《ぶんぐい》を過ぎ、北川露頭に至った。ここでは中央構造線の裂け目が地上に露出しているのを、実際に目の前にすることができる。鹿塩川が浸食した崖にその地形はあった。左側は赤茶色の土、右側は灰色の土と綺麗に分かれている。左側は、中央構造線の日本海側の内帯である「領家変成帯」の花崗岩、右側は、太平洋側の外帯である「三波川変成帯」の緑色片岩だ。このツートンカラーは、関東から九州まで1000キロにわたり地中で続いているのだ。一見、単なる石の色の違いにしか見えないこの崖には、日本列島誕生の驚くべき秘密が隠されている。

時は、1億8000万年前（ジュラ紀）にさかのぼる。ユーラシアプレートの東端に日本列島大陸側の、本州中部、中国地方、九州北部の上半分が生まれた。その後、1億3000万年前（白亜紀前半）に南方の揚子大陸の東端で日本列島太平洋側の下半分の北海道、東北、本州南部、紀伊半島、四国、九州南部が生まれ、イザナギプレートに乗って日本列島へ移動し始めた。つまり、日本列島は大きくふたつの異なる島に分かれて誕生したのである。7000万年前（白亜紀後半）になり、日本列島大陸側と、イザナギプレートに乗って南方からやって来た太平洋側が合わさって日本列島の原型が形づくられた。この大陸側と太平洋側の境界が中央構造線である。その後、2500万年前（第3紀中新世）に大陸と日本列島のあいだが割れ始め、海水が浸入して日本海が生まれ、日本列島は大陸からの分離を果たした。この間、中央構造線は活発に動いたり、不活発であったりを繰り返した。

このように見てみると中央構造線は日本列島の「古傷」ともいえ、もろくなっているラインである。現在では、紀伊半島から西の中央構造線は活断層となっており、時折地震を発生させている。紀伊半島以東の中央構造線は安定しているが、土器にヒビが入っているようなもので、大変もろく、そこを狙って南アルプスからの急流の谷川が洗い、深い谷が形成されている。この谷は周囲の山地と比べ標高が低いので人間の歩行に適しており、古代からの街道に供されてきた。人びとは列島の裂け目を移動し、集落を形成し、文化を伝播させてきた。

しかし、大地の裂け目は人間にとって都合のよい恵みだけでなく、凶暴な振る舞いとして現れることも当然あった。下伊那郡の大鹿村で半世紀前の梅雨前線集中豪雨時に、そ

土砂崩れを起こした大西山の崩壊地。

歌舞伎の桟敷がある大磧神社の境内。

南アルプスの赤石岳。3000メートル級の峰がそびえるこの山脈は現在でも年5ミリ隆起し続けている。

の災害は起こった。1961年6月27日、飯田市で6月の平年降水量230ミリをはるかに超える降水量325・3ミリを1日で記録した。同年6月29日、大鹿村の大西山が山体崩壊を起こした。崩落範囲は高さ450メートル、幅280メートルにわたり、大量の土砂が村を一瞬にして襲った。この崩落により田畑、分校、民家39戸が土砂に呑まれ、死者42名を出した。当時の記録によると音をたてずに巨大な壁が倒れてきたようであったという。地形的に赤石岳より流れ下る小渋川が伊那山地に当たって屈曲する地点にあたり、増水により下部が洗掘されつづけたことによって、大量の水を含んだ花崗岩地形が自重を支えきれなくなったことが原因である。現在では崩壊地形はそのまま保全されて、公園となり、鎮魂のため巨大な観音像が建立されている。

大西山の対岸、小渋川を渡った高台にある大磧《たいせき》神社では、300年前より農民歌舞伎が行われている。『大鹿村騒動記』という阪本順治監督の映画の舞台となり、村民約300人がエキストラ出演した。大磧神社の鳥居の後ろには御柱が大地から突き出しており、諏訪大社の影響を想像させる。境内には石で組まれた桟敷が舞台を取り囲み、一本の桜の大きな古木が、全体を包んでいる。老木の向こう側には、大西山の崩壊地が見えるが、桜の枝葉がやさしく観客の視線を遮っている。歌舞伎などの伝統芸能は農村から生まれ農村にまた戻った。地形が崩壊し続ける谷間《たにあい》の集落の中で、毎年維持されるものがある。伊那山地に落ちようとする落日の光が、境内を明るく染め抜いた。神々しい瞬間が、深い谷間の舞台を満たした。

秋葉街道 MAP

秋川渓谷から浅間尾根の入り口を望む。山頂には檜原城があった。

尾根に暮らす人たち

秋川渓谷・檜原村

東京

東京の西奥の秋川渓谷の源流に、甲州へつながる尾根に暮らす山人たちの歴史があった。

尾根のハイウェイ

山門をくぐると金色の世界が広がった。イチョウの巨樹が2本、全身からレモンライム色の葉を吹き出している。秋の日差しが薄い葉を透過して、絨毯のように敷かれた落葉を輝かせる。この世に色彩の喜びがあったことを改めて思い起こさせる瞬間だった。東京都の西奥、JR青梅線から分岐する五日市線の終着駅の武蔵五日市駅に来ている。いま立っているのは、1373年に建立された臨済宗建長寺派の寺院・広徳寺の境内だ。イチョウに劣らず、寺院の佇まいも素晴らしい。屋根の反りや窓枠など細かな建築のディテールが、禅宗の凛とした空気感を醸し出している。五日市には他にも大悲願寺など、格式の高い中世の古刹がいくつか存在する。五日市は渓谷として山から流下してきた秋川が平野部に至る出口にあたるポイントだ。関東に江戸幕府が開かれるずいぶん前の鎌倉時代、かなり辺鄙な場所であったはずのこの付近になぜ、このような豊かな文化が成立したのだろうか。

その背景には相当な富と文化の蓄積があったに違いない。同様の地形構造を持つ青梅市もそうであったように、山の産物と平野の産物を交換する中継地点として栄えたのではないか。そんなことを、ガイド役を務めてくれた地元のMTBライダー・ジンケンこと神野賢二さんに尋ねてみた。すると、「この秋川の上流に、山の尾根から続く道の出口があるんです。尾根道はずっと山奥まで続いていて京とつながっていたらしいです」と思いもよらぬことを言う。

京からの文化もここに流れ着いたのですかと聞くと、「そうですね。南北朝で敗れた南朝の従士が流れ落ちた伝承がある集落も檜原村にはありますよ」と教えてくれた。日本列島の中央山脈を通って京と関東平野をつないだ尾根の道。とても興味を抱いて上流の檜原村へ向かった。

檜原村の入り口といえる本宿、ここで秋川は南北2つに分かれる。川の分岐点のすぐ背後にはらくだのコブのようなシルエットをした山容が迫っているのが、尾根道のはじまりだ。山頂には中世に檜原城が築かれた。峻険なコブの形は、砦の形ではなくて、石灰岩を採掘するために鉱山業者により山が削られた結果である。戦国時代には、城は小田原の北条氏の甲斐武田に対する出城として機能し、狼煙台のネットワークも整備された。大菩薩峠からこの尾根を伝い武蔵に出るというのが、予想される武田の進軍ルートであった。しかし、実際には、武田信玄の娘である松姫が、武田家滅亡の際、尾根を通って落ち延びてきたというのが歴史の皮肉であった。尾根の名を浅間尾根《せんげんおね》という。富士山が見えるスポットが途中にいくつかあり、富士浅間神社が祀られているのが由来である。およそ標高900メートルほどのフラットな尾根道が甲州まで続いており、甲州中道と呼ばれた。甲州街道よりも人と物資の往来があったらしいことは、尾根によるショートカットと歩きやすさが交通路として優れていたことを示している。まさに浅間尾根はスカイライン・ハイウェイだ。武蔵、甲斐、相模のジャ

伊勢清峰神社の尾根の風が心地よい。

イチョウを背景に山門が映える広徳寺。

ンクションであった檜原。江戸時代には人びとの移動を監視するために、城下の秋川に唯一架かる橘橋に、関所である口留番所が置かれた。

　国と国をつなぐ高速道路であると同時に、檜原の集落の人びとにとって浅間尾根は生活道であった。秋川渓谷は深く険しく、当時の技術では川沿いに道を整備することは難しかった。日常の買い物や他の集落に人びとが出かける時は、いったん尾根まで出てから水平移動したという。奥多摩の小川内や八王子へは、戦後自動車が普及するまでは尾根道を通っていた。そればかりか、古い集落ほど、標高が高い場所にあると言われ、縄文遺跡も尾根に近い所に多く発見されている。縄文時代にはすでに新潟や長野の地との交流があったことが分かっている。

北秋川の上流に神戸岩《かのといわ》という絶壁がある。高さ約100メートルにもおよぶ深い渓谷は、チャートの硬い岩盤を川が刳り貫いて、水の通り道以外は崩壊せずに残って形成された。紅葉に包まれた峡谷のはるか上部には白い岩盤が露出していて、神仙界の門のようである。これより奥は大岳山に座す大嶽神社の聖域となっている。大嶽神社では金剛蔵王権現をご神体としており、そのご眷《けん》属《ぞく》としてオイヌサマという狼が祀られている。檜原村では狼の図絵に真口大神と描かれたお札が玄関に貼られていた。麓の神戸集落は大嶽神社への奉仕を行っている古い集落であり、武田家の遺臣が住み着いたという伝承がある。檜原は古くから尾根のハイラインで遠方とつながり、山から下って来る異人たちを受け入れ

檜原村の若木が並ぶ植林地はガーデンのよう。

マウンテンバイクを車に載せてライドする。

てきた歴史がある。平地民とは異なる山人たちの独自の文化様式とネットワークがあったのは間違いない。

檜原村の山の暮らし

檜原村の集落の山の暮らしはどのようなものであったであろうか。北秋川支流の小沢という集落を歩くと、畑が水平でなく斜面地に連なっていた。こんなのは初めて見た、と私が驚くと「畑を耕すときは土を上に投げ返して土砂流出を防ぐんです」とジンケンさんは言う。それほど渓谷の集落には土地がない。それゆえ、生計を立てるためには、山に向かうしかなく、主な生業は炭焼きであった。炭焼きは過酷な労働だ。炭焼きの親は子どもの顔を知らないといわれる。まだ子どもが起きる前

の時間に山に向かい、寝静まるころに家に戻るからだ。仕事はたくさんある。炭を焼き具合を見計らいながら、合間に原木の切り出しに向かう。窯の近くに生えているとは限らないので、切った原木は背負ったり、摺り馬（ズマ）で曳いたりして、山の斜面を運んでくる。原木を窯内にどう並べるかが腕の見せどころで、これにより1俵ほどは差が出るという。炭が焼きあがったと見るや、鈎先がついた鉄棒でかき出し、灰をかけて火を消す。火の粉が散ってとても熱い作業だ。

このようにして朝から晩まで働いて3俵の炭を焼く。馬には1頭あたり6俵の炭を載せられるので、2日間焼き上げた炭を、麓の五日市や伊奈まで売りに行く。市では現金が入るわけでなく、炭と穀物との交換であった。江戸時代に貨幣であった穀物の値段は変動性だが、炭は一定だ。知識と財のある商人に対して、炭焼き人は利に疎く、商人の言い値で安く買い叩かれた。文句があったら他所《よそ》へいけと言われるが、山の使用料を借金で前借りしているので、不公平な交換を受け入れるしか選択肢はなかった。

浅間尾根を、俵を積んだ10頭ほどの馬と10人ほどの人がキャラバンを組んで黙々と歩いてゆく。馬は臆病で、闇では鼻を寄せてくるという。暗くなれば必ず提灯が必要だ。馬1頭を1人で曳かず、集団で移動することで、馬も人も安心して、暗くても重荷でもスムーズに進むというのが檜原の流儀であった。檜原村の尾根道には多くの馬頭観音像を見かける。山の暮らしの中で、重労働をともにする馬と人は、運命共同体であった。馬は人の言葉と心が分かる、という。人もまた馬を家族のように目をかけて、正月には屋号の付いた腹掛を馬にかけ、鼻や尾に飾りをつけて、着飾った主婦や娘とともに町へと繰り出したという。この日ばかりは一年に一回のハレの日であった。

小沢集落の裏山の尾根道の途中にある伊勢清峰神社へ上った。30分も上れば汗だくになるが、尾根の風が気持ちよい。中世から続く神楽を舞うために、集落の人びとは最近まで装束を着て上がったという。檜原では、集落ごとにそれぞれの獅子舞など、異なった芸能が継承されている。村には23の集落があり、各集落に雑務を行う年寄りはいても、名主は檜原で一人だけであったという。また地番も集落別でなく、檜原全体で振られている。さらに、集落内の敷地、耕作地の広さには差がなかったことが検地帳から分かっている。これは村の中には貧富の差はなかったことを示している。檜原の山の暮らしは大変厳しいけど、平等原理に貫かれ、それぞれが独立しながらひとつにつながっている大家族、そんなコミュニティであったことが見えてくる。

山と川をつなぐ存在

檜原から五日市方面に戻るにつれて、川幅は広がり、渓谷から大きく蛇行する中流域の川の姿に変化していく。われわれはマウンテンバイクに乗って檜原村から秋川沿いを一気に下っている。秋川には子どもが飛び込めるような淵がたくさんある。秋川においては現在、淵がどんどん浅くなってきている。理由は川底に砂礫が堆積し始めたからだ。その背景には、山から川への土砂崩れが増えてきていることがある。これには気候変動とともに、山の管理が行き届いておらず、森林の林床が荒れて

北秋川流域の山の中腹には起源の古い集落が散居。

秋川の淵では渦がさまざまな形状を見せる。

五日市付近の秋川屈曲点の聖牛。

いるということも関係している。

　かつて炭焼き生産の薪炭林として使用されてきた檜原の山は、戦後の林業政策によりスギなどの植林地となった。全国共通の問題であるが、檜原においても人口減少、高齢化、林業の衰退という事態に見舞われている。一方で、最近の檜原村では、東京チェンソーズという若手による林業ベンチャーが立ち上がり、都市住民からのファンドによって植林を行い、森林を再生させる計画などの動きも出ている。秋川は檜原村とあきる野市にかけて流域面積169・6平方キロメートルにわたり、毛細血管のように無数の沢を持つ多摩川最大の支流だ。上流部の山の状態は下流の河川の状態に直に響くため、「流域」のつながりの視点で山を見ていくことが重要だ。


　五日市の市街に入って、秋川が掘り下げた河岸段丘をMTBでダウンヒルしていく。五日市は自転車で地形を感じるにはとても面白い街だ。段丘の底で秋川が大きく屈曲するポイントに興味深いものを見つけた。丸太を合掌状に組んだトライアングルの枠に、蛇籠に詰めた石を重石とした構造物が並んでいる。水流を弱めるための「聖牛」という伝統治水技術だ。増水の中で、牛の角が並んでいるように見えるので聖牛という名前がついた。設置された河原の少し上流には堰があり、取入口がある。堰によって勢いが強まった水流を弱め、屈曲部の護岸へのダメージを減らそうという発想だ。

　この丸太の枠組みを見ていると、筏流しに従事した木屋たちの仕事が思い起こされた。秋川でも上流の森林地からの筏流しはさかんに行われていた。当然ながら、丸太は水面に浮いている。大雨になると、彼らは筏を解体して、三角形に組み直し、大石に結びつけ、木が流されないようにするのだという。聖牛と同じ技術だ。筏流し師は仕事の達成と同時に身の安全を確保するため、真剣に川の流れを見つめる。瀬と淵、回転していて浮上できない淵、水流の速

秋川堤防沿いの湿地には稚魚が群れをなしていた。

檜原村 MAP

さと変化、岩の配置と岸の地形。陸の人間が知り得ない川の諸相を身体で理解していたであろう。かつて、技術が分化する以前、治水技術と筏流し技術は一体のものであったのではないだろうか。檜原村においては、南側の集落が炭焼き、北側の集落では筏流しが多かったという。

尾根道から川にかけての景域を見てきたわれわれは、檜原村を2つの領域に位置づけることができる。ひとつは、尾根道を通して遠方の国や、山深く神の地とつながっていた檜原。もうひとつは、秋川を通して下流の消費地とつながっていた檜原。その接点に檜原の森林と集落はあった。山の集落は閉ざされてはおらず、とても広大な時空間スケールを行き来する存在であった。

伊豆の最南端の岬にあるユウスゲ海岸。海底火山の上に新しい溶岩が流れたなだらかな地形。

早春の南伊豆

伊豆半島南部

静岡

早咲きの河津桜が咲き、一足早い春を迎えた伊豆半島南部を訪れた。誕生して60万年しか経っていないフレッシュな半島のランドスケープ。

開港都市を襲った津波

下田富士を背景に真っ赤なアロエの花がすっくと立っている。端正な円錐形の下田富士の輪郭は、太古の海底火山のマグマの芯部が露出したものだ。生命力溢れるアロエの花の鮮やかな造形は、火山噴火で弾け飛ぶ溶岩を連想させる。

2月の下田はもう春の気配が満ちている。真っ白い山桜や梅が咲き誇り、菜の花やキク科の黄色い花、スミレが顔を見せる。街を流れる小川には、生まれたばかりの小魚が群れになって橋の下を行ったり来たりしている。コートは脱いで、セーター一枚で街を歩く。

下田の旧市街にはなまこ壁や伊豆石で構成された重厚な建築物が多い。なまこ壁は分厚い漆喰の盛り上がりがなまこのように見えることから、そう名づけられた。平瓦を並べて目地を漆喰で盛り固めて仕上げる。耐火性と防水性に優れたなまこ壁は高価で、通常は格式のある武家や商家の蔵などにしか使用されないものだが、下田では普通の民家が足元からてっぺんまでなまこ壁に覆われている。そのような建物の一部は、カフェやギャラリー、ビジターセンターとして改装されているものもあり、観光資源としてうまく使われている。

伊豆石は、火山灰や軽石から成る軟らかい凝灰岩で、伊豆半島南部には広くこの地層が分布する。軟らかいので加工しやすく、建材や石仏などによく利用された。街のはずれに伊豆石が露出している崖を見つけた。いろいろな形に石材が切り出された崖の凹みは、「ちょっと裏山の石を取ってくる」といった塩梅に、伊豆石が様々な日常の用に転用されていたことを物語っていた。崖の横に付けられた石段を上ると、高台から下田の街を見下ろすことができた。低い山に囲まれた小さな平地はびっしりと建物で埋まっている。赤や青い屋根が多く、明るい海の街の風情がある。気仙沼の市街地に似ていると思った。東日本大震災以降、湾奥の地形を見ると、街に津波が押し寄せる光景が想起される。実際、下田の街は過去にたびたび津波に襲われている。その最大のものは江戸時代末期の安政元年（1854年）に到来した。

下田はこの時、日本外交の表舞台であった。艦隊を引き連れたペリーは同年日米和親条約を締結させ、開港場と定められた下田の了仙寺にて細則の下田条約を調印し、6月に下田を去った。半年後、今度はロシア船ディアナ号が下田に入港、11月3日に第1回日露交渉が行われた。その翌日の朝に安政東海地震は起こった。日露双方の記録によると、地震発生から間もなくして津波第一波が到来、家は倒れ黒煙が上がり、第二波はさらに激しく襲来、大船が押し寄せ、引き波でほとんどの家は流され下田は野原と化した。津波の高さは最大6メートル、被害状況は875戸のうち99・5%が全半壊・流出、水死122人、ロシア船ディアナ号も大破し、戸田（沼津）へ修理のため回航中に富士市沖で沈没した。建築被害の割に人的被害が比較的少なかったのは、津波の200年前に下田奉行・今村伝四郎により築

下田の古い町並みにアロエがたくさん咲いている。

ペリーが下田条約を締結した了仙寺にて。

かれた波除提があったためとも言われる。

幕府の対応は素早かった。その日のうちに、お救い小屋が設けられ、炊き出しが行われた。5日後には米1500石、金2000両が届き、被災者へ分配された。そして、老中からロシア応接掛と下田奉行宛に、いかなる場合であっても下田で交渉を続けよ、費用はいくらかかってもよいという指令が出された。この背景には、対ロシア交渉の事情が存在する。ロシア提督プチャーチンは、下田が良港でないことを理由に、浦賀、あるいは江戸での交渉を主張していた。幕府側としては江戸湾に外国艦隊を入れるわけにはいかない。また上陸を許すにしても周囲から隔絶された伊豆の南端であれば、最小限に抑えることができる。結果、下

田への集中的な震災復興が推進され、旅館、旅籠、船持ちなどを優先して1万両の融資が行われた。震災バブルの到来である。この時に、なまこ壁の建造物が街中に建てられたと、下田の人は語る。しかし、安政6年（1859年）、国策変更によって神奈川開港が決まった。下田は閉鎖され、領事館や幕府役人は去った。バブルは弾けた。下田には3000両という復興資金の未返済が残り、借財は町全戸が特別負担をし、苦難の道を歩むこととなった。

下田はいま再び、南海トラフ地震による津波の危険性が高まっている。政府の発表では、下田港内は12〜15メートルの津波が到来する想定だ。市役所の高台移転や、平地の避難ビルの指定などの対策は進んでいる。一方で、観光都市としてよみがえった開港都市下田の過去の災害履歴をもう一度振り返っておくことは決して無駄ではない。

河津桜は２月には満開の早咲きだ。

杉桙別命神社（別名・きのみや）の石垣。

河津桜と「きのみや」

河津川の両岸に桃色の河津桜が見渡す限り続いている。人口約7500人の小さな町に、これほどの人が集まるのかと驚くほどたくさんの花見客で賑わっている。中国人観光客も多い。桜堤の脇にはさくらもち、さくらソフト、さくら苗木など様々なさくらグッズを並べる露店が活気を呈している。河津桜は、1955年に住民の飯田勝美氏が河原で一本の苗を発見し、庭で育てたのが始まりだ。1975年に河津町の木として認定され、観光協会が植栽を始めた。1986年に河津桜を一万本植えることを公約として当選した櫻井泰次町長（当時）によりまちづくり施策として推進された。地元農家に接ぎ木で苗を増やしてもらい、小・中学校の児童・生徒や市民ボランティアで川沿いに植樹した。町民みんなでつくる河津桜のまちづくり運動は盛り上がり、1991年には第1回河津桜まつりを開催、1999年には来訪者100万人を超えるイベントに成長した。一方で河川管理者の県は、河川堤防上に植栽された河津桜を正式には認めていない。かつては町民と県で桜を植えたり抜いたりを繰り返した時期もあった。櫻井元町長は「今では県も協力的であるので、みんなの知恵でうまくやっていきたい」と述べる。

河津桜提の喧騒を離れ、背後の畑をぶらり歩いた。このあたりはみかんや菖蒲など園芸農家が多い。畑地の真ん中にこんもり島のように盛り上がった樹林地がある。樹林の中に入ると、瓦屋根の本殿があり、その横にはとても巨大なクスが立っている。樹齢1000年を超える「河津郷七抱七楠」という7つの大クスの最後の生き残りであるという。風が心地よい、空気がとても澄んでいる。杉桙別命《すぎほこわけのみこと》神社という式内社だ。神社は河津川氾濫原の島状微高地に位置し、敷地上流側には美しい反りの付いた石垣がぐるり取り囲んでいる。石垣はとても重厚で、堀というよりは堤防に見える。河津の地形は、文字どおり川が津、すなわち海に出る細長い河口低地だ。津は港でもあり、近世以前は微高地の神社付近が、船着き場であったであろう。河津川は水量豊かな河川であり、河口はたびたび氾濫した。上流方向

河津七滝のひとつの釜滝。

白い砂浜と火山噴出物が美しい吉佐美大浜。

六角形の断面で、溶岩の塊が延びる柱状節理。

の石垣は、氾濫から神社を守る輪中のような堤防であったと思われる。樹齢1000年のクスが残っていることは、この土地がほぼ浸水しなかった証拠に挙げることができる。この神社には別名があり、地元では「きのみや」と呼ばれてきた。木の宮とも来の宮とも読める。

　きのみやは伊豆半島東岸にちょうど8～10キロメートルごとに等間隔で分布する。伊東八幡宮来宮神社や熱海来宮神社は有名だ。熱海来宮のご神体は海上を漂ってきた木の根であり、「潮騒が耳障りなので、山側の7株のクスの近くに移してほしい」と言われるので内陸に遷宮したという伝承がある。熱海来宮にも樹齢2000年の大クスがある。つまり、きのみやは海上を漂流してきた神、あるいは海民が、寄り神として上陸した場所であると考えることができる。波浪から離れた安全な場所に移り、タブやクスなどの巨木をご神体とした。巨木は、海上からの航路の目印にもなっていたのではないだろうか。

　巨木が祀られる海岸の寄神の地で発見された河津桜が、100万人の人びとを呼び寄せることになったことは、土地に根づく何者かの恵みを感じさせずにはいられない。

太平洋からやって来たジオたち

　河津川上流の天城山の峠にいる。夏季には雨が多く、年間降水量が4000ミリを超えることもある。太平洋からの湿った風が、天城山にあたり雨雲に発達するためだ。ここ

この河津川の河原で、河津桜の原種の苗木が1955年に発見された。

から北は、天城山脈がUの字に囲む狩野川の集水域となっている。峠には明治37年（1904年）に石積みで建造された天城隧道《ずいどう》がある。川端康成の『伊豆の踊子』や松本清張の『天城越え』の舞台になったトンネルである。小説の主人公は両者とも青年で、隧道を越えて女性に出会うという設定になっている。そして彼らは下田まで渓谷の道を歩く。われわれも河津七滝周辺の川を歩いてみることにした。急峻な崖に巡らされた遊歩道の下を覗くと目眩《めまい》がするほど、深い渓谷が刻まれている。いくつもの迫力ある滝の景観が連続する中に、特徴的な地形パターンが現れるのに気づく。渓流に削られた岸壁が、六角形の柱の壁となって巨大なカーテンのように上へと延びているのだ。このあたりの地形は、もともと谷だったところに火山から流れだした溶岩が流れ込んで形成された。熱い溶岩が冷やされて収縮する時、溶岩は均等に収縮しようとする。均等に面を分割しようとする時、自然界では蜂の巣や亀の甲羅など六角形のパターンで分割されることが多い。数学では、隣接する点と点を最短距離で分割するボロノイ分割という手法でこの六角形は表される。目の前に露出する溶岩は、数学的な秩序に従って分割され、六角形の亀裂を形づくった。火山学者たちが柱状節理と呼ぶその景観は、ゴシック建築のようであり、自然界が生み出した大聖堂のように見えた。

　河津川を下り南伊豆の海岸に着いた。きれいな白い砂が広がっている。海の砂はどこからやって来るかご存知だろうか。ひとつは川の流域の岩が砕かれて流れ着いたもの、もうひとつは海岸の崖が波に削られて沿岸流で運ばれてきたもの、そして、貝殻など生物の死骸が砕かれたものだ。これらのブレンドで砂の色は決まる。南伊豆は海底火山であった場所が多く、海岸近くの火山の種類に応じて、砂の色は大きく異なっている。伊豆半島は本州で唯一フィリピン海プレートの上にあり、もともとは太平洋南方の無数の海底火山や火山島の集合体であった。これらの海底火山群がプレートの移動と共に北上し、約60万年前に本州に衝突して半島となった。今でも伊豆半島では活発な地殻変動が続いており、変化に富んだランドスケープを造り続けている。それらは南方の海より日本列島に押し寄せてくるホットな力なのである。

伊豆半島南部 MAP

7

自然再生と市民力

都市において失われた生態系を再生し、
地域に棲む人びとと自然のつながりを
取り戻すことに挑戦する市民活動の姿を追う。
市民力で都市は変わるのか。

奈良時代からの「白砂青松」の風景が受け継がれてきた表浜。

市民のための防潮堤へむけて

七ヶ浜・蒲生

宮城

歴史的な景観、豊かな生き物の環境、人びとの記憶とともにある風景。震災後の宮城県の海岸で動き出した、市民による防潮堤のソーシャル・デザイン。

海岸に展開する巨大な「標準設計」

押し寄せる静かな波、初夏を迎えた砂浜には人びとの笑い声が弾んでいる。バーベキューをする若者たち、子どもと一緒に膝まで海に入る親子たち。ハマヒルガオが咲く砂浜には麦わら帽子を被った女の子が座り本を読んでいる。宮城県・七ヶ浜町にある表浜は仙台から車で30分ほどの郊外にあるポケットビーチで、松島はここからすぐ海の向こう側にある。幅200メートルほどの海岸の両脇には段丘が突き出していて、波に洗われた白い凝灰岩の地層がなめらかに露出している。崖上の松林の中には時代を感じさせる別荘建築を目にすることができる。明治時代にアメリカの宣教師たちが開いた高山外国人避暑地で、山の軽井沢、湖の野尻湖、海の高山と言われるほど、外国人たちには有名な海の避暑地であった。表浜は昔から地元の子どもたちと、外国人たちが違和感なく同居する国際色豊かな浜である。さらに歴史をさかのぼると奈良時代の製塩場としての遺跡が発掘されており、当時の海岸線の位置はほとんど現在と変化がないことが分かっている。

「白砂青松」と呼ばれる、白い砂浜と青い松林の組み合わせ、松林のあいだから見える水平線の風景は、千数百年以上の間変わることはなかったのである。ひとつの風景がこれほど長い間変化せずに存在し続けることは珍しい。特に日本の海岸線においては、1960年代以降、コンクリート護岸化が進み、大半が人工海岸になり、表浜のような「海岸の原風景」は失われてきた。仙台近郊にはこのような海岸は表浜しかなく、交通の便の良さからも東京における鎌倉のような位置づけと言え、仙台から訪れる人も多い。

この優雅で歴史的な風景を持つ表浜に、防潮堤の建設が進められようとしている。津波を防ぐために県が計画している防潮堤は、高さ「T.P.6・8m（東京水面）」で、砂浜の半分以上と松林の空間をすっぽり覆う。いわば、ポケットビーチの口をコンクリートの栓で締めるような塩梅だ。防潮堤の計画は2011年9月に県から発表された。表浜だけではなく七ヶ浜の隣接する海岸すべてが均一の台形形状で設計されている。すでに、隣の菖蒲田浜海岸では工事が完了しており、大きなコンクリートの躯体が砂浜と松の保安林のあいだに姿を現している。たくさんのサーファーたちが、新しい防波堤のその前で波乗りをしていた。数十キロにわたって続く仙台湾の海岸ほとんどにはいずれこのような防潮堤が出現することになっている、一方で表浜のような小さな浜も同じ高さと構造でよいのであろうか。浜ごとのスケール感や地形を計画に反映したという形跡がどうも見出しにくいのだ。防潮堤の高さはどう決められるのか、そのプロセスを見てみよう。

防潮堤の高さの基準は震災後の国の中央防災会議により方針が決められた。ハードである防潮堤の計画は、東日本大震災のような数百年に一度の巨大津波に対応するものではなく、数十年から百数十年に一度の、頻度が高く津波高は低いものの、大

七北田川の堤防決壊点にはお地蔵さまがならぶ。

松島の群島は津波の勢いを減衰した。

きな被害をもたらす津波に対応するものとされた。前者をL2津波、後者はL1津波と呼ばれる。堤防の高さの決め方は次のとおりだ。まず過去の津波実績や湾の形状から同じ力の津波が到来すると考えられる一連の海岸をユニット海岸として分割する。次に、ユニット海岸の津波痕跡高の記録と、今後の想定地震のシミュレーション結果の津波高を懸案したうえで、計画の基準となる津波高である「設計津波」を設定する。この高さがベースとなり防潮堤の高さが決まる。

この計画方法には、ふたつの課題があると考える。ひとつは、参照される過去の津波は、明治三陸地震、昭和三陸地震、チリ地震と、想定宮城沖地震を加えても4〜5回ほどしかなく、十分な根拠を持つと言い難

いことである。回数が少ない分、十分な調査を行うべきであったが、明治など記録が少ないものに関しては、不正確な情報に基づく基準でしかなかった。ふたつめは、東北沿岸の海岸の多様性に対して、標準設計どおりの均一な構造物を計画することは、地域の実情を踏まえた計画になっているのかという課題である。

浜ごとに、地形の特徴や後背地のありかたなど多様な空間構造と、地域独自のコミュニティがある。仙台平野などの広大な浸水域が背後に広がる空間であれば、単一の設計で有効に機能する防潮堤も、背後の奥行きが狭く地形が複雑な浜では、地域に合わせてローカライズする必要がある。

表浜の防潮堤計画から感じるのは、ＣＡＤ空間上で標準断面図を落とし込んでみたというだけのデザインである。いわば、中央のコンサルが机の上で完結できる「現地を見ないデザイン」。哲学者の桑子敏雄は、このような頭の中で考えた概念だけが出現した空間を「コンセプト空間」と呼ぶ。「コンセプト空間」では、人の身体や感性もそのコンセプトに従うように要請される。１０００年を超える歴史のある表浜の豊かな空間の価値は、ひとつのコンセプトによって失われてしまうのだろうか。

住民の「総意」を知るための市民独自の調査

では、七ヶ浜町の表浜の近くに住む人びとは防潮堤のことをどのように考えているのだろうか。現地にてインタビューを試みた。

Ａさん（30代女性）は、表浜には小学生の頃から海水浴に行き、長ずるにつれて友達とバーベキューをしたり、家族で訪れた想い出があるという。後の維持管理の負担も踏まえると大きな防潮堤は必要なく、樹林などで波を弱める方法でもよいのではないかと考えた。そして、自分と一緒にいた人びととの記憶も含む砂浜を残してほしいと思っていた。

Ｂさん（60代女性）は、チリ地震の時の津波体験を踏まえて、今回の津波でもすぐに避難して助かったという。津波には避難が最も有効と考えるＢさんは、海岸の一線だけの堤防は、波が乗り越えると終わりだが、松島のように小さな構造物や道路などで分散して防ぐのが、避難する時間を稼ぐのにもよいのではないかと述べる。松島では、津波が押し寄せたものの、小さな群島が天然の防潮堤の代わりとなり津波の勢いを弱めた結果、被害が少なかったことが知られている。Bさんの考えでは、背後の斜面地に小さな島のような築山が点在するイメージがある。この考え方自体は「多重防御」として国も進めている減災の方法論である。

Cさん(50代男性)は、津波で住宅1階が浸水した。表浜は子どもの時から眺めていて、当たり前の風景という。防潮堤については、つくらなかった場合、何かあった時に誰も責任が取れないので建設するべきだという。さらに、行政が責任を取るようにするためには国が示す基準に従う必要があると考えていた。

Dさん(40代女性)も、一階が浸水した経験を持つ。海は怖いのでもう見たくないという。防潮堤で守ってほしいという気持ちはあるが、海岸に防潮堤をつくるのでなく、家の前に擁壁などをつくって守るほうが確実なのではないかと感じていた。

Eさん(70代男性)は、農家である。七ヶ浜は海と丘、そして水田が一体的になった「ひとつのガーデン」だという。このような風景は東北の中のどこにもなく、表浜の松林と浜も含めて代々受け継いできた大切な風景だから守りたいと考えていた。

上記のように、防潮堤に関して、住民に話を聞いてみると一様ではなく、様々な意見とその理由が存在することが見えてきた。一方、県は地元である町が計画を承認しているという理由で粛々と計画を進めている。町は、自治組織である区の代表者の「住民は合意している」という見解をそのまま住民の総意と受け

表浜海岸にハマヒルガオと一緒にあったオブジェ。

高山の外国人避暑地の自生種ガーデン。

菖蒲田浜にて。海岸では単に風景だけでなく、親しい人と「ともにあった風景」が想い出に残る。

取っていた。

このような状況の中で、住民のなかからも、町の意見や区の代表者の意見は、果たして住民の「総意」と言えるのか疑問を持つ人びとが現れた。彼らはただ疑うだけではなく、実際に自分たちでアンケートを行って「総意」を調べてみることにした。仲間で手分けをして、仮設住宅を含む732世帯にアンケート用紙をポスティングし、167世帯から回答を得た。アンケート結果は、現状の防潮堤計画に賛成するのは15%だけであり、他は「自然林の防潮林」を望むのが38%、「浜辺より離して防潮堤」が10%、「県道嵩上げ」が26%という内容であった。この結果は新聞でも報道され反響を呼んだ。自ら独自にアンケート調査を行った住民たちは『七ヶ浜100年を考える会』というNPO組織を立ち上げて活動している。代表者の稲妻公志さんは、「復旧事業では、住民の自分たちと関係ないところで、いろいろな物事が進んでいる。行政と住民の間にギャップがある。まずみんなで話し合いをできる場をつくっていく必要がある」と述べる。そして、「地域は『自力』をつけないといけない。東北は意見が出にくい風土であるが、これは日本全体の問題」と語った。

中学・高校生が考える「楽しい防潮堤」

災害復旧事業において、住民とは離れたところで粛々と行政が進める「標準」設計。そこには地域の実情を取り入れる機能が弱体化していた。市民が自ら立ち上がり、主体的に話し合って解決策を見出そうとする動きが七ヶ浜で生まれた。

もうひとつの市民発の動きの芽生えとして、仙台市内の蒲生にて地元の中学・高校生たちが行っている取り組みを紹介する。蒲生は七ヶ浜から仙台港を越えて2キロほど南下した場所に位置し、七北田川の河口域にあり、汽水域で世界的に知られた生物多様性に富む「蒲生干潟」が存在する。また、藩政時代には塩釜から「貞山堀」を通って、七北田川へ荷を積み替える運河の中継地として栄えた。

津波によって壊滅した蒲生の町と干潟の復興計画として、仙台市は工業用地を造り、企業を誘致することを計画した。この案は、40年前の仙台港の建設時から市の宿望であったという。市の工場用地案に対して、地元の高砂中学校卒業・在学の中学・高校生たちが「楽しい防潮堤と歴史冒険生き物の広場」をテーマとした代替案を計画して市と県に2014年5月に提案を行った。中学・高校生たちの案は、防潮堤の代わりに松林の「緑の防潮堤」をセットバックして建設すること、貞山堀を復元して歴史公園とすること、遊び場と避難場所を備えた築山を造成すること、干潟を保全することなどが骨格となっている。現在のコンクリートの防潮堤計画では、干潟を分断してしまい、中学・高校生たちが遊んだ想い出も失われてしまうと説明している。代わりに、地元の中学・高校生たちが植樹をすれば自分たちの防潮堤という意識が生まれ、遊びや憩いの場になると述べる。

コンセプトとして秀逸なのは、防潮堤を波を防ぐという単機能ではなく、遊び場や憩いの場、そして、かつての空間の記憶を受け継ぎながら、自主的に管理を行っていく場として複合的、多層的に捉えているこ

仙台市宮城野区の「高砂の中高生で考える防潮堤の会」が考える「楽しい防潮堤」。工場予定用地に緑の防潮堤を植樹して自分たちで管理する。

七ヶ浜・蒲生 MAP

とだ。行政から与えられた「標準の防潮堤」でなく、市民による「包括的な関わりをもつ防潮堤」。中学・高校生たちはそれを「楽しい防潮堤」と呼ぶ。この発想は、震災以降の東北沿岸において行き詰まりを迎えている「防潮堤問題」に対して、新しい解決策の方向性を示しているように思う。防潮堤に賛成か、反対かの2分法ではなく、どのような防潮堤がほしいか、どのように自分たちの空間をつくっていきたいのかを真剣に問う段階に入っているのでないだろうか。それは東北から始まり、日本の地域の「自力」を育む、市民発の力強いソーシャル・デザイン・ムーブメントになっていくに違いない。

小学校の校庭隣接地を流れる矢川。

まちなかの
湧水と用水

国立市

東京

東京近郊にありながら農地が残る国立市では、湧水がまちを巡っている。水循環から見えてくるアーバン・エコロジカルライフ。

小学校の校庭を流れる矢川

立川から2駅の南武線矢川駅で降りる。南武線は多摩川の砂利を運ぶために川崎まで敷かれた鉄道だ。駅の周りから農地が多い。畑の裏にはトマトが板の上に並んだ販売小屋があり、農作業の合間を見て農家のおじさんが店に立ち、顔なじみの主婦たちがいくつかを買っていく。

畑のあいだの土道をしばらく進むと、住宅地の中に小学校があった。一見、なんの変哲もない学校のようだが、他では見られない光景が現れた。校庭の脇を小川が流れていて、昼休み、たくさんの子どもたちが遊んでいるのだった。川の流れは浅く水草が揺れている。飛び石があって子どもたちはそこに座って、川の中の石をひっくり返したり、川の横の水田ビオトープで這いつくばりながら泥をかき回している。川遊びの目的はメダカやザリガニ、アブラハヤなど生きものを捕まえることに集約される。彼らは水の上からそれらを見るだけでは満足せず、自分のものにしようと夢中であった。幸か不幸か筆者はタモ網を持っていたので、貸してほしいと集まる子どもたちの輪ができ、喧嘩をせず順番に使うように言い聞かせるのが大変だった。

国立第六小学校の敷地を流れる川は矢川といい、立川崖線下の湧水を水源とし、甲州街道を横切り、府中用水に合流する1・5キロほどの小川だ。学校を去り、矢川に沿って歩く。住宅との距離が非常に近く、庭先の茂みの横を幅3メートルほどの矢川が流れている。道路と川のあいだには柵がない区間も多く、地盤からすぐ下の水面に入れるようになっている。水深はたいてい数センチ程度と浅いのだが、たまにひざ下ぐらいの深さがある場所がある。そのような場所では小魚の群れがさっと横切るのを見られることが多い。近くに橋が架かっていたり、キショウブなどの抽水《ちゅうすい》植物が繁茂しているところが、魚たちにとって隠れ家となっているようだ。川底の石の裏側には、小石をシュラフのように身に纏ったトビケラの幼虫や、カワゲラの幼虫が張り付いていた。カワニナもたくさん生息している。東京近郊の住宅地を流れる川でありながら、生きものが多様なのは湧水のおかげである。矢川は付近の農業用水としても利用されており、野菜や農具を洗うための階段が岸辺に付いていたり、水を引き込むため石を積み上げて一時的に堰を築いている場所もある。

　矢川が甲州街道を越えると、下り坂が始まり、地形の傾斜はだんだん急になってくる。視界が開け、崖沿いに延びる樹林と農地が広がった。かつて多摩川が削った河岸段丘裾野の青柳崖線と、その下の多摩川沿いの低地の農地である。この低地は多摩川が増水する度に水が溢れた氾濫原である。氾濫に残されたいくつかの旧流路を活かして農業用水の「府中用水」が成立した。崖下に流れ出る矢川が、多摩川から取水した府中用水と合流する場所は、「おんだし」と呼ばれる。矢川の流れが用水に押し出すという意味だ。

ママ下湧水で遊ぶ子どもたち。

矢川周辺の台地に点在する畑地。

ママ下湧水を守る市民チーム

青柳崖線の下には、段丘上部の立川崖線と同じように湧水がある。そのひとつに「ママ下」という地名の湧水があり、環境配慮型の公園として市民に管理されている。「ママ」は古語で、崖や急斜面を意味し「ハケ」と同じような言葉だ。もともとママ下湧水の前には水田が広がっていたが、2000年代初頭の土地区画整理事業が行われた際に、市が用地を買い取り、市民や農家、専門家が話し合いを重ね公園化された。その結果、崖線の樹林、ママ下の湧水、湧水を集めて流れる水路、人工的に造成された湿地、隣接する水田が一体となった水辺景観を持つ公園が生まれた。この公園では、「ママ下湧水公園の会」という市民グループが維持管理を行っている。およそ毎月1回行われている草取りや清掃などの作業に筆者も参加した。

日曜日の朝9時、5人のメンバーが集まった。水生生物や植物など専門性を持つ方のほかに、近所の住民も参加していた。草刈り機で沿道や水路沿いの雑草を刈り、竹箒で集める。草刈りに驚いて、ニホンアマガエルが飛び出てきた。崖線樹林には空き缶などのゴミがいくつか捨てられていた。炎天下の2時間ほどの作業は、それなりにハードだったが、作業後にひんやりとしたママ下湧水に足を浸す時間がとても気持ちがよい。会の代表の佐藤節子さんは「理屈だけを言う人でなく、身体も動かす人が残った」と話す。確かに、毎月この作業を続けるのは理屈ではない。楽しいかどうかだ。「作業が大変でも、湧水や崖線の樹林があるこの場所が気持ちよくて、続けられる」。それだけの魅力がこの場所にはある。

府中用水で見つけたカゲロウの幼虫。

「ママ下湧水公園の会」のメンバーによる管理作業。

ママ下湧水公園の特徴のひとつは、湧水水路とつながって生きものが行き来できる人工湿地が存在することである。春になるとホトケドジョウやドジョウの稚魚が湿地で見られ、繁殖の場になっている。また、環境省が準絶滅危惧種に指定するナガエミクリや、オモダカ、カントウヨメナ、セリなどかつて水田で見られたが減少しつつある水生植物が見られる。この湿地環境を維持するために、毎年冬季には堆積した泥の浚渫作業が、ママ下湧水公園の会により行われているほか、生物調査も継続的に行われている。春に行われる水路の泥あげも含めて、農家の方々が整備前に行っていた管理方法を参考にしているという。

公園整備後約10年にわたって市民

によって維持管理されてきたママ下湧水公園だが、行政との作業の割り振りや、周辺農家とのより緊密な関係構築などの課題も存在する。だが、休日には親子連れが遊びにやって来るこの環境は、地域の人に愛される貴重な場所になっている。水の湧き出るママ下が好きでずっと守りたいという市民チームの熱意が、この環

野菜洗い場が住宅脇に設けられている（矢川）。

境を支えている。現代の「水守」の活動は、淡々と、同時に大人の部活のような軽やかな楽しさを持って続いている。

府中用水と水循環の未来

多摩川の仮堰から取水し、氾濫原低地をネットワーク状に分流する

木の幹が土留めとなっている自然護岸（矢川）。

府中用水は、江戸時代に開削され、「七ヵ村用水」と呼ばれていた。用水は広大な水田地帯を潤していたが、ひとたび干魃となり多摩川の流量が減ると、しばしば激しい水争いが起こった。水を配分する主要な堰では、地域全体に聞こえる近くの寺の鐘の音を合図として、水の切り替えを行っていた。これを「番水」と呼び、互いにきちんと水が配分されているか監視するために、番水小屋を建て、見張りを行っていたという。戦後、高度経済成長期に入り、府中用水が流下する国立市、府中市がベッドタウン化していくと、周辺の住宅や工場からの雑排水が用水に流入し、下水道として暗渠となり用水としての役目を終えた水路も多かった。

　都市化の影響を受け、府中用水地

青柳崖線のハケと農地。

域の用水と水田が減少する一方、都市近郊ゆえに大規模な圃場整備がなされることはなかった。このことは、水路のコンクリート直線化や、用排水分離が行われなかったことを意味している。かつての田圃では、水田に入る用水路と、水田から出る排水路が同じであったが、用排水分離では用水路と排水路が別々になってしまう。その結果、生きものは自由に移動するのが難しくなる。また、流量を確保するため排水路を深く掘り下げることで、水田との水位差が生まれ、魚の移動が妨げられる。

府中用水ではこれらの改変が起こらなかったため、比較的多種の水生生物が保全されることになった。用水の幹線にはオイカワ、モツゴ、タモロコ、カマツカなどが、水田付近の畔水路にはドジョウ、タモロコ、ギンブナが生息し、畦水路の魚類は水田に移動して繁殖している。魚類のほかにも様々な水生昆虫や水生植物も生息する。冬季は通水しない用水路に、ママ下や矢川などの湧水からの年間を通した流入も多様なハビタット維持に貢献している。かつての武蔵野の水辺の生きものたちが残る貴重な都市湿地だ。

用水路の水源のひとつでもある矢川では、近年、水量が減少している。水が涸れることもある。水源地の矢川緑地公園の湧水量が減っていることが直接の原因で、その背景には崖線上台地の農地が、宅地化により減少しているということがある。結果、地中に浸透できる雨量が減り、涵養されている地下水量が減っているのだ。矢川を歩いていた時に出会った、川沿いに住むおじいさんが「流れな

水源地の矢川緑地公園に隣接する矢川辨財天。

国立市 MAP

い川は川でない」と苦笑いしたのが印象的だ。国立市では２００９年に水循環基本計画を策定し、地表や地下の水を守る様々な取り組みを始めようとしている。

　だが、行政だけでは実効性に限界があり、市民の参画が必要だ。子どもがいつも夢中になれる小川、清らかな湧水、生きものが豊かな水路など、街の所々に何げなくたたずんでいる水辺の風景のかけがえのなさに気づくことから、豊かな水循環のよみがえりは始まるはずだ。

市民団体の働きかけにより生まれた「いこいの水辺」で遊ぶ子どもたち。

市民の川

落合川
東京都東久留米市

都内住宅地にありながら、豊富な湧水で清流を保っている落合川。地元の様々な市民団体は、川をどのように守り、関わってきたのか。

湧水に生かされた川

都市の建築や公園にデザイナーがいるように、普段、なにげなく見ている河川にも設計者がいる。建築家のように派手にメディアを賑わすこともない彼らは、役所やコンサル会社で技術者として働く縁の下の力持ち的な存在だ。

知人の吉村伸一さんは河川設計者であり、横浜市役所に勤めているときに、和泉川という河川を設計した。コンクリートを使わず草地と一体化した岸辺は、子どもが遊ぶ素敵な空間となった。吉村さんから東京にも市民運動が関わってつくられた素晴らしい川があると聞き、落合川を訪れることにした。

東久留米市は、東京都の北、埼玉県との県境にあり、小平市、西東京市に隣接し、池袋から西武池袋線で30分、三鷹からもバスで30分の距離にある。緑が多い郊外のベッドタウンとして、また手塚治虫が晩年を過ごした地としても知られている。

5月の落合川には水草が気持ちよさそうになびいている。住宅地に面した遊歩道から、人の背丈ほどのコンクリート擁壁が高水敷（河原）に垂れているのは、なんの変哲もない都市の川の景色であるが、河川内の緑の豊かさが尋常でない。水面で髪の毛のように揺れているのはナガエミクリとミズニラ。どちらも準絶滅危惧種の貴重種だ。ヤナギやクワなどの樹木が水辺に定着して結構な大きさに育っている。樹木は水面にやさしい木陰をつくっていて、カモが休んでいる。

水はとても透き通っていて、小さな魚影がいくつも群れで横切る。アブラハヤという小魚、そして水が澄んだところにしか棲まない貴重種のホトケドジョウなどが、ここにはたくさん見られる。川幅にして5メートルも満たない、住宅地の中の小河川の中に多様な生き物が生息していた。

これほど生き物が豊かなのは、水質がよいからだ。この川の水質の良さは湧水量の多さから来ている。環境省による「平成の名水百選」に東京都で唯一選定されており、流域面積6・79平方キロメートルという小さな川ながら、上流の南沢地域では一日に約1万トン、下流部の黒目川合流付近では一日に約5万トンの流量がある。

しばらく川沿いの道を行くと、河原が広がり、芝生はなだらかに水辺につながっている。あちこちで子どもたちが川の中に入って、生き物との出合いに心をときめかしている。川ガキたちの夢の世界の傍らでは、大人たちがワインを片手に寝転がり、あるいはヨガにふけり、思い思いの時を過ごしていた。

「いこいの水辺」と呼ばれるこの場所は、落合川の河川改修の際に、市民団体からの行政への働きかけによって空間のありようが決まった。改修後は、市民団体が土日の朝に河原の草刈りと掃除を行い続けている。『落合川いこいの水辺市民ボランティア』の豊福正己さんは、仲間のご自宅が川のすぐ隣にあり、活動拠点になっているという。川を掃除するのは、自分の庭の延長のような感覚なのだと教えてくれた。

落合川の水源のひとつである南沢緑地は、しっとりとした武蔵野の雑木林に包まれている。川に突き出した高台に南沢氷川神社が鎮座し、社寺林は南沢緑地の樹林とつながっている。林床にはイチリンソウの白い小さな花がちょうど咲いており、タケノコが自然界のモニュメントのように伸びていた。林の中をいくつかの細い流れが分岐しながら走り、行き着いた窪地で泉となっている。本当に綺麗な水だ。

湧水は、武蔵野台地の関東ローム層の下の武蔵野礫層という帯水層を通ってやってくる。ちょうど落合川流域の地下で武蔵野礫層が谷型となり、あたかも集水装置のような地形となっていることが、この湧水量の理由だという。

ちなみに、武蔵野台地の標高55メートル前後には、南沢湧水群と同

湧水のひとつ。あめんぼうが水面に模様を描く。

川へと繋がる路地。住民がつくるガーデン。

様、井の頭池、善福寺池、石神井池と都市河川の水源地が並ぶが、それらの池では水は涸れ、ポンプアップで人工的に汲み上げているのとは対照的だ。都内の住宅地の清流は涸れることのない湧水によって維持されている。

ホトケドジョウ裁判

落合川では、清流に生きるホトケドジョウを原告とした裁判が東京都に対して行われたことがある。いったい何が起こったのか？　東京都が洪水対策として計画を進める河川改修事業の一環として、2006年に地蔵橋付近で蛇行していた落合川の一部を埋め立て、河道を直線化するという工事が行われた。川とは、そもそも蛇行する性質を持ち、曲線の外側では深みである淵が、内側では浅い瀬ができる。蛇行部の淵では、水の浸食によって地盤が掘り下げられ、水がたくさん湧く場所となっていた。この湧水スポットはホトケドジョウが多数生息するハビタット（生息地）だった。

一方、治水上の観点からは、蛇行よりは、直線の川のほうが下流まで迅速に水を流し、洪水のリスクを減らすことができる。また、屈曲部でどんどん土地が削られ、住宅地の古い擁壁が脆くなり、崩壊する可能性があることも課題だった。都は、これらに管理道路をつくるという理由を加え、100メートルほどの蛇行部の埋め立てを計画した。

一部の市民団体が反対運動を行った。川の直線化に反対した訳ではなく、あくまでも蛇行部の旧河道を残してほしいという訴えだった。だが、都はホトケドジョウ1000匹ほどを生け捕りにして、別の場所に移すという措置をとった後に、強硬に蛇行部を埋め立ててしまった。市民団体は、激しく反発し、市民4人と、ホトケドジョウ、落合川を原告として、都を相手に原状回復などを求めた訴訟を行った。

この裁判は結果的には、最高裁まで争ったが、住民は敗訴した。東京地裁では、ホトケドジョウと落合川について訴訟の当事者能力を認めなかった。ホトケドジョウの個体数は仮に減少するとしても絶滅に至るほどではないという。さらに、市民団体は「川の豊かな生活環境を享受する利益」が、東京都国立市マンション訴訟で最高裁が認めた「景観利益」と同様と主張したが、東京地裁は「景

湧水地の椿の古木の前にあった祠。

観と比べ、自然環境の恵みは性質や内容が多種多様。地域社会全体で享受しているとしても、個々の住民の利益と位置付けるのは困難だ」としてこれを退けた。

判決内容の妥当性については本稿では問わない。ただ筆者が気になったのは、前述の豊福さんが述べた「裁判というのは敵と味方に分けてしまう。それは不幸なことだ」という言葉だった。

豊福さんと関係団体はこの訴訟とは無関係だが、実は、遡って1991年の落合川最上流部の河川改修の際に、反対運動を行った経験があった。その紛争の経緯の中で、都といくつかの市民団体の間で、様々な川のトピックスを情報公開のもと話し合う「落合川・川の交流会」が定期的に開かれるようになった。

行政と市民が向かい合う場が維持されつづけたこともあり、前述の「いこいの水辺」や、都営住宅跡地を使い、氷川神社の社寺林と河畔林がつながった水生公園など、素晴らしい水辺空間が、市民参加により整備された。だが、訴訟後は「川の交流会」は開かれることがなくなってしまったという。

市民団体といってもひとつの団体や考え方ではなく、多種多様な市民団体が様々な活動をしている。多様な主体が関わる落合川で、今後、交流会の停止はどのような影響を及ぼすか心配である。

治水事業と市民との話し合い

4・3キロメートルという短い落合川では、川幅の拡幅と護岸工事に関してはひと通り主だった改修を終えている。だが、今後、川の底を50～70センチほど掘り下げる事業が行われる予定だ。なぜそのような工事が必要なのだろうか。そもそも治水事業とは川の一定区間においてある流量を流すための計画である。

どれぐらいの流量を河川に流すか

という基準は、地域に降る雨の量によって決められる。降雨量には天気予報でおなじみの1時間あたり何ミリという単位が使われる。

落合川では1時間あたり50ミリの雨が降っても洪水にならないように、1秒あたり何立方メートルの流量を流下させるかが計画され、川幅と川の深さが決められる。川の拡幅と川床掘り下げ工事を同時に行わず、拡幅が先行したのは、下流の埼玉県側でまだ1時間30ミリしか河川が対応しておらず、一気に工事できなかったからだ。落合川は黒目川に合流し、埼玉県にはいって朝霞市で新河岸川へ合流し、最後は隅田川となって東京湾に注いでいる。最近になって、落合川の黒目川の合流地点で、増水時に水を貯める大きな遊水地が造られ、埼玉県側の流量問題

南沢湧水群にて、落合川の源流が林の中を流れる。

が解決されたため、いよいよ50ミリの降雨に対応するために落合川の川床掘り下げ工事を開始できる段階に至った。

　川床を掘り下げるということは、川床に棲みついている生き物のハビタットが破壊されるということを示している。工事区間をずらしながら行うとしてもかなりのダメージは予想される。様々な市民が関わり、愛されている落合川においては、行政と市民がじっくり話し合うことなしに、事業に関して市民の理解は得られないだろう。だが、いまでは「川の交流会」が開かれないため、話し合いの場が生まれる目処はたっていない。

　もし話し合いが開催されたとして、議論すべきポイントを3点ほど示しておきたい。第1には、工事が実施される場合、生態系や環境へのインパクトを最低限にとどめるための工法は何かという議論は欠かせない。第2に、河川への雨水の流出を抑える策を議論することである。都では落合川の集水域に降った雨量の8割が河川へ流れると設定している。これは、東久留米市の農地の減少率が増え、宅地化が進んでいることによる。1967年の市街化率は39%であったが、1997年には63%にもなっている。逆に緑被率は2004年の17%から2010年には15.4%にじわじわと減っている。緑地は水を地下に浸透させ、河川へ時間をかけて水を流す、地下の貯水池だ。緑地の保全以外にも、家庭や学校での浸透桝の設置なども効果がある。

　そして第3に、どれぐらいの洪水を許容できるのかというリスク許容の議論だ。過去の洪水実績をみると、数軒から数十軒の床下浸水がほとんどで、床上浸水は例外的だ。環境と引き換えにどれ程の床下浸水の被害を許容することができるのか、あるいは被害を最小限にする住宅建築のデザインもありうるだろう。

　豊福さんは、50ミリの雨が降った

川辺りの遊歩道に、つがいのカモが休んでいた。

からといって川があふれたことはない、という。都が示す一律の基準だけではなく、環境と天秤にかけて、どれぐらいの雨が降って、どれほどのリスクであれば許容できるのか、市民自らが決定できれば、地域の実情にあった計画が実施できる。

第1点より、第2、第3のポイントは合意形成が非常に難しいと想像できる。ただ、様々な市民団体が関わり、市民に愛されている非常に小さな川だからこそ、市民が行政と対立するのでなく、パートナーシップを持って、市民自ら治水計画にコミットメントしていく可能性は存在する。地域の環境がどうあるべきか、市民自らが決定して関わり続けていくことが、地域の豊かさを持続させることの秘訣なのである。

落合川 MAP

善福寺公園内の上池と下池をつなぐ水路で、生きもの調査と清掃が市民によって行われた。

都市の川を
里川に変える夢

善福寺川

東京都杉並区

杉並区を流れる善福寺川は、広い緑地と接する都心の公共空間を持っている。小学生、地域の人びと、専門家など多様な人びとが集まって実現する都市の里川の姿とは？

小さな河川再生事業

晴天の朝、網を持ったおとなと子どもたちがにぎやかに集まっている。子鹿のようにほっそりした小学生の男の子が、青虫を捕まえて指で突いている。まったく怖くないようだ。

「今日はこれから川のなかに入ってみます。どんな生きものがいるか、みんなで捕まえて調べましょう」。ウェストハイの胴長をきっちり履きこんだ男性がグループに告げた。「生きもの好き。いっぱいとるよ！」。男の子はほっぺたに青虫をすりつけながら嬉しそうに応えた。

ゲーム好き、ポケモン好きの子どもも世代の中で、生きもの好きというジャンルの子どもが確かに存在していることに、軽い驚きを覚えた。両者の違いは何だろうか？ 筆者の小学生時はファミコン全盛時代で、野外で虫を採る遊びが好きなのは、私と、クラスにもう一人ぐらいだった。どんな時代においても、虫愛でる魂が一定の割合で現れるのだろうか。

今日は東京・吉祥寺と西荻窪から徒歩数十分の善福寺公園で、『善福蛙』という市民団体による「源流のつどい 生き物しらべと清掃」というイベントが行われている。源流とは、神田川の支流の善福寺川のことだ。かつては湧水が公園内の池を潤して善福寺川の水源となっていたが、現在では地下水を汲み上げている。池の近くに、汲み上げた井戸水を流している細い水路があって、これが現在の善福寺川の最源流だ。

水路と公園のあいだには柵が続いている。水路は杉並区、公園は都の管理なのだ。柵は管理境界上にあって、子どもの頭より高く、彼らは越えることができない。脚立を渡して、子どもは登って柵を越える。ひとり、またひとり、子どもたちが水路の中に入っていく。長いあいだひとが入っていなかった水路は深い藪に覆われている。おとなたちも、子どもたちに続いて入っていく。

いつのまにか、狭い水路が人びとでいっぱいになった。水路は底が見えない泥の川だ。ここにどんな生きものがいるのだろう。子どもが泥水に網を入れ、すくう。がさがさ泥を落とすと、現れたのはアメリカザリガニ。ザリガニなんてどこにでもいる。それでも子どもは嬉しい。別の網で銀色の小魚がはねた。「いたいた。捕れた。これなに？」 モツゴだ。武蔵野の淡水の在来種だ。あっ

類を捕らえる調査用の網を持つ『善福蛙』の参加者。

子どもたちは水の生きものに興味津々。

ちは、ぬっぺりした顔のトウヨシノボリ。スジエビもたくさんいる。あちこちで歓声があがる。

渋谷あたりで遊んでいそうな大学生ボランティアの男子が、「だんだんここにいそうって分かる気がしてきました」と言った。ほらここだ、と網をすくってみせたが「あれ、いなかった」と笑う。そう、そういう感じだ。生きものと自分がシンクロしていく感覚。あの茂み、あの淀み、生きものの気配。そういうところは木の枝の下、水草の生え際のあたりなどちょっとエッジな領域だったりする。環境もセットで生きものを分かっていく。網の中に獲物が現れるのは、泥水の中から砂金をすくいあげるような気分だ。「いそう」と思う瞬間のぞくぞくする感覚。子どもの時に感じた感覚。今回はおとなも子どももそんな感覚を体験している。

水路には大きな枝がたくさん落ちていて、ヤブとなっている。大きな倒木もある。それらをみなが拾いだす。おとなの中には造園屋さんもいて、剪定もはじまった。川の流れに変動がないので、いろいろなものが溜りすぎていた。自然の流れがある川で増水時に土壌や植生が流されてしまったあとに現れる隙間、つまり「ギャップ」が発生していない。「ギャップ」は生息環境に多様性を与えている。逆に、この水面では、セキショウだけが増殖した単調な植生となっていた。

一時間後、水路は見違えるようにきれいになった。今まで柵の中にあった水路は、暗く、危なく、近づいてはいけない不浄の地であった。

捕獲されたモツゴやトウヨシノボリなどの在来種。

水路で剪定した植物や拾った枯れ枝。

それがいまや生命が通った場所に生まれ変わった。水は滞りなく流れ、瀬が生まれた。以前より透明度も増したようだ。植物は適度に刈り込まれ、自然光がきらきらと水面に輝いている。この風景の変わりようは「もはや、小さな河川再生事業だ」と誰かが話すと、みな頷いた。

井荻小学校の子どもたち、杉並区長に会いに行く

善福寺公園内のこの小さな水路を3カ年計画で再生することが、2014年の9月、杉並区の事業として発表された。それは、善福寺公園近くの杉並区立井荻小学校の子どもたちが描いた、夢の水路の絵を杉並区長に提案した結果である。

井荻小学校は、学校の敷地の中を善福寺川が流下する珍しい環境だ。小学5年生の社会の授業で善福寺川が取り上げられたことがきっかけで、子どもたちは、「待っているだけでは川はきれいにならないから、何かやろうよ」と言い出し、週1回、川端の道のゴミを拾い始めた。その後、許可を得て善福寺川のコンクリート川床に初めて降りることができた子どもたちは、川底のありさまに驚いた。川岸の草に白いものがたくさん付着している。トイレットペーパーであることが分かった。ひどい悪臭が漂っていた。東京23区の下水道は合流式といい、汚水と雨水が同じ管を流れる構造となっている。そのため一定以上の雨が降った後は、処理能力を超えた雨水混じりの汚水がそのまま川に流れ出てしまうのだ。一方で、川底には湧水があ

川沿いの阿佐ヶ谷住宅は、高層住宅に再開発された。

善福寺川に隣接する大宮八幡境内の菊展。

り、オイカワやカワニナ、スジエビなど少しきれいな水に生息する水生生物たちもいることが発見できた。

都市のインフラの現実と向かい合うことになった子どもたちは、下水道の仕組みや川の構造について調べ、善福寺川の理解を深めていった。小学校を卒業した子どもたちの川の清掃活動は6年生に引き継がれた。いまでは井荻小学校の児童たちは、6年生になったら清掃活動を行うことが慣習となっている。

子どもたちは、学校以外の場でも川の活動内容を発表して、きれいな善福寺川を取り戻したいと訴えるようになった。2014年7月、井荻小学校の5・6年生113名を代表して4名の子どもたちが区役所を訪れた。善福寺川が地域の人びとに身近になるように全員で考えた夢の設計図を区長に手渡した。設計図には、善福寺公園内の水路のフェンスを撤去し親水護岸化することが描かれていた。その後に更新された杉並区の総合計画に、「みんなの夢水路」という項目が掲載され、小学生、地域と協働で整備事業を行っていくことが記された。

流域の先達と新たなソーシャル・ネットワーク

昭和のはじめ、杉並区善福寺が井荻町だったころ、善福寺公園はまだなかった。窪地には水田が広がり、台地の上には屋敷林や雑木林が鬱蒼と生え、崖下にはいくつかの泉が湧き出ていた。市杵嶋神社の手前の遅の井から湧きだした清水が小さな池をつくり、社殿は島となっていた。

和田堀公園付近の野球場兼遊水地の工事。

済美公園付近に新たに掘削、整備された護岸。

当時の町長の内田秀五郎は、区画整理事業によってグリッド型の郊外住宅地を整備し、町営水道を引き現在の善福寺の基盤をつくった。内田は、同時に「郷土の風景を守ることは私たちの義務である」と訴え、地域住民が中心となって昭和8年（1933年）に善福寺風致協会を設立した。風致地区は都市計画における自然と景観の保全制度で、地区内の建築物の建設や地形の改変、竹木、土石の採集には都の許可が必要となる。善福寺周辺は風致地区に指定され、都市住民のレクリエーションの場として水田を掘って池が造られた。土地は地元からの寄付で、工事は東京都と風致協会の協働で行われた。この池が現在の上池であり、ボート場をつくって風致協会自身が経営を行った。ボート経営により得た資金で、協会はさらに下池の整備や施設の管理などを行い、行政に頼らない実に自立的な地域独自の事業を展開した。

戦後、1961年に都立公園として、善福寺公園が開園してからも、協会は引き続きボート経営を行うとともに、公園内の桜の植樹、家庭への苗木の販売と植物相談、盆踊り大会の開催など風致を通して地域コミュニティづくりの重要な役割を果たしてきた。風致協会は、レジャーの多様化、会員の高齢化、公益財団法の改正などの理由によって、2013年に80年間にわたる活動に幕を下ろした。

ちょうど同じ年に、新たな組織が善福寺川に立ち上がった。『善福寺川を里川にカエル会(通称:善福蛙)』である。『善福蛙』は、「東京の川を里川に変えると日本が変わる」ことを目指し大学研究者や地域の人びとが集まって2011年にプロジェクトを開始し2013年に立ち上げ集会を行った。メンバーとしては、地域のさまざまな組織や世代、大学研究者など専門家、九州や関西など遠方からの参加など多様な人びとが集まっていることが特徴のひとつである。筆者もその一員として活動に参加している。

『善福蛙』はフィールドワークやワークショップを和田堀公園や善福寺公園、公民館などで行い、上流から下流まで流域全体で善福寺川の里川のあり方を考えていこうとしている。また、お洒落なロゴがデザインされたバッチ、パンフレット、旗など、統一されたビジュアル展開を行い、公園で善福カエルカフェを開催するなど市民巻き込み型の活動を行っている。

都市における里川というのはどのような川だろうか。たとえば、東京でいえば野川、落合川、神奈川県でいえば和泉川などがある。いずれも岸と水面がゆるやかな自然護岸でつながる箇所があり、水辺空間にさまざまな市民の利用や関わりがあり、街にとって大切な川として住民に愛されているという共通点がある。善福寺川は10キロメートルという短い都心の川ながら、自然の蛇行を残し、公園緑地と接続している部分が多い。公園と河川を上手く連動することができれば、子供が安全に川に入れる自然護岸をつくることも可能である。現在、和田堀公園付近の善福寺川において改修工事が進んでいるが、これは残念ながら自然護岸の工事ではない。東京都の豪雨対策として1時間55ミリ以上の降雨に対応する流下能力を持たせるために、河道の断面を拡幅する工事を行っているのだ。掘り下げた川底までは8メートル、ますます川と人は遠ざかってしまう。

環七の下の巨大な貯水池も機能しているが、集中豪雨のたびに都市河

和田堀公園の池ではかいぼりに再生が望まれている。

善福寺川 MAP

川の善福寺川は浸水リスクにさらされてきた。防災も満たしながら里川を成り立たせるよい策はないのか。『善福蛙』のメンバーは雨水を下水道に流さない流域づくりを提案している。降雨時は家庭で雨水を溜めてうまく生活の中で使う。また、道路は透水性舗装にして地中に水をゆっくりと浸透させる。アスファルトで固められ、下水道が雨水の通り道として張り巡らされた街では、河川に流出が集中してしまうのだ。

　川単体の再生ではなく、背後のまちづくりと一体になった施策が求められる。それは行政主導ではなく、住民が自らどんな川を街に持ちたいか、生活の中で関わりながら実現していくことが必要である。そのような意味では、幕を閉じた善福寺風致協会の活動は大変参考になる。住民がよい地域環境をつくるために、自ら水辺空間を生み出し、樹木を植え、維持管理を行ってきたのだ。風致協会の輝かしき実践は創始者・内田の先見の明から始まった。善福寺川を里川に変えるビジョンを大切にしながら市民として活動を継続していきたい。

あとがき

本書は、ソーシャル&エコ・マガジン「ソトコト」の連載（2012年8月号〜2016年1月号）が元になっており、さらに検討を加え加筆したものである。その三年半あまりは、東北から九州まで全国の土地を訪ね、歩き詰めた時間だった。それは自分の足で、土地を歩くことを通して、ランドスケープの表情やそこに営まれてきた生態系、歴史、暮らしを読み取る訓練期間であった。

もちろん、街歩きは好きな行為であったのだが、意識的に歩くことを通して、ランドスケープを理解するスキルが身体化され、目に前に見える現在の一断面の風景から、そこに至るまでの途方もない土地の履歴と、さらにこれから展開されていくであろうランドスケープの未来を想像するようになったと思う。

ランドスケープデザイナーのランドルフ・ヘスターは『エコロジカル・デモクラシー』の中で「都市の楽しさを発見するためには歩くことを学ばなければばならない」と述べている。

それは都市の中にありながらも、樹木を舞う蝶と出会ったり、目に見えない地下の水の流れを感じ取ったり、あるいは台地と低地が織りなす襞に身を委ね、普段の忙しいペースを落としてゆっくりと歩いてみることで、われわれ自身がランドスケープの中にどのように生息しているかという実感を得る楽しみではないだろうか。また、地域で人びとがお互いに関わるための時間を取ることにも繋がっており、さらに、新たなランドスケープを創出するためのビジョンを見出すことにも直結しているはずだ。

連載時にお世話になったソトコト編集長の指出一正さん、旅の道連れとして毎月同行し、素晴らしいランドスケープ写真を撮影頂いた渋谷健太郎さん、精緻な地図を作成頂いた小倉隆典さん、丁寧に書籍編集頂いた介川亜紀さん、木楽舎で奔走頂いた早野隼さん、素晴らしい書籍デザインに仕上げて頂いた菊地敦己さんと佐藤謙行さん、連載のきっかけを作って頂いた写真家のＭＯＴＯＫＯさん、取材時にお話をお聞かせ頂いた地域の皆々様方、その他、ご支援頂いた皆様に多大なる感謝を記す。

最後になるが、中村良夫先生と桑子敏雄先生のお二人の先駆者的な御著書と実践活動から多くのことを深く学ばせて頂いた。お二人の導きがなければ、このような著書ですら纏めあげることはできなかったであろう。これを土台として今後ともさらに学びつづけながら、自分らしい道を楽しく歩いて行きたい。

２０１９年６月　滝澤恭平

滝澤恭平 たきざわ・きょうへい

ランドスケープ・プランナー／編集者
株式会社水辺総研取締役、ハビタ代表、「ミズベリング・プロジェクト」ディレクター

1975年生まれ。大阪大学人間科学部卒業、角川書店に編集者として勤務。2007年工学院大学建築学科卒業、ランドスケープデザイン事務所・愛植物設計事務所にランドスケープデザイナーとして勤務後独立。2014年東京工業大学大学院社会理工学研究科修士課程修了、東北の海岸復旧事業の合意形成を研究。以降、九州大学大学院工学府都市環境システム専攻博士課程にて都市河川再生とグリーンインフラの研究を行う。

2014年より国土交通省の河川利活用プロジェクト「ミズベリング・プロジェクト」ディレクター。2015年水辺総研を共同設立、環境再生と地域主体形成を目指し、全国の水辺のまちづくりや河川再生を精力的にサポートしている。主なプロジェクトにJR東日本竹芝ウォーターフロントプロジェクト、横浜市帷子川はまっこアユ遡上プロジェクト（多自然川づくり）など。雑誌「ソトコト」、「武蔵野樹林」（角川文化財団）等でランドスケープの編集、執筆を行う。地元の水辺として、東京杉並区の善福寺川を市民力で里川にカエル「善福蛙」で活動を行っている。

ハビタ・ランドスケープ

2019年6月30日　第一刷発行

著者　滝澤恭平

発行者　小黒一三
発行所　株式会社木楽舎
〒104-0044 東京都中央区明石町11-15 ミキジ明石町ビル6階
Tel. 03-3524-9572
http://www.kirakusha.com

印刷・製本　シナノ印刷株式会社

写真　渋谷健太郎
装幀　菊地敦己事務所
編集　介川亜紀

Printed in Japan
ISBN978-4-86324-130-5